穴太頭と穴太衆

戸波亮
TONAMI Ryo

文芸社

はじめに

穴太衆《あのうしゅう》とは、比叡山延暦寺の石垣工事などの労働を提供する代わりに、延暦寺領内に領地を安堵され、比叡山の麓、現大津市坂本付近に昔から現代に至るまで居住した集団である。

穴太衆は、石垣積みの工法「穴太積み」を確立した。のちに延暦寺から離れ、足利、織田、豊臣、徳川と政権が変化する中、時の政権に領地を安堵され、幕末まで同領地を維持した集団である。

長年、比叡山延暦寺の石垣土木工事で技術を磨き、織田信長の安土城、明智光秀の坂本城の石垣を築造する。それまでの城郭は土塁防御が主流で、石垣が城の防御の中心として使われることはあまりなかったが、信長の安土城築城以降、城郭防御に石垣を用いることが一般的となる。その流れで豊臣秀吉にも重宝され、大坂城、伏見城、小田原攻めの一夜城（石垣山城）などを築造した。その成果もあり、穴太頭《あのうがしら》血縁者や穴太衆幹部が各戦国大名家に高禄で仕官していった。

穴太頭とは石積みの棟梁という意味であり、全国各地に仕官した穴太衆をまとめるとともに、江戸幕府開府時に江戸城の石垣工事や天下普請《てんかぶしん》*の管理者として、江戸幕府内に整備された役職「御材木石奉行《おざいもくいしぶぎょう》支配　穴太頭」である。

＊天下普請とは（正式名称は公儀普請）統一政権の指示で各大名を動員していった土木工事のこと。

開府から幕末まで、幕府穴太頭は戸波家が務めた。

穴太頭戸波家は一七〇四年、江戸幕府の命令で比叡山麓の領地高畑村、赤塚村の地頭のまま、江戸本所に屋敷を頂き、以降幕末まで江戸に居住した。

この記録は、浄光寺に残されていた新発見の古文書、領地高畑村の穴太衆と江戸居住の穴太頭の通信記録「年中江戸状下書き」を中心にまとめたものである。

親世代からの伝承で、戸波家は城郭石垣造りの穴太衆の棟梁であり、幕府より知行地を頂く家系であったとは幼少の頃より聞いていた。時間ができたので調べていると以下のようなことが分かった。

①江戸時代、穴太頭戸波家が滋賀県大津市の領地、旧高畑村に浄光寺を建立していた

②その浄光寺に新発見の古文書「年中江戸状下書き」（享和四〈一八〇四〉年～文政四〈一八二一〉年）には戸波家江戸屋敷と高畑村領民との通信記録が残っており、その内容に江戸幕府御材木石奉行支配　穴太頭という徳川家御家人の生活実態が記載され

ていたこと
③大手新聞が取材していたこと
二〇一六年四月二十八日　京都新聞「穴太頭の本拠地判明。四家の墓絵図と一致」
二〇一六年五月十日　毎日新聞「安土城の石垣を造った職人集団穴太衆、頭の本拠は旧高畑村」
二〇一六年五月十七日　読売新聞「穴太頭の屋敷、坂本に」
二〇一六年八月二十日　読売新聞「森可成新たな聖地、大津浄光寺に一族供養石塔」
二〇一六年八月三十日　読売新聞夕刊「安土城近く　石切り場跡、穴太衆作業の場解明期待」
④穴太頭が家康から近江国高畑村などに知行地を安堵してもらっていること
⑤江戸時代の記録『京都御役所向大概覚書』などに記載されている穴太頭、初代戸波駿河の墓が現存すること
⑥その墓に刻まれた名前、没年から大坂の陣で活躍し、徳川家康から褒美として刀をもらった人物であること
⑦記録通り穴太頭四家の墓が現存すること
⑧安土城・江戸城・大坂城・名古屋城・日光東照宮をはじめ多くの石垣を造っているこ

と

⑨信長時代から高畑村に知行所を安堵してもらっていたこと
⑩比叡山の焼き討ちに参加していたこと
⑪日光東照宮造営時、徳川家光から大判をもらっていたこと
⑫家康より全国往来自由の手形をもらっていたこと
⑬江戸幕府の隠密をしていた可能性があること
⑭表に出ていない城郭石垣築造集団穴太衆の歴史が分かったこと
⑮浄光寺の穴太衆末裔中嶋氏らが、戸波家の墓を明治維新以降百五十年間も面倒を見て頂いていたこと

以上のことから、私が穴太頭の末裔であり、高畑村の穴太衆末裔中嶋氏らが記録に残すことを希望され、私も当所にゆかりのお寺やお墓があることを知らなかったため何も手をつけていなかったので、先祖供養の一環と考え、穴太衆本貫地の滋賀県坂本（旧高畑村）に通い、穴太衆の事蹟を記録に残すことにした。

穴太頭と穴太衆◆目次

宴たけなわになると　――第一次調査

私の親世代は、お正月には必ず兄弟そろい踏みで集まった。私の父は五男で、長男・次男は早くに亡くなり子供はいない。そのため三男の横浜の家に集まっていた。

宴たけなわになると、叔父の丹三郎（三男）が伝承を語り始めて兄弟がうなずく。曰く、

①「戸波家は江戸時代石奉行であり、三〇〇石二人扶持で穴太衆を仕切る丹後守だった」
②「騎馬で江戸城に登城していた」
③「日光東照宮の石垣を造った」
④「秀吉から槍を拝領した」
⑤「家の家紋、丸の内に二つ引両は凄い」
⑥「曾祖父、昌道は殿と呼ばれていた」

戸波家家紋

⑦「祖父潤《じゅん》は若と呼ばれていた」
⑧「彰義隊《しょうぎたい》で戦った」
⑨「幕府御用絵師狩野家の衝立《ついたて》を寺に預けている」

などなど、伝承は凄いが、関東大震災と戦災で焼かれたためなんの証拠もない。あるのは過去帳と高円寺にある天台真盛宗《てんだいしんせいしゅう》真盛寺の墓ぐらいである。

中学生の頃の、思春期の私としては、「出た出た、超高学歴者もいない、高所得者もいない、超庶民の一族なのに話が大きいなあ、そこにすがるしかないんだよな」と思っていた。親世代の兄弟が皆亡くなってしまったので、今でこそこんな感想が言えるが、正直、当時はそう思っていた。

厳格な父というのが世間一般の常識というか時代背景もあったが、年老いた祖父潤には、長男と次男を亡くし、三男の叔父丹三郎に対して厳密な伝承の確認はできなかったようである。

私も高校生になって歴史に興味を持つようになり、親世代が伝承を盛りすぎているとは思うが、真面目な叔父の言っていることでもあり、少し調べてみようと思い立った。古本屋で幕府の役職などが書いてある武鑑《ぶかん》などを買って調べた結果、上記の伝承に対して、以下のような感想を持った。
①一石が成人一年分の米の消費量。三〇〇石とは結構なお大臣であるのに、「武鑑」（江戸幕府名簿）に戸波の名前がない。なんでも三〇〇石以上は、布衣《ほい》と言って将軍にお目見えできる立場だそうだ。布衣とは衣装で、忠臣蔵の一場面にある江戸城松の廊下で、浅野内匠頭《たくみのかみ》が着ていた格好のようなので、当然武鑑に出ていないとおかしい。
②武鑑に出ていないので騎馬で登城していない。江戸城に登城していたのかも怪しい
③そんなの調べられない
④秀吉とは伝承を盛りすぎ
⑤丸に二つ引両は足利家の家紋なので怪しい
⑥殿様ごっこは誰でもやれる
⑦若様ごっこもやれる
⑧彰義隊隊士一覧に載っていない
⑨祖母の法要の時、叔父が真盛寺住職に聞いたが知らないと言われた
以上、高校生の調査能力ではこんなもんだった。

しばらく経って叔父から父に連絡があり、北垣聰一郎という学者さんが全国の城郭石垣

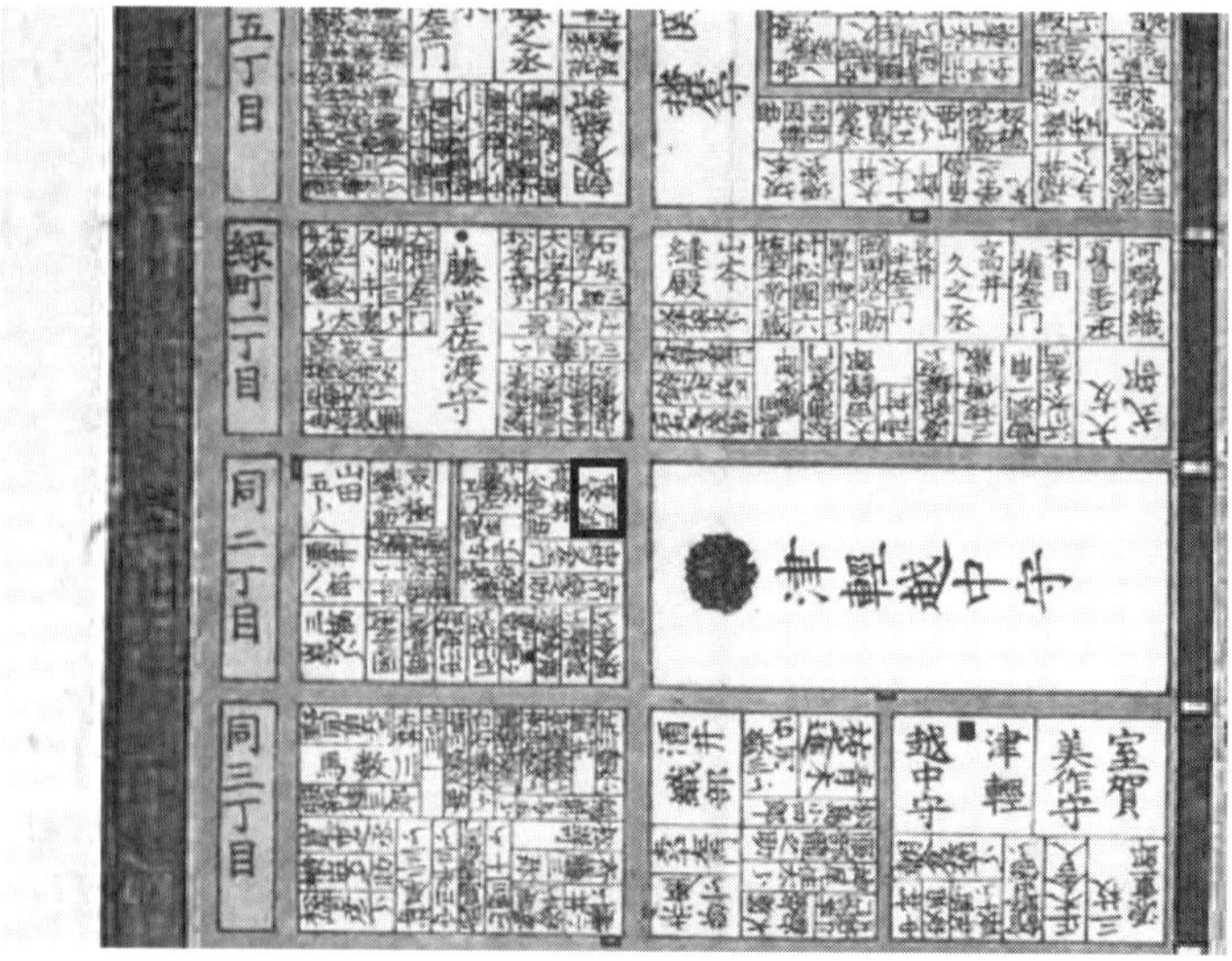

津軽家屋敷の前に戸波市次郎の屋敷（太ワク部分）
（『江戸切絵図　本所絵図』国立国会図書館デジタルコレクション）

を調べている過程で、穴太衆を研究していたところ、戸波家がキーマンとして浮上したらしく「協力してくれ」との電話が来たという。協力する旨を伝え、改めて過去帳を確認すると江戸時代の住所が出ていた。

　本所とは聞いていたが、その場所を確認するべく、江戸嘉永年間（一八四八〜一八五三年）の古地図を買ったそうだ。過去帳の住所に叔父の曾祖父、私の高祖父戸波市次郎の家があったとの連絡があった。「本所緑町二丁目津軽様御門前」が過去帳に記載のあった住所。この地区は江戸時代の武家屋敷街で現在の両国国技館のそばである。

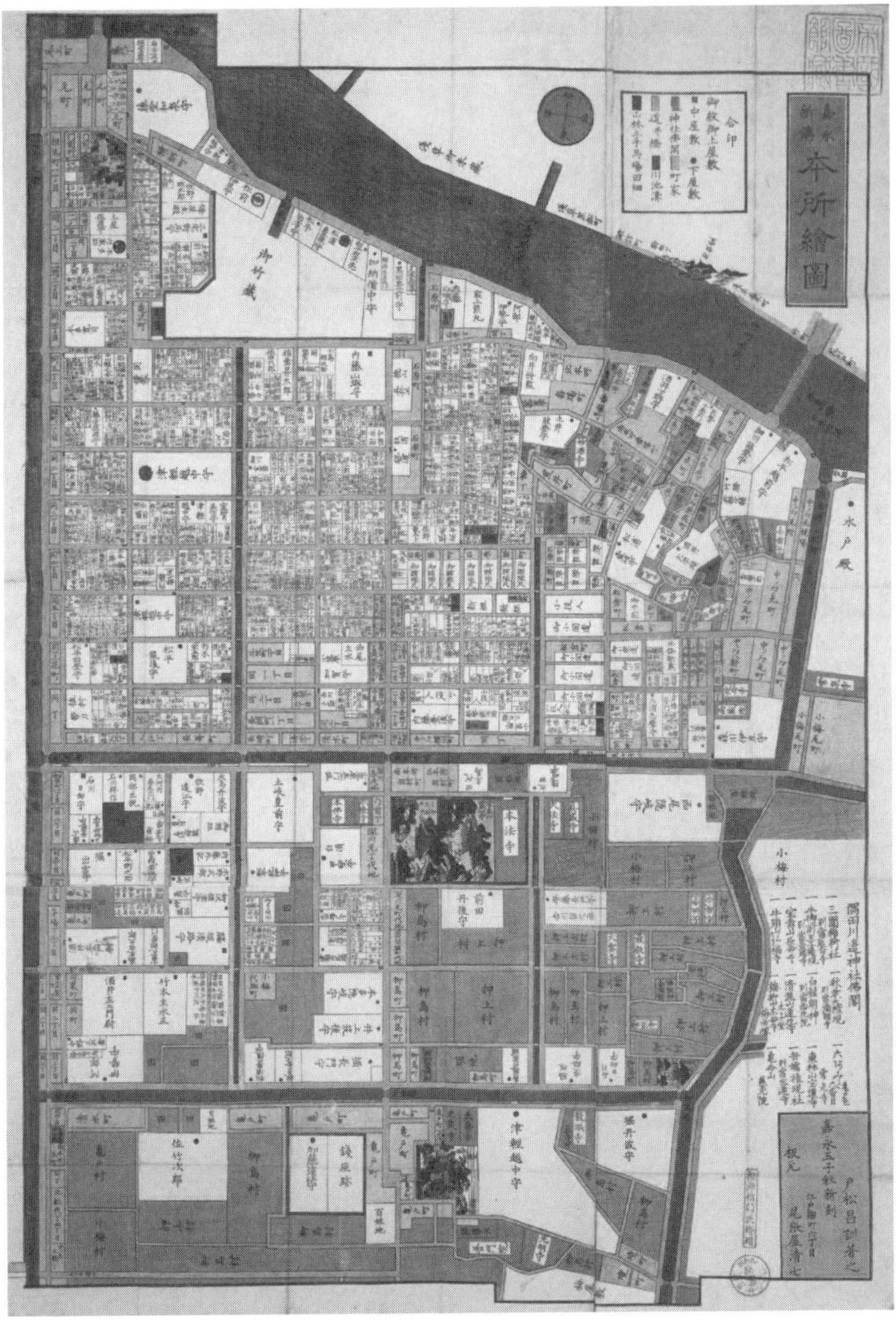

『江戸切絵図　本所絵図』（国立国会図書館デジタルコレクション）

おっとビックリの展開だった。「屋敷が大きい」との感想を持った。私の父は伝承で十分との考えなのであまり興味を示さなかったが、私は興味津津だった。しかし、バブル全盛期ということもあり、大スキーブームだったので、時流に流される性格の私は遊びのほうに気が向いてしまう。よって、ルーツ探しは忘れてしまった。

史料から読み解け！　――第二次調査

なんとか大学に潜り込んで卒業した時の就職活動は、スーパー売り手市場、バブル期最後の採用なのであっけなく就職も決まり、遊んでないで目を覚まさねばと言い聞かせていたら、「そうだ、ルーツを探そう」と思い立つ。

そこで、「待てよ、江戸の武家屋敷街に家があるのなら、なんらかの役職に就いているのでは？」と当然のことに気づいたので、関連本を探す。

高校時代に調べた徳川家旗本一覧には名前がないので、旗本ではないから徳川家の仕事をしていた家臣の括りになると考え、徳川家の全従業員一覧みたいなものはないかと探していたら、見つけてしまった。『御家人分限帳《ぶんげんちょう》』は元禄十五（一七〇二）年から正徳二（一七一二）年頃の江戸幕府の役職名簿である。索引を見ると戸波家が二家載っている。『御家人分限帳』十一の括りに「御材木石奉行支配　穴太頭　百石　近江　駿河子　戸波

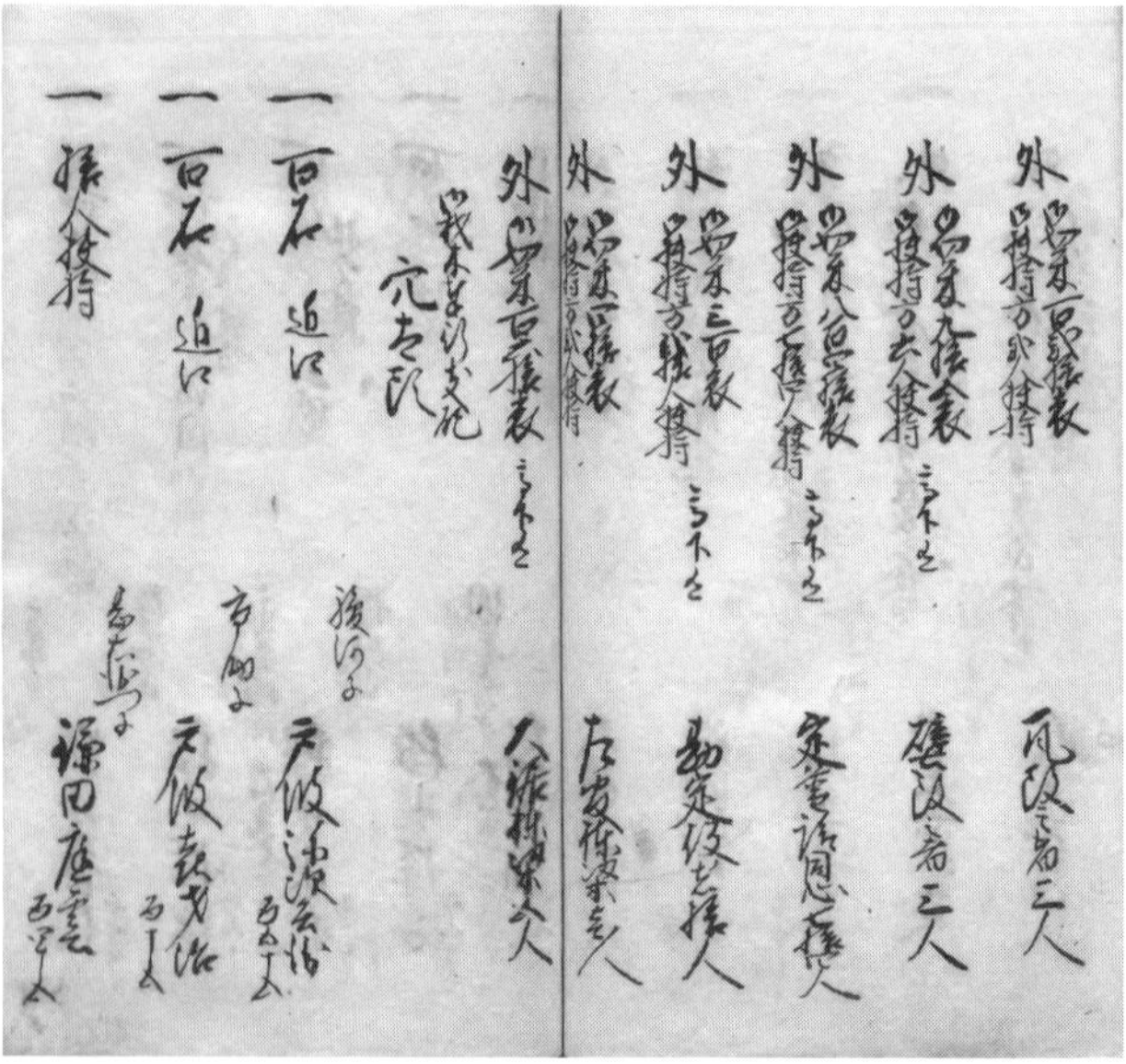

『御家人分限帳 11』（国立公文書館）

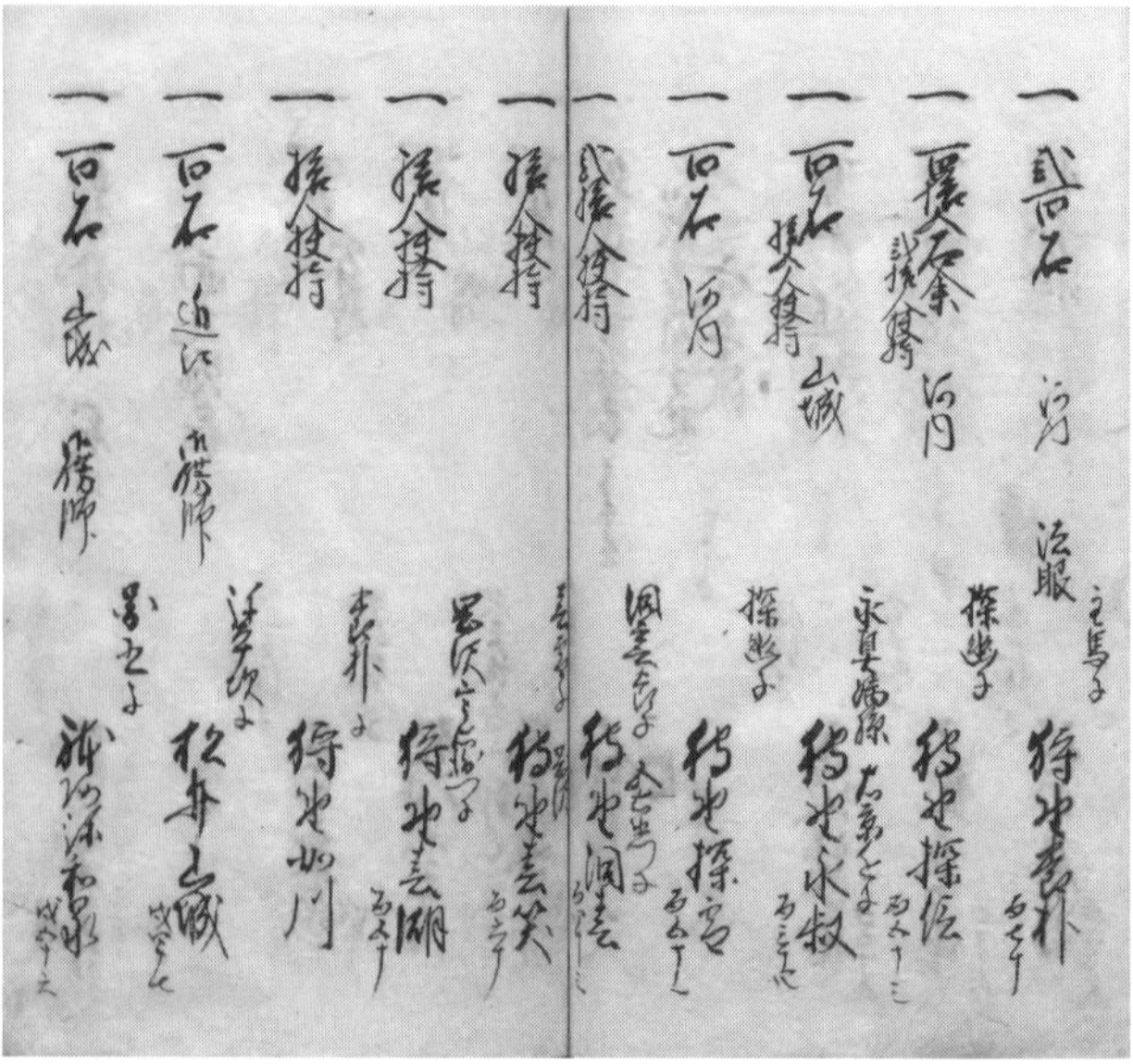

弥次兵衛」「百石　近江　市助子　戸波喜才次」、そして「弐百石　河内　法眼　主馬子狩野養朴」とある。

どうやら戸波家は「穴太頭」として存在していた。そして幕府穴太頭は二家あったようだ。私の直系は、過去帳によると八代戸波喜才次なので、もう一家の戸波弥次兵衛の流れの家があっても良いようなものだが、幕末の私の曾祖父戸波昌道から孫世代の親たち兄弟が、戸波弥次兵衛家の存在を全く知らなかった。発見である。「もっと詳しく調べよう」という気になった。

また、伝承⑨「狩野派の衝立を菩提寺《ぼだいじ》天台真盛宗真盛寺に預けた」も、『御家人分限帳』の括りから見て狩野家と顔見知りの可能性がある。穴太頭の記載の次の記載が絵師として知られる狩野家なので、江戸城の出勤場所が一緒だとかの絡みがあってもおかしくないだろう。ということは、狩野家から絵を頂いていても不思議ではない。

叔父から送られてきて、ほうっておいた北垣聰一郎さんの著書『石垣普請』を探し出して読んでみた。ザアッと読んでみて、どうやら江戸時代の戯作者大田南畝の『一話一言』に記録が残っているらしい。早速購入してみると、前記『御家人分限帳』の八代戸波喜才次の子孫で十一代戸波市次郎と、戸波弥次兵衛の子孫で七代戸波惣兵衛の二人が『御材木石奉行支配穴太頭二人由緒書《ゆいしょがき》』を幕府に提出している。

江戸時代以降、家の来歴や系譜・親類を書き上げた書類である由緒書は、武家では君臣関係を示す根拠として全家臣のそれを集めたものが保存されていた。

『御材木石奉行支配穴太頭二人由緒書』

〔由緒書提出者の項〕
私、戸波惣兵衛は五九歳、近江国（滋賀県）が本籍で、武蔵国（東京都）生まれです。江洲志賀郡高畑村（滋賀県大津市付近）に一〇〇石の領地を頂いております。十代将軍徳川家治公の時代、安永五（一七七六）年、幕府若年寄松平伊賀守様に父清治郎の相続許可を得て、上司の御材木石奉行豊田藤太郎様に伝えました。

※

ということは、伝承①は三〇〇石ではなく一〇〇石であり、穴太衆を仕切るというのは穴太頭という役職のことを指したようだ。

長二尺餘は陰陽の二氣海老尾の五寸は天の五星胴幅六寸は地の六合胴長六寸餘は地の六程震動厚サ三寸は高下平の三形を象り轉手絃手又天柱とも云なり、是天の象ちを表し口首に半月の形チあり、海老の糸巻は三台の星を象どる、一の糸を虎精と云、二の糸を陸淳と云、三の糸を曲順と號、十二調子の内口越斷金午調勝絶の四ッを一の糸の中に兼備へ、下無雙調鳧鐘黄鐘の四ッを二の糸に兼備へ、黙鐘盤涉神仙上薬の四調子を三の糸に兼備ふ、首嚴經曰たとへば琴琵琶の妙音ありといへども、若妙手なくんば終に發する事能はず、又堪能の達人此三絃を彈く時は自然と六根を淸淨ならしめ、神明佛陀の加護に預るべし、懦弱好色を以て彈く時は聞く人婬亂の念を發す愼ずんば有べけんや、然るに傾城遊女盞子野郎等の翫物になせる事なげかはしき事なり、永祿年中琉球より渡る泉州堺の津の盲人中小路といふ法師にとらせたり、其後虎澤といふ盲人本手崫手の術引始む、慶長の頃角澤と云法師琵琶の名人なりしが、三絃を手練して小歌等乗せ侍る、其頃又淨瑠理ぶし出來たり、此淨瑠理にのせて彈くは角澤の始なり、其後大坂に城秀と加賀市と兩法師此術を得後に江戸を立加賀市は柳川撿校となり、城秀は八橋撿校となる、當時の柳川八橋流此兩人は祖なり、是を三絃と號三の糸の故なり、然れば淨瑠理三絃は角澤の撿校を元祖とせり、角澤の澤の字を緣にして後世淨瑠理三絃を産業とするは竹澤野澤鶴澤富澤等と言なるべし、大坂中古の達人と呼れしは竹澤權右衛門同彌七野澤喜八郎富澤歌仙竹澤長四郎鶴澤友次郎同三次なりとぞ。

石川源左衛門殿所藏寫之

〇御材木石奉行支配穴太頭二人由緒書

高百石 江州志賀郡高畑村之内　本國近江 生國武藏　戸波惣兵衛 卯五十九歳

浚明院様御代安永五申年十二月私儀淸治郎跡式被下置直に可相勤旨松平伊賀守殿被仰渡候段御材木石奉行豊田藤太郎被申渡候

一先祖　戸波駿河

權現様御代慶長年中被召出江州志賀郡高畑村之内百石知行拜領仕候御折紙者元和年中燒失仕候慶長十六亥年六月十三日より同十七子年十月八日迄二ヶ年之

間尾州名護屋御城御石垣御普請相勤申候慶長十八丑年正月十日駿府より江府へ御用相勤申候慶長十九年御用にて御當地に相結罷在候處大阪御陣にて宇多國宗之御刀拜領仕只今にたいて所持仕候尤御陣中御仕寄場被仰付候常には江州知行所罷在江戸大阪京其外何國にても御石垣御普請之節は道中往來も御朱印傳馬被下置御用向相勤來申候段々被下置候傳馬之御朱印今以所持仕罷在候

一玄祖父　戸波駿河

大猷院様御代寛永二丑年京都御所司代板倉周防守殿より相伺御添狀被下御當地へ罷下父戸波駿河跡式被下置候段御老中御直に被仰付候寛永五辰年二月大阪二ノ御丸南側御石垣同十三子年正月同十四丑年同十八巳年七月御當地御城御石垣御普請御用相勤申候寛永年中度々御當地へ罷下り相勤申候正保二酉年五月慶安三寅年二月右兩度日光御宮御石垣御普請相勤申候明暦三酉年御當地御天守其外御櫓等御普請之節穴太之者共召連罷下忰彌兵衛父子共御當地に相詰相勤申候万治元戌年御當地御天守臺御石垣御用に付父子共罷下り相勤申候御普請御用被爲仰付候節者御老中より京都御所司代へ被仰越私共へ被仰下候何方に御普請御座候ても右之通御座候毎度左様之節御所司代より被仰越候御奉書之御寫并私共へ被仰下候御所司代之御狀共所持仕候御當地に御普請中相詰候は於御城御老中御直に御用被爲仰付候又於御宅被爲仰付候義も御座候相勤申候中は夫々十人扶持被下置候忰も召連相勤申候得ば同前に被下置候御普請出來仕候て御暇被下候節御紋附之御時服貮貫金貮枚頂戴仕候忰は御紋附之御時服貮貫金壹枚頂戴仕候毎度右之通御座候

一高祖父　戸波駿河

嚴有院様御代万治三子年京都御所司代牧野佐渡守殿相伺御添狀被下御當地へ被下父戸波駿河跡式被下置候段御老中御直に被仰付候寛文二寅年二條之御城石垣破損御普請相勤申候此節迄御所司代御支配請申候處天和二戌年より京都町奉行衆前田安藝守殿井上志摩守殿御支配に罷成候

一曾祖父　戸波彌次兵衛

常憲院様御代元祿五申年十一月父戸波駿河跡式被下置候段京都御所司代小笠原佐渡守殿被仰渡候元祿十七申年正月御石垣御用に付罷下候節御朱印傳馬壹人

に三疋宛被下候尚京都御所司代松平紀伊守殿にて御
朱印頂戴仕候其節京都町奉行安藤駿河守殿在江戸に
付御朱印駿河守殿へ上申候同年三月御材木石奉行粂
支配に被仰付江戸住居仕候様に秋元但馬守殿御作事
奉行小幡上総介殿へ被仰渡候寶永三戌年十月御玄關
并中之御門臺御石垣御普請相勤申同四亥年五月二ノ
御丸銅御門臺上梅林下梅林北結橋御門臺御石垣同年
十月濱御殿御石垣同七寅年四月老口御門御石垣御普
請場見廻り相勤申候右相勤申中七人扶持宛毎度頂戴
仕候正徳元卯年五月病氣に付奉願隱居仕同年九月十
一日病死仕候

一祖父　　　　戸波伊右衛門

文昭院様御代正徳元卯年五月父戸波彌次兵衛願通家
督被下置候段柳澤備後守殿被仰渡之旨御材木石奉行
奈佐四郎兵衛被申渡候享保二酉年八月神田橋鍛冶橋
御門御石垣御普請之節見廻り被仰付相勤申元文元辰
年十月八日病死候天和三亥年九月同役堀金二郎兵衛
と申者京都御所司代稲葉丹後守殿へ不調法之義御座
候て御改易被成候節同役共暫く刀遠慮仕候様に丹後
守殿被仰渡於只今刀遠慮仕罷在候

一父

有徳院様御代元文元辰年十二月廿九日父戸波伊右衛
門跡式被下置如父時可相勤旨本多伊豫守殿被仰渡候
段御材木石奉行馬場藤左衛門被申渡相勤罷在候處安
永五申年十二月老年罷成其上隱居奉願候處同廿七日
願之通松平伊賀守殿被仰渡候段御材木石奉行豐田藤
太郎被申渡隱居仕罷在候處天明四辰年十月十九日病
死仕候

　　　　　　　　　　　　　　　　穴太頭
文化四乙卯年七月　　　　　　　戸波惣兵衛

由緒書

高百石　江州志賀郡木戸村之内　本國近江 生國武藏　戸波市次郎　當卯廿九歳

私義祖父戸波佐市郎實子惣領市之丞儀病死仕候處外
男子無御座候に付右市之丞實子惣領義嫡孫仕度奉願
候處寛政四子年正月願之通被仰付候旨井伊兵部少輔
殿御附札を以被仰渡候段御材木石奉行留安九八郎被
申渡候處享和二戌年九月如父時可相勤旨井伊兵部少
輔殿御書付を以被仰渡候段御材木石奉行中村與兵衛
被申渡候

一先祖　　戸波丹後
一二代　　同　丹後
一三代　　同　丹後
一四代　　同　丹後
一五代　　同吉左衛門
一六代　　同佐左衛門
一七代　　同　市助
一八代　　同　喜才次
一九代　　同　佐市郎

○道富丈吉由緒書

本國阿蘭陀國あむすてるだむ 生國肥前長崎　　道富丈吉

一父　　へんでれきどうふ

右どうふ儀は阿蘭陀國之都あむすてるだむ住居先へ
んでれきどうふ悴にて父存生の間はゆにたくると稱
し父死後の名を繼罷在候處寛政十午年於本國たんて
るかうふまんと申官を受同十一未年の夏咬𠺕吧表へ
出役仕夫より無程御當地通商の船に乗組み筆者頭勤
定役相勤六月十二日始て御當地へ着仕諸用向々仕舞
同年秋歸帆仕翌申年夏再渡仕五月廿五日御當地着仕
某等引續在留候處翌酉年夏へんさる役申付候旨入津
の船より申越へんさる役三ヶ年相勤候處享和亥年夏
加比丹職申付候旨申越當年迄十三ヶ年加比丹職相勤
罷在候右どうふ儀加比丹役相勤候内江府拜禮並御用
向相勤候術々左之通に御座候

一文化元子年魯西亞船御當地へ渡來仕候節御用向首
尾好相勤申候
一文化三寅年江府拜禮首尾能相勤申候
一文化四卯年魯西亞船松前表へ乗渡ふらんす語にて
認候書物殘置候を江府より御當地へ御差越被爲成
和解差上候様被仰付候に付阿蘭陀にて和解仕差上
申然る處翌辰年春右爲御褒美御銀三十枚被下置候
一文化四卯年秋御注文通荷繰等出情仕候爲御褒美銀
六十貫目被下置候
一文化五辰年ゑげれす船御當地へ渡來仕候節御用向
相勤申候
一文化七午年江府拜禮首尾好相勤申候右之節於御殿
中どうふ儀衆々實體相勤昨年從江府御尋事之御用
骨折相勤候に付御褒詞被爲成下候旨大御目付中川
飛驒守様御立合長崎御奉行曲淵甲斐守様御書面被
爲成御讀渡候

『一話一言』（『蜀山人全集』国立国会図書館デジタルコレクション）

松平伊賀守（信濃国上田藩藩主、松平忠順）は若年寄《わかどしより》だが、相続はこの若年寄により認可されたということになる。この資料を提出した一七七六年時点の戸波家の相続に関しては、若年寄の仕切り。江戸時代のしきたりを調べてみると、江戸幕府の役職である老中《ろうじゅう》、若年寄、京都所司代《きょうとしょしだい》は大名役職と言われ、現代で言えば大臣クラスの役職。その中でも老中が格上で、老中管轄の徳川家御家人の多くはお目見え以上といい、相続時に将軍に会えたようである。だが、若年寄管轄の御家人の多くはお目見え以下で、相続時に将軍に会えなかったようだ。

領地は滋賀県の高畑村のようだが、その村は、現在は存在していない。そのうち調べることにしよう。

〔初代戸波駿河の項〕

先祖初代　戸波駿河は徳川家康公から、慶長年中（一五九六〜一六一四年）江州志賀郡高畑村（滋賀県大津市付近）に一〇〇〇石の領地を頂きました。領地を保証した御朱印状は、元和元（一六一五）年中に焼失してしまいました。慶長十六（一六一一）年六月十三日より十七（一六一二）年十月八日迄二か年の間、尾張名古屋城の石垣を御普請＊しました。慶長十八（一六一三）年から慶長十九（一六一四）年に駿府城の仕事を頂いて、その後駿府から江戸に詰めていました。大坂の陣に参加して、宇多国宗《うだくにむね》の刀を頂きました。その刀は現在も持っています。初代戸波駿河は頂いた領地に住んでいました。江戸、京都、大坂など全国を行き来できる御朱印と伝馬*使用許可を頂き現在も所持しております。

*普請とは土木工事。石垣を造ること。

*伝馬とは人や物を運ぶために各宿場町に備えられた馬のこと。

※

おおっと、家康から一〇〇石の領地をもらったようだ。一石の米が成人一年分の消費量と言われているので、百人分の米が採れる領地ということになる。ということは、加賀一〇〇万石なら百万人分の米が採れる領地ということだから、凄いねえ。

領地を保証した御朱印状は、元和元年中に焼失してしまう。慶長十六年六月十三日より十七年十月八日までの二か年で、名古屋城の石垣を造った。名古屋城は、徳川家が大名の財力を削ぐために行った「天下普請」なので、幕府の命令で、各大名がお金を出して石垣を構築した。徳川家発注→各大名受注→下請けに発注、その下請けを幕府穴太頭が受ける、という図式のようだ。

次に「ほんとかそれ？」というような、先祖の大坂の陣への参戦。そして、家康から宇多国宗の刀を褒美としてもらったとの記載。家康が、穴太頭という石垣を造る役職の者になぜ褒美として刀をあげたのか。大坂の陣の前から穴太頭（石積みの棟梁）として幕府に勤めているが、大坂の陣で刀を持って戦ったわけではないだろう。そうなると、陣地を構築するために、穴太頭は大坂の陣に呼ばれたのではないか。大坂冬の陣で大坂城の堀を埋めたことの功績かも知れないが、しかし堀を埋めるには、技術うんぬんではなく人海戦術でなんとかなるもの。江戸城、駿府城、名古屋城など全国の石垣構築に忙しい穴太衆を動員することはないと思う。ということは、大坂冬の陣で大坂城の堀は埋められており、野戦になった大坂夏の陣での陣地構築と考えられるのではないだろうか。

後述するが、小田原征伐で秀吉に呼ばれた穴太衆は、石垣山城（一夜城）を造っている（小早川家文書）。当然家康はそのことを知っているので、穴太衆を短期間での陣地構築に用いるという発想はできたに違いない。

では宇多国宗という、鎌倉時代からの流れを汲み、井伊家や島津家にも残るような、名工の刀を拝領するほどの活躍とはなんだったのか。ここで勝手な推測をすると、大坂夏の陣で真田幸村が家康本陣に突っ込んでいき、家康を切腹覚悟の状況にまで追い込んだ猛攻は有名だが、真田幸村の猛攻を防ぐのに、穴太衆が築いた陣地が役に立ったのかも知れない。真田幸村が家康に一歩届かなかった要因の一つが家康本陣の造りだったとしたら、穴太衆構築の陣地が真田幸村の希望を打ち砕く一翼を担っていたかも知れないのだ。そのような推測に立てば、真田幸村の野戦能力さまさまの刀拝領ということになる。勝手な推測だが、穴太頭（石積みの棟梁）が活躍するのだから、案外正しい推測かも知れない。令和の現在、当然その拝領刀はない。ざんねーん！

仕事柄、全国往来自由の御朱印手形と伝馬の使用許可はもらったようである。江戸幕府の基礎を固めるための全国の重要拠点、城造りのためであったと思われる。明智光秀の坂本城、信長の安土城築城以来、石垣は城を守るための重要なアイテムになっていた。家康から御朱印をもらえば、箱根の関所も鼻高々で通行していただろうと思われる。

〔二代戸波駿河の項〕

玄祖父二代戸波駿河は徳川家光公（三代将軍）時代、寛永二（一六二五）年、京都所司代板倉周防守《すおうのかみ》様の添え状を持って江戸に行きました。御老中から直々に、父駿河の後継の許可を得ました。寛永五（一六二八）年二月、大坂二の丸南側御石垣を御普請しました。寛永十三（一六三六）年から寛永十八（一六四一）年にかけて、江戸城御石垣を御普請しました。正保二（一六四五）年五月から慶安三（一六五〇）年にかけて日光東照宮の御石垣を御普請しました。明暦三（一六五七）年、江戸城天守、その他の櫓《やぐら》などの御石垣を御普請しました。その際は穴太衆を連れて、息子の弥兵衛ともども、江戸へ詰めて務めました。万治元（一六五八）年、江戸城天守台の普請に際しての指示を御老中から御所司代経由で頂きました。その指図書は今も所持しています。御普請中は江戸城で御老中より直々に指示を頂き、また御老中のお屋敷で指示を受けることもありました。普請中は私と息子それぞれに十人扶持＊の給料を頂きました。完成して、さらに御紋付きの時服《じふく》＊二枚、黄金二枚、息子は御紋付きの時服二枚、黄金一枚頂きました。

＊十人扶持とは、一人扶持が成人一年間の米の消費量なので、十人分の米の消費量。現代換算で約三〇〇〇キログラムの特別給料。
＊時服とは時衣《じい》のことで、四季の時候に合わせて着る衣服のこと。

※

この二代目の相続に関しては、若年寄ではなく格上の老中に相続許可を得たという。日光東照宮の築造をしたということだが、日光東照宮造営に特に力を入れていた将軍だから、戸波家の相続時に将軍お目見えの儀式を行った可能性がある。

この時期、江戸幕府の御威光を広く行き渡らせるために、日光東照宮、江戸城、大坂城をはじめ多くの天下普請が行われている。二代目が江戸城の石垣を普請していた寛永十三年（一六三六）は、江戸幕府が全国の大名を動員して江戸城を取り巻く外堀を築いたとされる。現在の牛込口、市ヶ谷、外麹町口（四谷見付）、赤坂、喰違外《くちがいそと》の六ヶ所に升形を設け、これにより江戸城の惣構はおおかた完成したと言われている。ちなみに今回のカバー写真の石垣はその江戸城外堀跡の石垣で、現在、文部科学省構内に残っています。また、特に明暦の大火で被害を受けた江戸城天守台の工事は大掛かりだったようだ。

　加賀前田家、肥後細川家が天守台の天下普請を命じられていた。表の歴史とは違って、実際には加賀前田家、肥後細川家がお金と人を出して、現場で天守台を築造したのは、老中から直接指示を受けた穴太頭だった。

　この由緒書は、穴太頭戸波家が相続をする際に江戸幕府に提出した書類なので、事実に反することは書けない。当時は老中からの指示書などを保管し、由緒を守ることは、家を守ることに繋がっていたようである。

　この工事中、穴太頭は領国の年貢とは別に、特別給料として十人扶持を頂いたようである。天守台を築造する天下普請を命じられた大名は何千人も動員して莫大な費用負担をしているのに、江戸幕府の費用負担といえば穴太頭への十人扶持だけなんだから、今も昔も権力を握ることは重要ですな。

莫大な費用をかけた江戸城天守台は完成したものの、家光の異母弟・保科正之から待ったがかかり、天守閣は再建されなかったのはもったいない話だ。
天守台完成の褒美で葵の紋付の服と黄金を頂いた。穴太頭戸波家絶好調の時代である。二代目戸波駿河の記録から考えると、穴太衆を連れて全国行脚でメジャー施設の石垣を造っていたのだ。当時の穴太衆は、現代でいう国立競技場などを造っているゼネコンのようなものかな。

〔三代戸波駿河の項〕

高祖父、三代戸波駿河は、徳川家綱公（四代将軍）様時代、万治三（一六六〇）年、京都所司代牧野佐渡守様の添え状を持って江戸に行きました。父戸波駿河の後継ぎの許可を御老中様から直々に頂きました。寛文二（一六六二）年、二条城の破損の石垣工事をしました。これまでは京都所司代様支配でございましたが、天和二（一六八二）年から京都町奉行所衆、前田安芸守様、井上志摩守様に変わりました。

※

ここで、京都二条城の破損の石垣工事を行うとある。仕事は順風満帆のように見えるが、相続願いはまだ老中管轄（大臣クラス）なので、将軍にお目見えできた身分ながら、幕府の指揮命令系統の上司は京都所司代（江戸幕府の大臣クラス）管轄から京都町奉行所（大臣の出先機関の所長クラス）管轄に変更になっている。江戸幕府内の穴太頭の立場が少し下がったようである。この辺で江戸幕府が慶長二十（一六一五）年に出した一国一城令（居住以外の城を全部壊せとの命令）や、幕府統治が安定してきて、石垣を必要としない世の中に変わってきて、穴太頭戸波家に少し影響が出てきたようである。

〔四代戸波弥次兵衛の項〕

曾祖父、四代戸波弥次兵衛は、徳川綱吉公（五代将軍）様時代、元禄五（一六九二）年十一月、京都所司代小笠原佐渡守様に、戸波駿河の後継ぎの許可を得ました。元禄十七（一七〇四）年の正月に江戸で御石垣御用を指示された際、京都所司代松平紀伊守様に、引っ越しの御朱印を頂き、同年三月より御材木石奉行支配に変わり江戸へ引っ越しするよう指示され、今後穴太頭は、秋元但馬守様作事奉行小幡上総介様の指示を受けるようになりました。宝永三（一七〇六）年十月、江戸城御玄関並びに中之御門台御石垣を造りました。同四（一七〇七）年五月江戸城二の丸銅御門台、上梅林下梅林北詰橋の御門台御石垣を造りました。同年十月浜御殿御石垣、同七（一七一〇）年四月芝口御門御石垣普請場見

回り務めました。その間七人扶持の給料頂きました。正徳元（一七一一）年五月病気にて隠居致しました。（同年九月十一日死亡）

※

四代戸波弥次兵衛の相続願いは、京都所司代小笠原佐渡守となっているので、老中より格下だが、かろうじて幕府大臣クラスの京都所司代の相続許可となっている。将軍お目見えの身分が下がる。また、この四代目は初代戸波駿河から続いていた受領名《ずりょうめい》*のような「駿河」を名乗っていないことから、江戸幕府内における穴太頭の立場が下がったのかも知れない。

江戸幕府開府の基礎固めとしての大規模な石垣工事が一通り済んだ平和な世の中では、修築工事などの小規模工事が主な仕事となり、穴太頭、穴太衆の必要性も減っていった時代背景が分かる。それでもまだ浜御殿御石垣や芝口御門御石垣工事で、知行一〇〇石分の年貢とは別に七人扶持（七人扶持は一年間成人七人を養える給料）の特別給料を支給されていたとあるので、幕府内での穴太頭の扱いは下がったとはいえ、それなりの力はあったのだろうと思う。

この記録から、なぜ穴太頭戸波家は江戸に住んでいたか理由が分かった。一七〇四年の正月まで近江国高畑村（滋賀県大津市坂本付近）に住んでいて、三月に近江（滋賀県）から武蔵（東京）へ引っ越せと幕府に命令されたからである。この時点では、なぜ江戸に越したのか仮説も思いつかず、想像することもできなかった。しかし、それはのちに解決する。

＊受領名とは、主に室町時代から戦国時代にかけて守護大名、戦国大名が武功や功績ある家臣に対して授けた非公式な官名。

〔五代戸波伊右衛門の項〕

祖父、五代戸波伊右衛門は、徳川家宣公（六代将軍）様時代、正徳元（一七一一）年五月、戸波弥次兵衛の相続許可を柳沢備後守様に頂き、御材木石奉行奈佐四郎兵衛様に伝えました。享保二（一七一七）年八月神田橋、鍛冶橋御門御石垣工事の見廻りを務めました。元文元（一七三六）年十月八日に病死しました。天和三（一六八三）年九月に京都所司代稲葉丹後守様からの通達で、同役、穴太頭堀金二郎兵衛が不調法を起こしたので改易《かいえき》＊となったため、同役穴太頭は刀をしばらく差すことを遠慮せよと通達があり、ただ今まで遠慮しています。

＊改易とは、士分以上に科した刑罰のことで、武士の身分を剥奪し、所領や屋敷・財産を没収するこ

と。

※

相続許可を出した柳沢備後守は、八〇〇石程度の作事奉行なので、今までは一万石以上の老中、京都所司代、若年寄など大名役職からの相続許可だったので、四代以前と比べると、相続許可を出す役人のレベルが明らかに下がった。

穴太頭戸波家の格が下がった原因の一つが、この項の同役穴太頭、堀金二郎兵衛の改易にもあったようだ。堀金二郎兵衛の改易までの期間、江戸幕府に穴太頭は四家あったが、幕末には私の家を含めて二家体制になっていた。

不調法としか書いていないので、この時点では堀金家改易理由が分からないが、調べていくうちに改易理由が分かってきた。「この程度で改易になるのか」が正直な感想。面白いマイナーな歴史は後述する。

〔六代戸波清次郎の項〕

六代戸波清次郎は、徳川吉宗公（八代将軍）様時代、元文元（一七三六）年十二月二十九日、戸波伊右衛門の相続許可を本多伊予守様に頂き、御材木石奉行馬場藤左衛門様に伝

えました。安永五（一七七六）年十二月に老年のため隠居願を出し、十二月二十七日に松平伊賀守様から許可を頂き、御材木石奉行豊田藤太郎様に伝えました。天明四（一七八四）年十月十九日に病死しました。

※

六代戸波清次郎の代は、石垣関連の報告するべき大きな仕事がほぼなかったようである。相続許可に関して、本多伊予守に許可を得たようなので、本多伊予守を調べると、当時の役職が若年寄だったので、戸波家の家格は戻ったようだ。同役堀金家の改易から五十年経っているので、ほとぼりが冷めたようである。

元亀二（一五七一）年の明智光秀の坂本城、天正四（一五七六）年の織田信長の安土城築城工事以来、穴太衆二百年間の華々しい実績も過去のものとなってしまったように感じられる。

〔戸波丹後家の項〕

私、戸波市次郎は二十九歳、近江国（滋賀県）が本籍で、武蔵国（東京都）生まれです。江州志賀郡赤塚村（滋賀県大津市南志賀付近）に一〇〇石の領地を頂いております。九代の祖父、戸波佐市郎の実子戸波市之丞が病死をしまして、後継ぎの男子がなく、戸波佐市郎の孫の私が後継ぎの願いを提出したところ、寛政四（一七九二）年正月、井伊兵部少輔様の許可を得て、御材木石奉行留安九八郎様に伝え、享和二（一八〇二）年、さらに井伊兵部少輔様の書付を御材木石奉行中村与兵衛様に渡しました。

一、先祖　戸波丹後
一、二代　同　丹後
一、三代　同　丹後
一、四代　同　丹後
一、五代　同　吉左衛門
一、六代　同　佐左衛門
一、七代　同　市助
一、八代　同　喜才次
一、九代　同　佐市郎
※

この『御材木石奉行支配穴太頭二人由緒書』は、私の高祖父たちが家の成り立ちを幕府に提出した書類。この戸波丹後家の項が私の直系戸波の項である。私の高祖父市次郎は養子であるということが分かった。本家の叔父市之丞が亡くなって、祖父佐市郎の後継ぎになったようである。

戸波駿河家と戸波丹後家の連名でこの由緒書を提出しているが、戸波丹後家の事蹟の記載がなく、戸波駿河家の事蹟だけの記載である。両家共一〇〇石という同格の家ということも加味すると、両家は非常に近い存在で事蹟もほぼ同じと考えて問題ないと思われる。相続許可も当時若年寄の井伊兵部少輔に許可を得たようだが、両家は同格と考えられる。また、現存する戸波丹後家の過去帳には、駿河家の人も数名記載されている。江戸幕府に提出した由緒書で、幕府も認めていることから、大きな仕事に関しては戸波駿河家と共に仕事をしていたと考えられる。

次に手に入ったもう一つの史料『京都御役所向大概覚書《おやくしょむきたいがいおぼえがき》』の「先年江州穴太頭之事」は、江戸に引っ越すに当たり、お世話になった御役所に対して由緒を書いた報告書のようである。

『京都御役所向大概覚書』「先年江州穴太頭之事」

一、百石　高村武兵衛
一、百石　戸波弥次兵衛（駿河家四代）
一、百石　戸波市助（丹後家七代）

一、右、穴太頭は信長公・秀吉公時代より、御知行を頂いております。家康公時代には江州志賀郡高畑村、赤塚村に一〇〇石を頂き、御朱印を頂戴致しました。元和四（一六一八）年に焼失しました。大坂の陣も先祖は務めました。
一、穴太頭の仕事につき、先祖は石垣の御用を承りました。明暦三（一六五七）年、江戸城天守、櫓の石垣普請致しました。寛文三（一六六三）年、二条城の石垣普請も致しました。
一、普請の際に十人扶持の給料を頂き、また、各人に黄金二枚、呉服一重頂き、倅に黄金一枚、呉服一重を頂きました。
一、穴太といいますのは、昔から石垣普請上手で江州穴太村に住んでいました。ゆえに総称は穴太となりました。

一、寛永元（一六二四）年以来、右、穴太頭は江戸で御用があるので、秋元但馬守様の申し渡しで、向後、江戸に引っ越し御石奉行支配になることになりました。

※

以上は京都町奉行所に残っていた文書で、経歴と理由を記して、江戸に引っ越すという転出届のようである。内容は「石垣工事の上手な人が穴太村周辺に住んでいたので、穴太衆・穴太積と言われるようになった」というもので、なるほどとうなずける。『御材木石奉行支配穴太頭二人由緒書』にもある、御紋付きの時服受領の記載がこの『京都御役所向大概覚書』にもある。この時代ではかなり栄誉なことだったのではないか。

経歴が子孫の記した前記の『御材木石奉行支配穴太頭二人由緒書』と同じなので、事実このような経歴だったようだ。ということは、幕府に提出する報告書に嘘は書けないし、信長公・秀吉公から領地を頂いていたとの記載があることから、秀吉とも絡んでいた可能性が高くなった。そうなると、伝承④「秀吉から槍を拝領した」という話も可能性があるということになる。

一 諸色買物之儀、縦雖為盗物、買主不知之者不可有罪科、次□盗賊人於引付者
一 任古法贓物可返付之事
一 分國中徳政雖行之、當所中免除事
一 他國并他所之族罷越當所ニ有付候者、従先々居住之者同前、雖為給人臣下、不可有異儀、若號給人臨時課役停止事
一 喧嘩口論并國質所質押買押賣宿之押借以下、一切停止之事

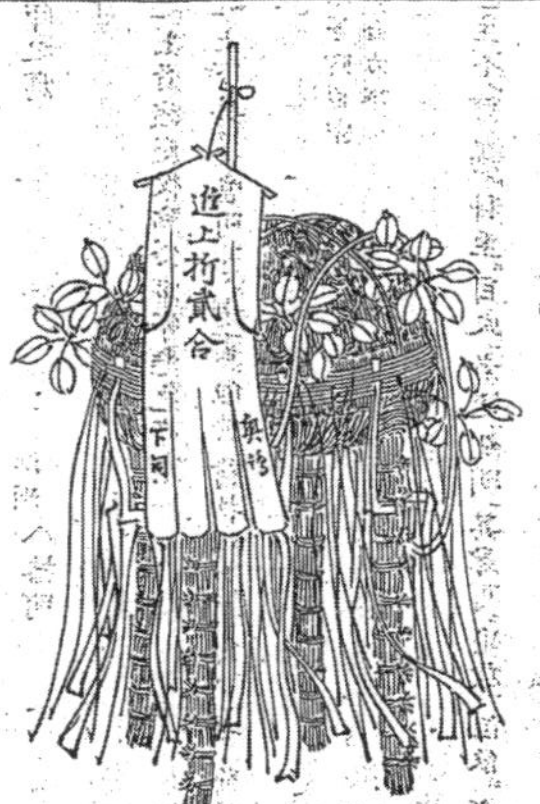

一 至町中譴責使、同打入等之儀、福富平左衛門尉・木村次左衛門尉両人ニ相届之、以糺明之上可申付事
一 於町並居住之輩者、雖為奉公人并諸職人、家並役免除事
付、被仰付以御扶持居住之輩、并被召仕諸職人等各別事
一 博労之儀、國中馬賣買、悉於當所可仕事
右條々、若有違背之族者、速可被處嚴科者也
天正五年六月日

〔京都御役所向大概覚書三〕
先年江州穴太頭之事
高木村 武兵衛
戸波 彌次兵衛
戸波 市助
右穴太頭之儀、信長公・秀吉公御代ゟ御知行被下来り候、權現様御代慶長年中、江州志賀郡高畠村・赤塚村ニ而御知行百石宛拝領仕、御朱印茂被下置候處、元和四年焼失

「先年江州穴太頭之事」（『史料通信叢誌　第３編』国立国会図書館デジタルコレクション）

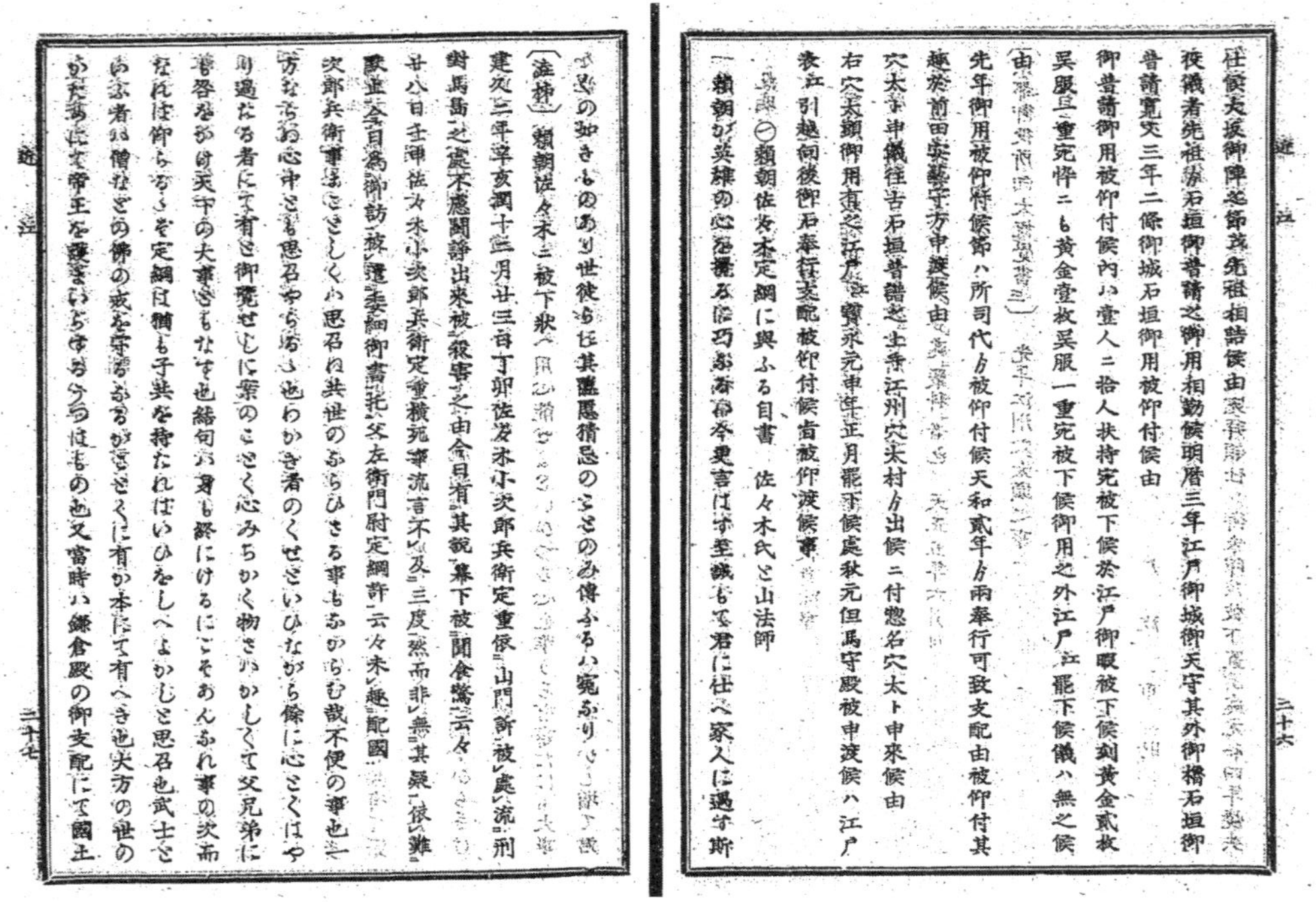

「先年江州穴太頭之事」（『史料通信叢誌　第３編』国立国会図書館デジタルコレクション）

前記の『御家人分限帳』には、穴太頭高村家は載っていない。『御家人分限帳』の作成年代は正徳期だから一七一一年から一七一五年となる。この『京都御役所向大概覚書』が一七〇四年近辺の文書であることから、一七〇四年から一七一五年の間に何らかの問題で高村家も改易された可能性がある。

この書類を江戸幕府に「高村、戸波、戸波」連名で提出していることから、一七〇四年以前に穴太頭家は三家あったことになる。また『御材木石奉行支配穴太頭二人由緒書』で、一六八三年に堀金家を同役と記し、同年堀金家が改易になっているので、当初、江戸幕府に穴太頭家は四家あったことは間違いないようだ。結果、幕末まで残ったのは「戸波駿河系」と私の先祖「戸波丹後系」の二家だけだった。では信長に仕える前はどうしていたのだろうか。

近江佐々木氏の一族で、鎌倉時代に近江国（滋賀県）の朽木荘の地頭となり、戦国の世を経て江戸時代になってからも、旗本あるいは大名として存続した朽木家に残る古文書『朽木家古文書』の文永元（一二六四）年の項に、「下毛野武秋（近衛家家臣）が相伝した『穴太御園』の一色田の三反を日吉十禅師の宮に寄進する。その地を散所《さんじょ》*雑色領とする」とあり、『叡山文庫』によると、「その散所雑色領が延暦寺の支配する『穴太散所』となった。延暦寺はそこに『穴太散所法師』を住まわせた。その住人を『穴太人足』と呼んだ」とある。

＊散所とは、古代末期から中世にかけて、貴族や社寺に属し、掃除や土木・交通などの雑役に服した地域。またはその住民のこと。

散所法師は比叡山の道路修理、整備、掃除をするのが仕事だったようである。どうやら穴太人足と呼ばれた穴太散所法師が穴太衆の始まりのようだ。つまり、比叡山延暦寺土建部が穴太衆の始まりということである。比叡山の階段などを造って石積み技術を磨いていたということだろう。

では、いつから石垣普請の穴太衆と呼ばれるようになったのか。『「穴太」論考』の中村博司さんによると、『山科家礼記《らいき》』（室町中期の華道家で、山科言国に雑掌として仕え、立花の名手として知られた大沢久守の日記）長享二（一四八八）年が「穴太」の初見史料だとされている。その内容は山科七郷（京都山科区は穴太衆本拠地近く）の沙汰人（上位者の命を受け、それを執行する役人）に宛てた指令書で、「昨日、東山殿（足利義政）の石蔵用の木材に関わる、室町幕府からの奉書がもたらされ、〝あのうのもの〟が山科邸にやって来た。東山殿の石蔵御用として雑木二十本を切って、穴太に渡すこと」とのこと。

「おおっと、室町時代に銀閣寺造営に関わっていた可能性があるのかぁ〜」

ということは、足利将軍家との関わりがあった可能性がある。

十二代将軍足利義晴『萬松院殿穴太記』によると、応仁の乱から群雄割拠の時代に突入していた天文十九（一五五〇）年、足利義晴（萬松院）は「放浪していた近江から銀閣寺の中尾城に帰るように希望したが、体調不良もあり家臣の六角定頼に『穴太新坊《しんぼう》』に行くことを勧められた」とある。「穴太新坊」は「穴太御所」と言われている。

同一五五〇年に穴太御所で足利義晴は亡くなる。

群雄割拠の時代になり、権力も財力もなくなった足利将軍が、京都を逃れ穴太衆の地元に、穴太新坊と言われる穴太御所を建てた。建てるに当たり、足利幕府に銀閣寺造営などでお世話になっている地元の穴太衆が助力したのは当然の流れであろうと思われる。

私の想像だが、穴太御所建設の際、財力のない将軍家が御所建設の褒美として、穴太頭家に御紋拝領*として、足利二つ引両の家紋の使用を許可した可能性がある。だとすると、名字がなければ家紋どころではないので、この時点で名字はあったということになる。さらに、江戸時代前半まで「受領名」駿河・丹後と名乗っており、秀吉時代の『駒井日記』（豊臣秀次の右筆、駒井中務少輔重勝の日記）に「出雲・駿河・三河」との記載もあることから、それ以前に受領名があったと考えられる。つまり、足利将軍に二つ引両を頂き（御紋拝領）、戸波と名乗って（苗字帯刀＊）、駿河と受領名を付ける（官途《かんと》受領＊）という許可をもらった可能性がある。また、戸波家が江戸中期まで使用していた「苗字、家紋、受領名」のセットを、信長、秀吉や江戸幕府に対して、由緒なく使用をしていたとは考えにくいので、足利家由来の家紋と考えられる。これらの記録から考察すると、伝承⑤「家の家紋、丸の内に二つ引両は凄い」も事実かも知れない。

＊御紋拝領とは、武家が忠節の賞として主家の紋を賜ること。

＊苗字帯刀とは、農工商などの庶民が名字（苗字）を称し、帯刀するという武士に準じる資格を許されたこと。

＊官途受領とは、室町時代以降、主君が武功や功績を挙げた家臣に対して特定の官職の私称を許したこと。

次に、京都吉田神社の神官吉田兼見の『兼《かね》見《み》卿《きょう》記《き》』天正五（一五七七）年の記録に「一、穴太ものたちは、上醍醐の清滝権現社の石垣、吉田社の神壇の石垣を作った後、伊勢に下った。一、信長京都邸の普請をした」とある。

信長時代、穴太衆は石垣を積みに近畿地方をうろうろしていたようである。信長の京都邸の普請をしたということは、前記の『京都御役所向大概覚書』の「先年江州穴太頭之事」にも記載があるように、信長とも接点があった。

『石垣普請』の著者北垣聰一郎さんの調べによると、江戸時代に著された『明良洪範《めいりょうこうはん》』（江戸千駄ヶ谷の聖輪寺住持、増誉著）に、「石垣を築くのに『あのう築き』という技法がある。古くから穴太の里では、五輪塔のような石切り加工上手がたくさんいた。ところが、信長の安土城普請の時、その石工たちが呼び寄せられ石垣構築にあたった。以後、諸国でも用いられたので、次第に石垣作りの上手になり、五輪塔作りをやめて石垣作りを専業とし、いまでは城郭石垣の築成者と言えば『穴太衆』として、その名は広く知られるようになった」と記されている。しかし、北垣聰一郎さんの見解では、石垣を築く穴太に対し、石工とは石材を加工する職人であり、石工と石積みが混同されている伝承は正しくないとしている。

『滋賀の歴史ものがたり』（滋賀県小学校教育研究会編）には、「安土城築城にあたり京都・奈良・堺などから天下一の名工を呼び集めました。近江では城や砦《とりで》の石垣を造る穴太衆の中から戸波一族が呼ばれました」とある。

ということは、先祖のデビュー城郭石垣は、やはり安土城ということか。前記の『京都御役所向大概覚書』の「先年江州穴太頭之事」にある「穴太頭は信長公・秀吉公時代より御知行を頂いております」などから、信長時代には「石垣普請の穴太衆」が成立していたようである。
秀吉時代の記録としては、秀吉が賤ヶ岳の合戦後すぐに、杉原家次宛てに「台所入目録」(別名「秀吉蔵入地目録」＝領地の区分名簿）を送っているが、その中に「穴太」のことが記載されている。

「江州志賀郡内台所入所々目録」

一、八〇〇石八升　志賀村
一、一五〇石　志賀内山門領
一、三一九石　穴太
一、一〇九一石　上阪本
一、一二五石七升　穴太共ひかえ
一、六〇〇石　雄琴
一、四八八石　千野

「穴太論考」の中村博司さんの分析では、上記の「志賀内山門領と穴太共ひかえ」が元々穴太衆の根を張っていた土地で、それを秀吉が穴太衆に対して安堵している。

このあたりの領地は信長の比叡山焼き討ちの際、比叡山支配から信長支配に組み入れられ、信長亡き後秀吉に引き継がれた土地である。江戸時代には志賀内山門領は高畑村に、穴太共ひかえが赤塚村になり、継続して穴太頭家の領地になったようである。

現在、滋賀県大津市に穴太という地名はあるが、高畑村、赤塚村という地名はない。学生の時、京都旅行のついでに大津の穴太地区をレンタカーでウロウロしてみたが、穴太衆に関するものは、当時大学生であった私の能力では何一つ見つからなかった。

秀吉時代の穴太衆の他の記録としては、『小早川家文書』天正十八（一五九〇）年の項に、小早川隆景に対する秀吉の御朱印状がある。内容は「小田原北条家征伐のための石垣山城（一夜城）の構築にあたった穴太三五人を送り返すにあたって宿や伝馬を手配して、丁送しなさい」とある。

この内容から、穴太衆は石垣山城（一夜城）の石垣を築いていたことが分かる。この一夜城の構築の記録から、朝鮮攻めの肥前名護屋城構築にも関わった可能性もあるので、秀吉から槍を拝領する機会は確かにあったかも知れない。

この時期の権力者は、石垣が自分の武力を高めるためにも必要になっており、世の権力者が誰であろうと石垣を積むという特殊技術は不可欠になっていた時代であった。その特殊技術のおかげで、穴太衆は時の権力者が変わろうが、変わった権力者と契約を交わして、代々居住していた土地を守ることが可能となったようである。

小さい領地だが、穴太衆の国が長い間維持できたのは、石積み能力のおかげだった。一夜城築城時の先祖の気持ちを想像すると、「天下統一のど真ん中で仕事している俺らって凄いだろ」と思っていたかも知れない。しかし子孫は知っている。小田原攻めから大坂の陣、このあたりが戸波家のピークであり、江戸時代後期、華々しい仕事はなくなってしまうのだ。ざんねーん。

次に『石垣普請』の著者北垣聰一郎さんの調べによると、関白豊臣秀次の右筆、駒井重勝の『駒井日記』文禄二（一五九三）年の項に、

「文禄元（一五九二）年から穴太出雲が関白豊臣秀次（秀吉の養子）の指示で、伏見城石垣工事をしていた。二年後の文禄三（一五九四）年に太閤秀吉の指示で、仕事をしていた穴太駿河、穴太三河と穴太出雲がもめた。そこで関白秀次が仲裁に入り、太閤様の仕事も沢山あるので今後は仲良く三人で仕事をしなさいと命じた」

という伏見城築城時の記録があるそうだ。

この駒井重勝の『駒井日記』の記録で初めて穴太頭の個人名が出てきた。穴太出雲、穴太駿河、穴太三河である。先述の『御材木石奉行支配穴太頭二人由緒書』『京都御役所向大概覚書』など、『駒井日記』以後の史料から推測すると、穴太出雲はのちに堀金出雲、穴太駿河はのちに戸波駿河、穴太三河はのちの高村三河だと思われる。

伏見城築城時に、それも秀吉・秀次の前で三人の穴太頭が喧嘩をする。今後は仲良く、太閤の仕事と関白の仕事をやりなさいと、その仲裁を関白秀次がする。私の浅い歴史認識では、秀吉の伏見城築城という大仕事の最中に喧嘩をすれば、なんらかの処罰を受けそうなものなのにそうなってはいない。石垣を積むという技術者は、時の絶対的権力者の前でも、ある程度の自由が保障されていたということか。

『駒井日記』には私の直系と思われる穴太丹後は出ていない。何をしていたのか、同年代の穴太衆の築城記録がある。伏見城築城中の文禄三（一五九四）年『中川家文書』に中川秀成の豊後岡城築城のことが記載されている。「穴太伊豆という者を大坂より呼んで、御城縄張　石田鶴衛門を作らせた」と。また関ヶ原の戦いの年、慶長五（一六〇〇）年の『宇喜多家分限帳』には、「穴太伊賀五〇〇石をもって、宇喜多家に招請した」とある。

戦国・織豊期を通じて、城が土塁防御から石垣防御に変わり、その結果、石垣工事上手の穴太衆は全国の戦国大名から引く手あまたの状態が続いていた。私の先祖戸波丹後は、伏見城以外の石垣の普請に行っていたようである。

江戸時代になって、黒田長政の黒田家「御家老中老筋目」には「二代目黒田忠之の時代に、二〇〇石で穴太頭を仰せつけられる。戸波次郎左衛門」とある。また、延享年間（一七四四〜一七四七年）の近藤政助「作州（美作）故談」には、森忠政が築いた鶴山城（別名・津山城）の石垣について「山城津山御城中の石垣は、幕府石垣師戸波某衛門の子、戸波平左衛門という人、知行二〇〇石で森家に召し抱えて築いた。その子孫は後々まで森家にあり」とある。

江戸城天守台の天下普請を幕府から命令された加賀前田家の記録、家老今枝民部直方書写『江府天守台修築日記』（金沢市立図書館蔵）にある作業人員名簿にも、

公儀御奉行　久世大和守
穴太（幕府穴太頭）　出雲、駿河、三河、丹後
坂本御雇穴太　伝右衛門、彦兵衛、庄右衛門、才兵衛、庄兵衛、九右衛門
御自分穴太　小河長右衛門、小河八左衛門
御被官　杉本五右衛門、益田清右衛門、鈴木与次郎
出雲子　二郎兵衛、権兵衛

駿河子　　弥次兵衛、偏左衛門
丹後子　　吉左衛門
三河子　　三郎兵衛
出雲弟　　林左衛門

前出の『御材木石奉行支配穴太頭二人由緒書』にあるように、天下普請で加賀前田家に命令して江戸城天守台を造らせたが、その命令系統とは違って、石垣を実際に造る現場では幕府穴太頭が各大名所属の穴太役に命令して江戸城天守台を造っていたということになる。また天守台築造期間内に限り、加賀前田家より戸波駿河に三〇〇石の特別給が支給されている。幕府の家来である穴太頭に、加賀前田家が三〇〇石を支給するということは、加賀前田家と戸波駿河家との深い繋がりを感じる。

加賀前田家『文禄年中以来等之旧記』（後藤家文書、金沢市立図書館蔵）には、江戸城天守台の天下普請より約三十年前の加賀藩穴太役十二名の元和末年（一六二四年）の名簿がある。

御小姓組　三〇〇石　江州坂本穴太村之産　戸波清兵衛

組外　一〇〇石　同　杉野久左衛門
組外　七〇石　播州之産　後藤木兵衛
　　　五〇石　江州坂本穴太村之産　穴太源介
　　　四〇石　同　藤田三右衛門　相願江戸に帰る
寛永後召抱え穴太
　　　江州坂本穴太村之産　小川長右衛門
　　　同　杉野茂兵衛
　　　同　穴太又介
　　　同　矢倉彦兵衛　御暇奉願帰る
　　　御切米　杉野伝右衛門
　　　同　後藤勘左衛門
　　　同　林市左衛門

十二名中十名が穴太村の出。特に戸波清兵衛は三〇〇石の高禄である。これだけの高禄で仕官している戸波清兵衛は、出身が坂本穴太ということもあり、前田家が三〇〇石の特別給を支給した戸波駿河家と繋がりがあったと考えられる。年代的には初代戸波駿河の子供だと考えて良さそうである。

また、加賀前田家と共に江戸城天守台普請を命じられた肥後細川家『公儀御普請方万覚帳』（熊本大学永青文庫蔵）の作業人員名簿には、

公儀普請総奉行　久世大和守
穴太衆　堀金出雲、戸波駿河、戸波三河、戸波丹後
穴太衆ら子供衆御普請場へ不断相詰肝煎中衆
　堀金次郎兵衛、同権兵衛、戸波弥次兵衛、同吉左衛門、
　高村三郎兵衛
（肥後細川家）
穴太役　北川作兵衛、坂井茂兵衛、末松秀兵衛、荒木田右衛門、
　田中渋左衛門、北川吉左衛門、野口小次右衛門、椎木五兵衛

この中の肥後細川家八人の穴太衆の取りまとめ役として、肥後細川家江戸城普請、普請奉行「戸波儀太夫」がいる。

『先祖附』（熊本大学永青文庫蔵）に戸波儀太夫の子孫戸波儀兵衛の細川藩への由緒書の報告記録がある。

一、先祖戸波駿河は信長公に仕えていました。その子戸波駿河は家康公に仕え、五〇〇石を頂き、代々近江国坂本高畑というところに住んでおり、戸波弥次兵衛まで相続しております。私の先祖儀太夫は戸波駿河の次男でございます。寛永元（一六二四）年、細川忠利様から御知行三〇〇石を拝領し、江戸城普請で普請奉行をしっかり務めました。承応二（一六五三）年十一月に病死しました。

一、戸波儀兵衛、戸波儀大夫の嫡子でその相続をしました。御小姓組に配属になり、江戸の御供役になりました。

※

肥後細川家の江戸城普請奉行・戸波儀大夫は、幕府穴太頭・初代戸波駿河の次男ということである。石高は三〇〇石。加賀前田家の穴太役をまとめる戸波清兵衛も三〇〇石。同じ一六二四年の記録だから、戸波儀太夫が次男なので、戸波清兵衛は三男の可能性がある。実際に働いて造った江戸城天守台普請は、所属組織は違えど、初代戸波駿河の子や孫が行ったということになる。現場でいとこ同士が顔を合わせていたのだ。表に出ている歴史では、幕府の天下普請の命令で、加賀前田家と肥後細川家が江戸城天守台を造ったのだが、実情は幕府が色々な大名に仕事を発注して、下請けを穴太衆が一括で受注するという構造だったようである。「穴太衆ネットワーク」が存在したのである。

おや？　当然、幕府穴太頭が穴太衆ネットワークの頂点にいたはずだが、分家の石高のほうが高い。加賀前田家・戸波清兵衛三〇〇石、肥後細川家・戸波儀太夫三〇〇石なのに、幕府直参《じきさん》*穴太頭戸波家が一〇〇石なのはおかしい。

＊直参とは徳川家直属の家臣で、一万石未満の旗本・御家人の総称。徳川家から見て各大名家の家臣は陪臣《ばいしん》、直参は陪臣に比べて何かと優位な点が多かった。

『石垣普請』の著者北垣聰一郎さんの調べによると、慶長六（一六〇一）年に土佐山内家から一五〇石（これも幕府穴太頭より多い）を拝領した北川豊後（生国近江）の子供、北川新兵衛の記録が『御家中変儀』（高知県立図書館蔵）にあるという。それによると、「明暦二（一六五六）年、北川豊後の跡を継いだ北川新兵衛が、万治三（一六六〇）年、父の生国である近江坂本に向かった。十一月の初め、新兵衛にとっては舅にあたる市郎兵衛と口論になり、ついに刃傷沙汰になり、新兵衛は土佐に帰国することなく、その月の五日、切腹する事件に発展した」とあり、北垣さんの推測では、

（穴太頭の）分家筋もしくは幹部の穴太が、諸藩で「穴太役」を勤めている場合、当然のことながら、跡目相続にあたっては藩よりその許可状が下付されていた。しかし、これとは別に、本家（穴太頭家）よりの認可状的な免状も併せて必要とする時期があったのではなかろうか。しかも、認可にさいしては、一種の技術指導料的な礼金が要求されたことだろう。これは、江戸時代にしばしばみられる現象だからである。

なるほど。前田家、細川家、山内家や、後述するが姫路城の池田家、黒田家、宇喜多家、中川家など、各地有力大名に穴太頭の血縁者や幹部が雇用されている実態を考えると、江戸時代の幕藩体制の水面下で、穴太衆をまとめる穴太頭の統治体制（掟みたいなものか）が成立していたのかも知れない。

穴太頭統治体制が維持できた主な理由としては、応仁の乱以降、戦に明け暮れていた日本では、戦に強い人間の育成は進んでいても、石垣積みの巧者の育成は進んでいなかった。特に信長時代から全国の大名は、土塁城郭から石垣城郭への進化で、城郭石垣工事が必須となった。江戸時代に入ると、各大名たちは幕府の江戸城石垣工事を筆頭に、天下普請（大名の財力を削ぐための徳川幕府発注の工事）に対応しなくてはならず、また自城管理のためにも必然的に穴太衆を雇用していくという流れになった。

そこで穴太頭家は、技術者不足の各地大名家に次男三男や幹部たちを送り込み、幕藩体制における封建制度とは別の、血縁者で固める封建主義、血で固める「穴太衆ネットワーク」ができたと考えられる。

前記の『御家中変儀』にある事件で、幕府直参穴太頭だからといって、土佐藩の藩士を切腹させたとしたらただじゃ済まないと思うが、この事件で穴太頭家は処分されてはいない。なぜなら、江戸幕府開府当初の穴太頭四家は、この事件後二十年以上にわたって存在しているからだ。ということは、石高に出ない力があり、各大名家に雇われた分家より石高が少なくとも、穴太頭家には、それで納得できるなんらかの権益による収入があったのだと思われる。相続時の穴太衆免許更新料や免許皆伝料などの石高以上の権益が存在していなければ、江戸時代末期の嘉永年間（一八四八～一八五三年）の地図にある、戸波丹後家の本所緑町二丁目津軽様御門前の屋敷の大きさが説明できない。近所にある室賀美作守五五〇〇石の屋敷と比べると一〇〇〇石規模の屋敷の大きさだからだ。

華々しい活躍をしていた穴太頭家が、どのように衰退していったのだろうか。結局、幕末まで生き残ったのは、私の直系である戸波丹後家のみである。ここまで取り上げた記録を見ると、江戸開府当初は幕府穴太頭家は四家あった。『江府天守台修築日記』『公儀御普請方万覚帳』に出てくる、堀金出雲、戸波駿河、高村三河、戸波丹後の四家だ。前記『京都御役所向大概覚書』の記載には、三家の実績は同じとして、高村武兵衛、戸波弥次兵衛、戸波市助の連名で引っ越し届を提出しており、『御材木石奉行支配穴太頭二人由緒書』では、実績は同じとして戸波駿河系と戸波丹後系の連名で提出してある。

実績が同じということは、おそらく戸波駿河、高村三河、戸波丹後は兄弟もしくは非常に近い親戚だと思われる。では、残りの堀金出雲とはどのような関係だったのだろうか。前記『駒井日記』では、出雲と駿河・三河で揉めたとあり、その揉め事に対して秀吉からの処分はなしで秀次が仲裁したということは、兄弟喧嘩の類ではないだろうか。伏見城普請に最初に参加しているのが堀金出雲とあるので、その後手伝いに来たのが戸波駿河と高村三河で、兄の仕事に弟二人がケチを付けて揉めたのかも知れない。

史料を時系列で見ると、明暦三（一六五七）年に穴太頭四家はそろっている。堀金家は天和三（一六八三）年に改易されている。高村三河家は『京都御役所向大概覚書』の「先年江州穴太頭之事」で一七〇四年に江戸に引っ越しますと届けており、前記『御家人分限帳』（成立年代・元禄十五〈一七〇二〉年から正徳二〈一七一二〉年頃）には名前がないので、一七〇四年から一七一二年の間になんらかの理由で改易になったようである。改易されたという記録がないので、高村家は調べようがないのだが、同じく改易された堀金家は色々と記録がある。

堀金出雲家関連の記録は、幕府穴太頭堀金家改易後の貞享三（一六八六）年に、幕府から越前松平家が二二万石の大減封をされ、二千人の家臣に暇を出した時の記録が『片聾記』（福井県郷土叢書）に記されている。

「三百石　石垣師　堀金佐次右衛門　今回、暇を出す人、堀金佐次右衛門は三百石の穴太役にて、江州坂本の穴太村出身です。天下の石垣構築の免状を持ち、近江の出身です」

出身地からも堀金一族だと考えられる。

大藩である越前松平家に三〇〇石で仕官しているということは、前出の加賀前田家の場合、肥後細川家の場合と同じ。堀金家も戸波家と同様に各大名家に一族を仕官させていたようである。しかも近江の出身とあるので、穴太頭は石高以上に収入が多かったようである。

次に前記の『御材木石奉行支配穴太頭二人由緒書』にある天和三（一六八三）年九月に京都所司代稲葉丹後守からの通達で、「同役、穴太頭堀金二郎兵衛が、不調法を起こしたので改易となったため、同役穴太頭は刀を差すことを遠慮せよと通達があり、ただ今まで遠慮しています」とあった。

その改易になった理由の一つと思われる桜井夫右衛門の記録がある。播磨池田家の『奉公書』（岡山大学付属図書館池田文庫）に載っている。

二〇〇石　水野三郎兵衛組　桜井夫右衛門　元禄九年三五歳

私の祖父堀金覚太夫は慶長十（一六〇五）年、池田輝政公に呼ばれ、二〇〇石の知行を頂きました。

慶長十一（一六〇六）年、江戸城工事を致しました。

同十三（一六〇八）年、駿府城工事を致しました。

同十四（一六〇九）年、丹波篠御山城工事を致しました。

同十五（一六一〇）年、尾張名古屋城の工事を致しました。池田利隆様の江戸の工事を手伝いました。

慶長十九（一六一四）年、大坂冬の陣にお供しました。翌年の夏の陣で首を一つ捕り、下人一人を生け捕りにしました。その後一〇〇石加増されました。

元和六（一六二〇）年、大坂城工事を致しました。

寛永元（一六二四）年、大坂城工事を務め、一〇〇石加増して頂きました。都合四〇〇石になりました。

同五（一六二四）年、大坂御工事を務め、御足米三〇石頂きました。

同十一（一六三四）年、祖父覚太夫病死しました。父又右衛門、生国山城（京都）。養子で覚太夫四〇〇石の内三〇〇石を相続しました。

同十三（一六三六）年、江戸城の工事を致しました。

同十九（一六四二）年、江戸平川口の工事を致しました。洪水のため、破損した姫路城の工事を致しました。

寛文八（一六六八）年、江戸金杉御堀の工事のため江戸に向かいましたが、火事のため帰ってきました。

延宝五（一六七七）年、父又右衛門病死。


私の実父は桜井清左衛門と申します。駿河大納言様に奉公しておりました。知行高は不明です。浪人後（徳川忠長様改易のため）京都に住んでいました。私の生まれは近江坂本でございます。近江坂本の堀金出雲が、堀金又右衛門が所有している大坂梅檀木の屋敷は先代堀金覚太夫の時から横領したものであると、江戸の評定所に訴え出ました。延宝五年、江戸に行って評定所で申し開きをし、訴訟に勝ち、翌年四月帰国して、穴太役の辞任願を出しました。お聞き届け頂いて、現在、宮城大蔵組に配属になりました。

※

この書面を提出した桜井夫右衛門の実父堀金又右衛門（旧姓桜井清左衛門）は、堀金覚大夫の養子で、堀金又右衛門の死後、桜井夫右衛門が家督相続をした時に「相続した大坂屋敷は桜井夫右衛門の義祖父堀金覚大夫が横領した屋敷であり、所有者は私だ」と、堀金出雲（幕府穴太頭）が江戸の評定所に訴えたので、江戸に行って説明をしたら、堀金出雲に勝ったとある。

結果から考察すると、江戸幕府開府後、幕府は大坂城、姫路城など西国大名を統治するための要衝整備を進めたため、関西地区に石垣普請の仕事が多くあり、堀金出雲は身内である堀金覚大夫を使って大坂に進出した。その堀金覚大夫が、姫路城築造など石垣工事に忙しい播磨池田家に二〇〇石で雇われた。この記録でも穴太頭家は、有力大名家に一族を送り込んでいることが分かる。ところが、一国一城令などの逆風や江戸幕府の安定で石垣工事も減り、羽振りが悪くなってきた。そのタイミングで、養子で血縁関係が薄い桜井夫右衛門が堀金覚大夫家の跡取りとなり、堀金一族から離れようとしたので、堀金出雲は穴太衆ネットワークと堀金一族の財産を守るべく、強引な訴訟に及んだのではないだろうか。結果、桜井夫右衛門は訴訟後、穴太役を辞任して宮城大蔵組に配置換えになっていることからも、堀金一族からの距離を取りたいと考えていたのだと思う。この訴訟の六年後、天和三（一六八三）年に堀金出雲家は、不調法を理由に改易されることになる。この訴訟も改易の理由の一つではないかと思われる。

この記録を見ても、播磨池田家に所属している堀金家も、幕府天下普請の重要石垣工事に参加している。幕府が色々な大名に工事を発注して、下請けを穴太衆が一括で受注するという構造、「穴太衆ネットワーク」が存在したという説の補足になると思われる。

血の結束で石垣構築を牛耳っていた穴太頭たちも、結局明治まで生き残ったのは戸波丹後家だけなので、堀金出雲家、高村三河家に続いて戸波駿河家も、幕末のどこかで改易されたのだろうと思われる。

ここまで見てきて、前田家、細川家、越前松平家、山内家、池田家、黒田家、森家、宇喜多家、中川家など有力大名家には穴太役が存在していたことが分かる。江戸時代の城持ち大名は約百五十家あり、江戸幕府の命令である天下普請への対応や自城の補修をするために、その百五十家に石垣普請を務める穴太役が存在していた可能性がある。

各藩の穴太役の石高は、前記の加賀前田家三〇〇石・戸波清兵衛、細川家三〇〇石・戸波儀太夫、黒田家二〇〇石・戸波次郎左衛門、福井松平家三〇〇石・堀金佐次右衛門、池田家四〇〇石・堀金覚太夫、森家二〇〇石・戸波平左衛門、合計は一七〇〇石になる。

『九州の石の文化』（東京家政学院大学・田中清章著）によると、久留米藩「戸波家・小林家」、柳河藩「戸波家」、小倉藩「穴太家」などの存在も確認されている。大大名が二〇〇から四〇〇石で穴太役を雇っている実態から判断して、高給で穴太役を雇えないにしても、一般の城持ち大名も天下普請や自城管理のために穴太役を雇っていたと考えられる。大小大名の穴太役の平均石高を一〇〇石程度として、一〇〇石×百五十家では合計一万五〇〇〇石となる。

穴太頭一族関連の合計知行高一万五〇〇〇石となると大名並みである。変則的な石高ではあるが、「穴太衆ネットワーク」の実力は凄かったようだ。記録があるだけで、同じ土地に五百年以上根を張り、穴太積みの家元であり、自領一〇〇石とはいえ全国にネットワークを持つ穴太頭を領国から江戸に引っ越しさせたのだ。幕政改革と併せて、二重生活をさせることで実力を削ぐという、江戸幕府の対応も理解はできる。これを変則参勤交代と名付けよう。これは隠れたマイナーな歴史だろう。

御隠居の案内で　――第三次調査

二〇一八年十月のある日、仕事も落ち着いてきたので、昼ご飯を食べながら、不意に「穴太頭戸波」と検索してみた。出たあ〜、お寺のホームページ。

天台真盛宗　瑞正山　浄光寺

開基　穴太衆戸波家元祖　諦翁善正大徳常誉信士

（以下、浄光寺のホームページ）

全国の名城（江戸城、二条城、安土城等）の城壁である「石積建造」で有名である「穴太衆」を統括していた「穴太頭」四家「戸波駿河」「堀金出雲」「戸波丹後」「高村三河」の菩提寺として、創建されたと伝えられています。

「穴太衆」は、石積職人の集団で、高い技術力を誇り、全国各地の城作りで石積工事を担ったとされ、織田信長や豊臣秀吉、徳川家康等に重用された。

中でも「穴太頭」は技術孝道を率いる統括役で、江戸時代には、幕府から領地を分け与えられており、その「穴太頭」である「戸波駿河」家の菩提寺として創建されました。

江戸幕府の崩壊と共に「穴太頭」四家は衰退しましたが、今現在も「穴太頭」四家の墓所を淨光寺が維持管理して御守りしております。


「瑞正山　淨光寺」


現在の戸波家の菩提寺は、杉並区高円寺にある天台真盛宗天羅山養善院真盛寺である。江戸時代の越後屋三井家の菩提寺なので通称三井寺という。天台真盛宗の寺は東京にこの寺だけ。淨光寺も天台真盛宗、しかもこの真盛寺の本山も滋賀県大津市坂本、どうやら繋がりがあるようだ。

穴太頭四家の菩提寺として創建され、開基が諦翁善正大徳常誉信士だそうだが、私の家の過去帳の先頭に書いてある戒名、諦翁善正大徳一とほぼ同じ戒名だ。住所は滋賀県大津市坂本……。今まで調べていたことがバッチリ当てはまる。さっそく電話を入れようと思ったが、明治維新後百五十年来一切連絡もとっておらず、遠い先祖のお墓があることすら全く知らなかったのだ。そんな状態で「もしもし私、戸波丹後の子孫なんですけど」と電話を入れる勇気が湧かなかったが、十五代前の先祖の墓も気になるので、結局は電話を入れてみた。

「もしもしホームページを見て電話をしました。戸波と申します」

電話口に「ハイハイハイハイ」と、とても早口のおっちゃんが出た。

「どうも私の先祖がらみのようなので、お話を聞こうと思いまして」

「おう、この前も三重県の戸波さんから電話が来て、話を聞いたら、どうも穴太衆関係の人だが、早く村から出て行ったくちだった。で……」

そういえば、今まで関西弁の方とちゃんと話をしたことはなかった。電話で早口の関西弁を理解するのは難しい。要件を伝え、会いに行こうと作戦を変更。

「私の家の過去帳と浄光寺さんの開基の人の戒名が同じなんですよ」

と言うと、間髪容れずに「ほんまか」とおっちゃん。

普段お笑い番組などで聞く関西弁だ。

「家の菩提寺が東京の天台真盛宗真盛寺なんです」とさらに自己紹介。

「ほんものみたいやな」

「戸波丹後の流れです」

「丹後かあ、ほんまもんかも知れんなあ、で、いつ来る？」

この調子だと埒が明かないと思っていたら、早口だけでなく話も早い。

「来月にでも、予定作っていきます」

「決まったら電話くれ、ほなさいなら」

ガチャン。早口の関西弁を聞くと、気が短そうに感じる。親戚一同関東人の私には、相手強いタイプだと思われた。

一週間後に電話を入れた。

「もしもし戸波です」

「遅い、遅い。早く連絡して。で、いつ来る？」

「十一月二十二日が第一候補なんですけど、ご予定はどうですか？」

間髪容れずに、

「あけとくあけとく、で泊まるのか」

「京都に泊まって。二十二日の午後に伺います」

「そか、気いつけて来てや、ほなさいなら」

ガチャン。話が早い。それと距離が近い。関東と関西の違いなのか、いい意味でなれなれしいなあと思った。

滋賀県大津市にある寺に行くのをめんどうくさがる妻子に、京都に泊まるということを餌にして、新横浜から新幹線に乗り込んだ。普段から新幹線を使う仕事はしていない。なので、新幹線と言えば旅行気分。気分は早速ビールだが、さすがに初対面で酒臭いのもよくないと思い、ビールは頼まずお茶で我慢をしていたら、二時間弱で京都駅着。予約していたレンタカーを借りて、大津市坂本……と住所を入力。所要時間三三分一九秒、一九・三キロと出た。予想よりもかなり近い。NHK大河で明智光秀の『麒麟がくる』で知名度が上がっている坂本だが、戦国時代から要衝地になっていた理由の一つは、京都からの距離もあるなと感じた。

京都の山科を抜けて大津市に入った。根拠はないが、大きく雰囲気が変わった感じだ。路面電車のレールと並走する。個人的な感想だが、路面電車がある町には歴史を感じる。さすが滋賀県の県庁所在地。「麒麟は来てないが私が来ました」とニヤニヤして走っていたら、路面電車の登場で突然走りが固くなる。周りの車に「すみません慣れてないもんで」と語りかけながら走行していると、路面電車が近づいてきた。なんと普通の四両編成の電車なのでずらずら長い。私の感覚では路面電車とは言わない。全面踏切の線路といった感じだ。日本全国色々なところに行ったが、国内でも新発見はまだまだあるものだ。

目的地に近づいてきた。坂本の集落に入ると石垣だらけ。穴太衆の本拠地を感じる街並みだ。それにしても道が狭い。区画整理してるなど微塵も感じられない。戸波駿河が造った浄光寺に穴太頭の史料が多く残っているらしいけど、戦災がなかったということだから、昔の街並みがそのまま残っていると考えられる。

道が細くナビも困りだしたので浄光寺に電話するが応答なし。携帯電話の番号を聞いておけばよかったと少し後悔。目的地周辺だが緩やかな斜面の住宅密集地なので見通しが利かない。なんとか車がすれ違えるところに停車して、子供と妻に歩いて探してもらうことにした。

少し広めの駐車場がある一般住宅前に停車して車を降りると、そのお宅の角に一メートルほどの石標が立っていた。「浄光寺」とある。石標はあったが寺が見えない。子供たちが石標の横の坂を下って寺を見つけた。道を車で降りられるか確認して、なんとか行けるということで、左右を確認してもらいながら浄光寺に到着。小型のレンタカーを借りていてよかった。

「瑞正山　浄光寺」

小ぶりだがさっぱりしたお寺だ。

「どうもはじめまして、戸波と申します。妻と長男・次男です」

「どうも中嶋です」

電話で感じた通りのイメージ。六十代後半に見える（御隠居こと中嶋秀和さんは七十三歳、明治生まれの祖父から穴太衆の話をよく聞いていたそうだ）。

挨拶もそこそこに、「ほな、あがり、あがり」。関西弁の「ほな」は関東でいう「じゃ」ということか。本題とは関係ないことを考えながらお邪魔すると、本堂入口の看板に「戸波駿河守菩提寺」とある。文献などでは勉強していたが、「いきなりかあー」となる。

「何時間かかった？」

「都合五時間半ぐらいですかね。坂本の街に入ってから苦労しました」

「江戸時代から変わってへんからな」

「入口の石標を見つけられなかったら、

まだ到着してなかったと思います」

「石標のところ、おー、あれお前の先祖の家や、おまえんち丹後やろ」

にわかには信じられない。

「なんで分かるんですか」

「江戸時代から変わってへんもん。古地図があるんや古地図が、持ってくるさかい待っとけ」

初めて会ったのに距離がちかーい、近すぎる。初めて会った人との会話ではないと家族で顔を見合わせた。

決して大きくない本堂から大きな古地図（七二頁）を持って現れた中嶋さんが、古地図を広げて、

「ほれ、ここが今いる浄光寺、その横が戸波駿河の屋敷だった。大正時代の写真があるで」

「是非見せて下さい」

本堂から額に入った写真を持ってきた。

「昔はこの寺と同じ高さに戸波屋敷が建っていたが、京阪電車が通って松ノ馬場駅ができる都合で屋敷の土地を削ったので、隣の低いところが元屋敷地じゃ。これが京阪電車が

できる前、大正時代の『松ノ馬場』を撮影した写真。この白い屋敷が戸波駿河の屋敷じゃった」

大正時代の「松ノ馬場」を撮影した写真を見せてもらって、その屋敷は大正時代まで存在していたことが分かった。

庭先に坊さんが現れた。「こんにちは」と坊さん。

「これはうちのボンや、叡山で修行して、今ここの住職やっとる」

ということは、目の前にいる中嶋さんは、浄光寺の住職ではなく御隠居ということか。

これから中嶋さんのことは御隠居と呼ぶことにしよう。

「御隠居、こうなると、色々話を聞きたいのですが」

「なんでも聞きや。史料はぎょうさんあるで、短い時間じゃ説明しきれん」

「ここが高畑村ですか」

「そうだ」

謎だった旧高畑村があっけなく見つかった。

「ほなこの地図から説明したる。この黄色く塗ってあるところが戸波駿河の領地じゃ。ここに戸波分家とあるだろう、ここが戸波丹後の屋敷だ。お前の先祖、さっき浄光寺入口の石標あったろ、石標のあったあの家や。それで戸波駿河の屋敷の前、この家が俺の先祖

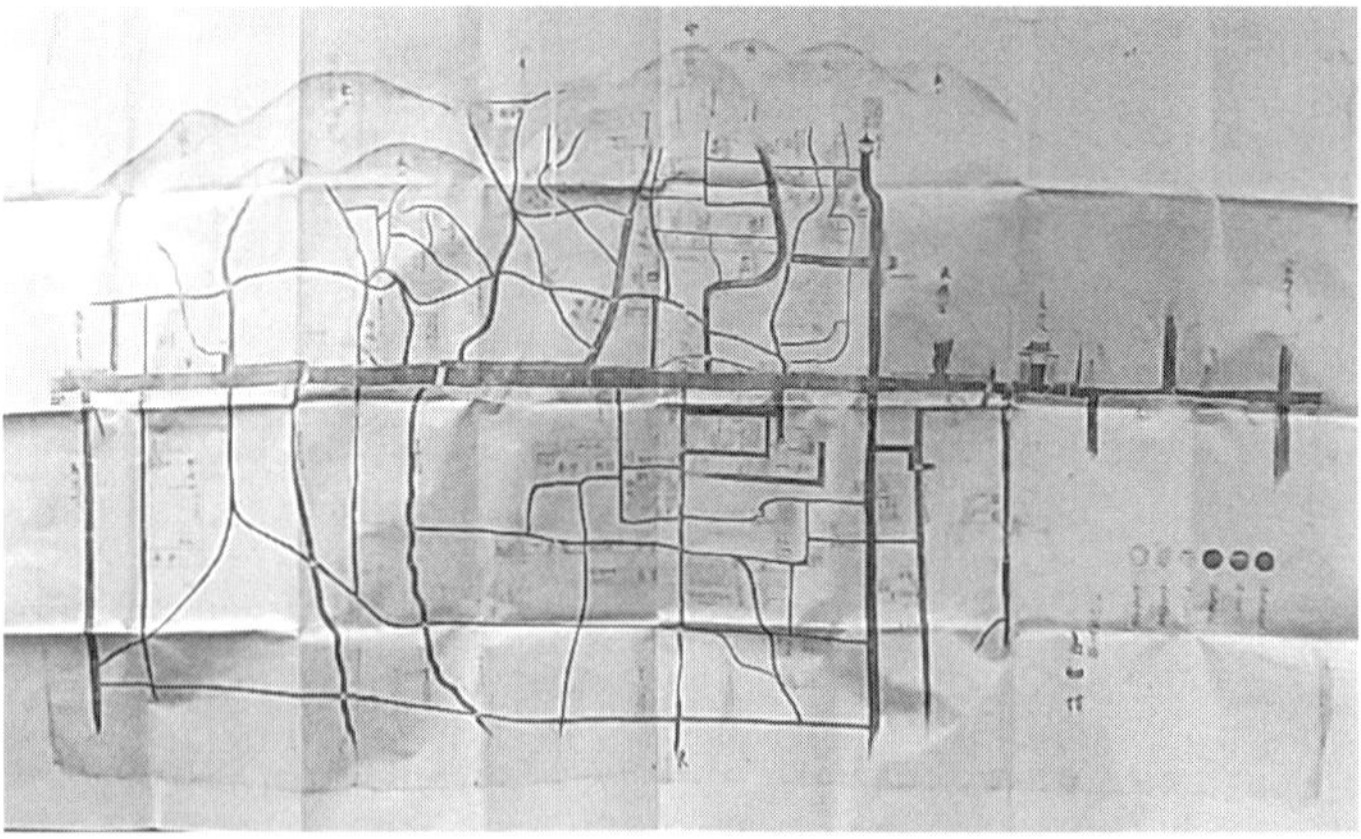

古地図（中嶋秀和氏蔵）

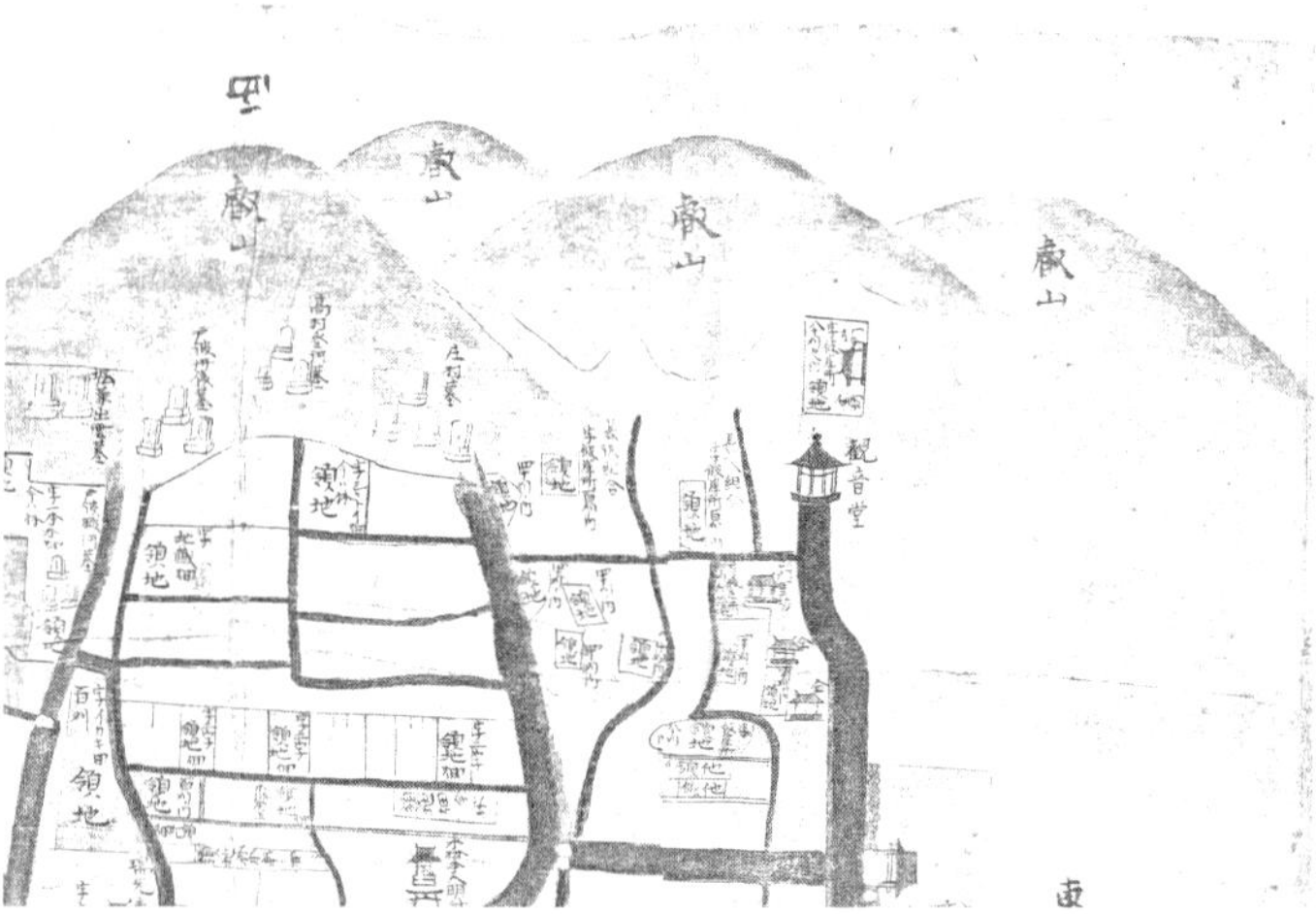

庄次郎だ」

「そうしたら、四百年前からの知り合いですか」

「いや四百年以上だと思うぞ。この部落にその頃からの家がまだ五軒ある」

私の親世代はこの寺の存在を全く知らなかった。江戸時代の戸波家江戸屋敷は江戸幕府からの拝領屋敷*であったから、維新時に明治政府に屋敷も役職も取り上げられてしまった。ましてや最後まで幕府に味方していた彰義隊がらみの家なので、領地に帰れるわけがない。そして明治維新後、百五十年ぶりの子孫の訪問となった。しかし、自分の先祖を供養するために寺を建ててしまうとは、当時は相当な力のある一族だったんだと思う。


*拝領屋敷とは、江戸幕府から与えられた土地に建てられた屋敷。自分で土地を買って建てた屋敷は抱《かかえ》屋敷という。


「この古地図の、領地の上の部分が全部比叡山延暦寺の領地だ。この境に穴太頭の墓がある。ここが堀金出雲、ここが戸波駿河、ここが戸波丹後、そして高村三河」

「地図上ではなくて、現存するのですか」

「あるぞ、この地図の通りに。まず墓参りに行くか」

「そうですね」

しかし驚いた。今まで調べていた机上の知識で、穴太頭四家が存在していることは分かっていたが、足跡を残して実際に存在していたのだ。しかも四人の墓が同じ場所にあるという。この地が全国城郭石垣の築成者「穴太衆」の本拠地だ。このようなマイナーな歴史は関係者でなくては調べないんだろうな。

石垣だらけの街並みを古地図にある道を通って、お墓のある場所まで歩くことにした。

「まさか戸波さんが残っていたとはの、寺の整備始めて、ホームページ作って、半年で戸波さんから連絡が来たんじゃ。これは何かある、何かあるなあ」

「すみません、無信心なもので」

このあたりの鎮守様、森本神社境内に入って、

「まあええ、ここに和泉式部の墓があった。今は慈眼堂に移動している」

「そうなんですか、百人一首に出てくるあの和泉式部ですか」

あまりに軽く話すので、半信半疑で聞いていると、

「この辺はこんなもんたくさんある。宣伝が下手で埋もれているのじゃ」

確かに比叡山の入口で、古くは景行・成務・仲哀天皇時代には穴太の宮があり、天智天皇の時代には近江京のあった土地柄なので、歴史遺産が多くあって当然である。

「この森本神社の社記は、わしが見つけた」

「そうなんですか」

気のない返事をして、こんな小さい神社の社記なんてどうでもいいなあ、早く墓が見たいなあ、と思っているのを見透かしたごとく、

「穴太衆の出自のことが書いてあった」

「えっ、そうなんですか？」

突然、目をキラキラさせてしまった。御隠居がニヤッと笑う。

「わしが五十年ほど前に、ここにある神輿を掃除している時、ねずみの糞まみれになった巻物を見つけた。全文が達筆の漢文で、よう読めんでの、比叡山の坊さんに和文にしてもらって読んだ。原本は神社の社務所に保管してある」

「どんな内容ですか？」

おもむろに鞄からコピーを取り出して説明を始めた。心なしか、静かだった森本神社境内がざわめく感じがした。

（以下、倭神社〈森本神社〉社記の書き下し文抜粋）

夫《そ》れ誠《まこと》に以《もっ》て延喜《えんぎ》官牒《かんちょう》載《の》する所　南《なん》セン浮洲《ぶしゅう》近淡海《ちかつおうみ》クニ志賀郡八座の一　倭《やまと》神社
一《あるい》は師止里乃《しとりの》神社又は阿奈師《あなし》、阿奈保《あなほ》、阿奈布《あなふ》神社と言ふ……志賀高穴穂《しがのたかあなお》朝《ちょう》即《すなわ》ち人《にん》

皇《のう》十三代成務天皇《せいむてんのう》の馭宇《ぎょう》國造《くにのみやつこ》大陀牟夜別《おおたむやわけ》和洲《わしゅう》大和《やまとの》神穴師《あなしの》神を勧請《かんじょう》し奉る　是れ鎮座《ちんざ》の蕟端《ほったん》なり　而《しか》して後天智天皇の御宇《ぎょう》六年石上《いそのかみの》主典《さかん》呉平《くれひらの》村主《すぐり》光人《みつひと》社壇《しゃだん》を造立し祭祀を始む……後代の為に神誌《じんし》一巻《いっかん》仍《よ》って此《か》くの如く訖《おわ》んぬ　享禄庚寅《きょうろくかのえとら》法明院道誌す所なり

「つまり、この森本神社は阿奈師、阿奈保、阿奈布神社と呼ばれ、成務天皇の時代に穴太の宮がこの辺りにあったと言われておるのじゃが、その時代に奈良県の穴師坐《あなしにます》兵主《ひょうず》神社を分祀して、この森本神社に祀った。天智天皇の時代に社殿を建てたと書いてある」

「穴太衆は奈良から流れてきたということですか？」

「話が飛びすぎや、頭の回転が速いのかそそっかしいかどっちじゃな。享禄庚寅の記録や、一五三〇年頃や」

「そうか、十二代将軍足利義晴の時代の記録ですね」

「そうなんか、お前よう勉強しとるな」

「いえ、たまたまです。穴太衆のことを調べていたら、足利義晴がキーマンでしたので」

「そうじゃな、銀閣寺など都の土木工事で穴太衆が力付けていた時や」

「ここにあるように、後代のために神誌一巻仍って此くの如くですね。余裕のできた先祖が、後世の子孫たちに穴太衆の出自記録を残して、それを穴太衆の血を引く御隠居が見つけた。凄いですねえ」

「その笑顔が、大したことないゆうとるな」

「地顔ですよ、地顔」

「ま、ええ。穴太衆は、景行天皇が奈良大和に都を造って、のちに成務天皇が穴太に都を造って、ホイホイくっついていったんとちゃうか。穴太衆は根っからの土方やな」

「なるほど、のちの穴太積みに繋がりますね」

「ほな、墓行こか」


とりあえず千八百年以上前の神代の時代の話なので、この辺は深掘りしないで、高畑村古地図にある道を上って森本墓地に向かう。森本神社社記の件で少し気持ちが高ぶってきた。

穴太頭たちが眠る森本墓地に着いた。古いが一見して人の手の入ったお墓が並ぶ一角に、色々な形をした三十基ほどのお墓が並ぶ。

「これが戸波丹後一族の墓だ」

と御隠居が指さす。明治維新後百五十年間は、血縁者のお参りが一切ない先祖のお墓である。お墓を見て、「線香もない。花もない。やばい」と感じた。歴史好きの私は、先祖の墓参りという感覚ではなく、物見遊山で来てしまった。お墓たちからまずい雰囲気を感じる。「再訪問の時はちゃんとやります」と、心で念じて勘弁して頂いて、数ある墓を順に見て回る。一基だけ戸波家の家紋が付いている墓を見つけた。

「御隠居、このお墓、うちの家紋が付いていますね」

「何、戸波の家紋は二つ引両なのか。そうか、寺には家紋の記録は残ってなかった」

「そうなんですか、家の長押などにも家紋を付けていましたね」

親世代が言っていた伝承⑤「家の家紋、丸の内に二つ引両は凄い」ということのようだ。伝承が百五十年の時を超えて実証されていく。少々怖くなった。先祖に引っ張られている感じだ。家紋の入ったお墓には「顕譽道圓居士　寛永六年」とある。寛永六年は一六二九年なので、初代戸波丹後の墓かも知れない。

「御隠居、これ年代的に初代戸波丹後の墓ですよ。記録を追うとぴったりですよ」

「そういうことか、戸波駿河の墓の調査ばかりで気づかなんだ。確かにこの墓だけ足利の二つ引両が刻まれてるな。あまり大きくないんで、考えなんだ」

そうだとすると、大坂の陣に参加して、家康より「宇多国宗の刀」を一緒に拝領した人だ。今後それぞれのお墓を細かく調べよう。

初代穴太頭戸波丹後の墓
丸の内に二つ引両の家紋が入っている

前記『山科家礼記』や『萬松院殿穴太記』に記録がある通り、室町幕府と穴太地域、穴太衆に関係はあった。銀閣寺構築などの仕事を頂いていた室町幕府。その十二代将軍足利義晴が、穴太衆の地元に御所を建てる時に、穴太衆が御所を建築する手伝いをするなど、なんらかのお世話をしたことは想定できる。その際、足利将軍が財政的な事情から金銭的な褒美が出せず、名誉である家紋の使用を下行した可能性がある。

江戸時代初期に建てられた、足利家の二つ引両の家紋付き墓があるということは、足利家からの御紋拝領の裏付けの一つとなる。そうであるなら、戸波家が江

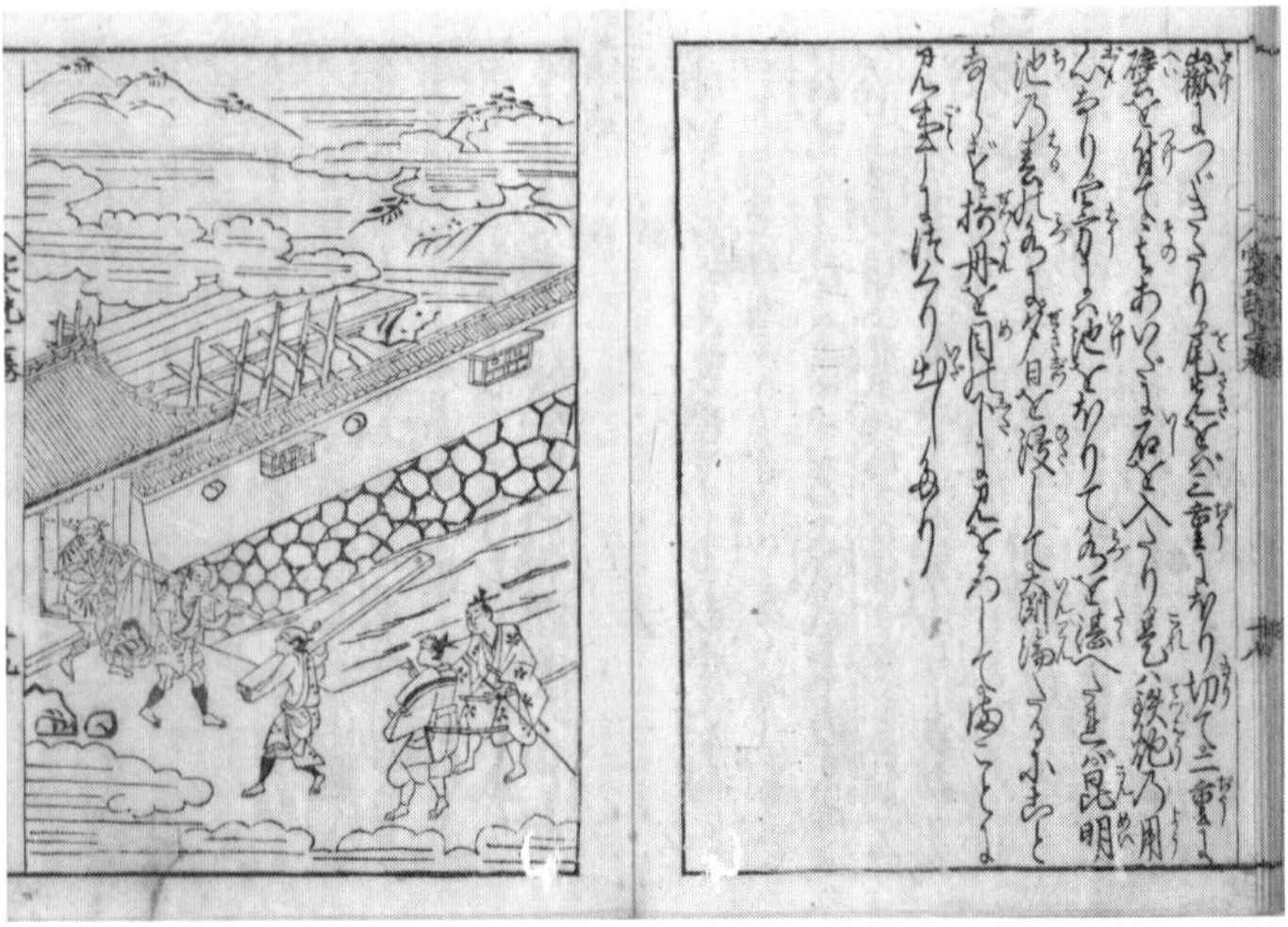

『萬松院殿穴太記　上巻』（『日本古典籍データセット』国文研等所蔵）
もしかしたら穴太衆か!?

戸期を通じて「足利の二つ引両」を付けていたことも説明できる。またその御紋拝領の御紋の質だが、戸波家の家紋は、足利家の「丸に二つ引両」に遠慮して、二両を少し短くした「丸の内に二つ引両」なので、頂いた相手に遠慮して家紋を少し変更するという、御紋拝領の特徴を表している。前記考察の「御紋拝領」の可能性が高くなった。この近くに足利幕府穴太御所があって、跡地に石塔が残っているというので、後で見に行くことにした。

ずらっと並んでいる墓石の奥に大きな五輪塔の墓がある。古地図にある場所に立っている。前記の『明良洪範』に、「石垣を築くのに『あのう築き』という技法がある。古くから穴太の里では、五輪塔のような石切り加工上手がたくさんいた。信長の安土城普請の時、その石工たちが呼び寄せられ石垣構築にあたった。以後、諸国でも用いられたので、次第に石垣作りの上手になり、五輪塔作りをやめて石垣作りを専業とし、いまでは城郭石垣の築成者と言えば『穴太衆』として、その名は広く知られるようになった」とある。実際、目の前のお墓を見て、五輪塔作りは事実得意だったようである。四百年前にこのサイズの五輪塔を作っていたとは驚きだ。調べていないが、当時の大名でもなかなかないサイズの五輪塔だと思われる。さすが石工の棟梁。繰り返しになるが、数百年前の記録が証明されていくので少々怖くなってきた。

私の直系の戸波丹後の墓をお参りして、その場所から五〇メートル上に、高村三河夫妻の墓があった。

やはり古地図にある通りだ、と思った私の心を見透かしたように、「言った通りだろ」と御隠居。どうも私の感覚では、早口の関西弁は聞き取りにくく、慣れが必要なようだ。

高村三河は、前記の肥後細川家『公儀御普請方万覚帳』には戸波三河と記録されてあり、また『京都御役所向大概覚書』には高村・戸波・戸波三人の連名で、業績は同じとして、引っ越しの届け出をしているので、兄弟か非常に近い一族だろうと考えられる。

高村三河夫妻の墓（手前が高村三河、奥が妻）
1700年代に断絶し子孫や領民がいなかったため手が入っておらず、夫妻の墓の間に生えた木が大木になっている

高村三河の墓は、五輪塔ではないが立派な墓である。重機もない時代によくここまで石を運んだもんだと感心する。「私は石積み職人穴太衆の棟梁でした」と、その石の大きさが語っている。残念なことに、高村三河と奥方の墓石の間に生えた木が大きくなり、夫婦仲を裂いているように見えてしまう。理由は定かではないが、三百年前に断絶している家なので、このお墓以降の子孫がいなかった影響だろう。四百年前のものなのに、慶長七（一六〇二）年十二月二十五日「西国大徳」願主高三守と、石の材質なのか刻まれた文字がはっきりと読める。没年から考えると一五八〇年没の先祖戸波駿河と親子、兄弟と考えてもいいのかも知れない。

「ここ、ここ、ここに昔、比叡山延暦寺の黒門があったんじゃ」

高村三河（戸波三河）の墓の横に比叡山延暦寺の黒門と呼ばれる門があった。この墓地は琵琶湖を見下ろす山の中腹にあるので、三百基近い一般のお墓の多くは、琵琶湖を見下ろしている。なぜか高村三河夫妻の墓は、逆の比叡山のほうを向いている。

「古地図にあったように、ここから上が比叡山ですか」

「そうじゃ、比叡山領や。ここから向こう見てみい、ずーっと空濠が掘ってある」

「なぜですか」

「穴太衆は信長に付いて、光秀の先兵をしとった」

「ということは、比叡山焼き討ちに参加したんですか」

「そうだ、勝ち組に付いたわけや。戸波家は変わり身の早い一族やった」

「要領が良かったということですか」

「元々は比叡山に付いていたからな。変わり身の早さで明治まで生き残ったわけ。続きの話は寺に戻ってするとして、とりあえず戸波駿河と堀金出雲の墓に行こ」

比叡山との関係が非常に気になるが、案内してもらっている身だから御隠居のペースに合わせるほかない。

小さな谷を渡った。こうなることを想定していなかったので、妻はパンプスで来てしまっていた。戸波駿河と堀金出雲の墓のあるところを見上げると、けもの道の急な登山道。墓までそう距離はないが、パンプスでは無理なので妻をその場に残し御隠居と子供たちと戸波駿河、堀金出雲にいざご対面。御隠居が七十代とは思えないスピードで登っていく。

「ここが戸波駿河家の墓だ」

整然と自然石の形を利用したお墓が並んでいる。一番奥に巨大な墓がある。地面からの高さ三メートル、『御材木石奉行支配穴太頭二人由緒書』でいう初代戸波駿河の墓だ。木々の間から琵琶湖が綺麗に見える。

「旧高畑村では『殿さん墓』と呼んでいる。明治維新後も護墓会で年会費を集めて管理していいるが、年々人が抜けて困っているんだ。今は二軒しかない」

「そうなんですか、丹後の子孫で駿河の子孫ではないですが、恐縮します」

「分かってないな。丹後も駿河もない、出はここで同じ。戸波は高畑村の殿さんなんや、分かったか」

「はい、分かりました」

確かに過去帳にある戸波丹後家の先頭の戒名は諦翁善正大徳一。浄光寺の開基の人の戒名は諦翁善正大徳常誉信士、出自は同じである。一番奥の巨大なお墓の字を見てみる。「寛永二年五月　戸波駿河」とはっきり読める。寛永二（一六二五）年五月。この日付は、前記『御材木石奉行支配穴太頭二人由緒書』に「二代戸波駿河は徳川家光公（三代将軍）様時代、寛永二年京都所司代板倉周防守様の添え状を持って、江戸に行きました。御老中様から直々に、父駿河の後継ぎの許可を得ました」とあり、初代戸波駿河が亡くなって相続許可を取っているとしたら、記録にぴったりの初代戸波駿河の墓である。

名古屋城、家康の御隠居城の駿府城などを造り、大坂の陣で活躍し、宇多国宗の刀や全国往来手形、伝馬の使用許可を家康からもらった、戸波家最高潮の時の人が完璧な足跡を残し実在していた。子孫というよりも、歴史好きの人間の一人として鳥肌が立った。しかし、ルーツ探しがこんなに簡単でよいのだろうか？　やはり先祖に引かれているのだろうか。

戸波駿河夫妻の墓（右から戸波駿河、奥方、2代目）

戸波駿河の供養をする淨光寺住職

色々な大名の墓を過去見てきたが、もっとも大きな部類だろう。「我、穴太の棟梁なり」とアピールしているようだ。

隣の奥方の五輪塔も立派だ。御隠居の話によると、この殿さん墓の周りにある他の墓は、家臣やその後の殿様の墓だそうだ。まだ全部を調べきれていないとのこと。琵琶湖が見える場所なのに、この墓も向いている方向は、やはり比叡山。

今日の泊まりは京都なのであまり時間がない。穴太頭四人目の堀金出雲の墓に向かう。戸波駿河の墓からさらに登る。堀金出雲の墓は、一六八三年に堀金家が改易されていることからも、護墓会はなく御隠居が一人で面倒を見ているが手が回らないとのこと。けもの道には倒木もありなかなか難儀だ。

それでも十分もせず到着すると、びっくり、堀金出雲の墓が倒れている。隣の奥方の墓は倒れてはいない。すぐ下にある戸波駿河の墓も倒れていない。江戸城・名古屋城・大坂城・姫路城の石垣を造った穴太衆が造った石工の棟梁の墓である。四百年前とはいえ、そう簡単に倒れるとは思えない。事実奥方の墓は倒れていないのだ。堀金出雲の次男・堀金覚大夫は、池田輝政に召し抱えられ姫路城の石垣を造ったほどの技術者でもある。御隠居曰く、

「隣の奥方の墓が倒れていない以上、誰かが倒したとしか思えない。穴太頭の中でも、堀金出雲が一番力があったと言われている。その力の痕跡もこのあたりにはある」

「改易された件とか関係あるのですかね」

「力があった分、恨み妬みはあっただろう」


墓の目の前に空堀が走っている。高村三河の墓の場所にあった旧延暦寺黒門からずーっと空堀が続いている。

「この空堀が穴太頭の領地高畑村との境目や、ほな寺戻ろ」

古地図にある車の通れない細い道を

倒されたと考えられる堀金出雲の墓、隣は妻の墓
1680年代に断絶し子孫や領民がいなかったためそのままになっており、雑木林になり苔むしている

歩いて寺に戻る道すがら、御隠居が、

「俺は製綿屋をやっていたんだ」

「ラーメンとか蕎麦ですか？」

「違う違う、綿屋、布団とかの綿や」

「そっちですか」

「製綿機で大怪我して、潮時思うて製綿工場を売って、三年前に無住になって廃寺同然の浄光寺に入った。うちのボンが比叡山で修行してたんで住職になってな」

だから、元近江商人の御隠居は俗っぽいのでありました。

「わしが子供の頃、明治生まれの爺さんの膝の上で、穴太衆や戸波の殿さんのことはよく聞いてたんでな。浄光寺がボロボロになるのはいややったんで、入寺した。入寺して整備してホームページ作ったら、お前から電話が来た。先祖が呼んだわ」

「確かに凄いタイミングですね」

「信じてないやろ」

と突っ込まれながら寺に戻る。既に御隠居とは昔ながらの知人という感じだ。記録からすると五百年来の付き合いだからか？　寺に着いて、

「これ見てみい、綺麗なお地蔵さんやろ」

一メートル程度の彩色のお地蔵さんが鎮座している。

「ここに森若守と書いてあるのが読めるやろ」

「確かに読めますね」

彩色地蔵の前の石の花挿し筒に森若守と彫ってある。叡山・浅井・朝倉連合軍との戦いの最前線が高畑村で、森可成《よしなり》が戦死したのがこの村だったので、のちに森可成の孫の森若狭守が供養のために建てたそうだ。

『錦織町わが町みちしるべ』に「元亀元年十月十九日　高畑にて森可成、叡山浅井朝倉連合軍に殺される。高畑の乱、戦死者千五百名」とある。

高畑の乱で戦死した森可成の活躍もあって、息子の森蘭丸は信長の小姓として重用され、孫の忠政は岡山津山一八万石の大名となったと考えてもいいと思う。

前記の『作州故談』には、森忠政が築いた鶴山城の石垣について「山城津山御城中の石垣は、幕府石垣師戸波某衛門の子、戸波平左衛門という人、知行二〇〇石で森家に召し抱えて築いた。その子孫は後々まで森家にあり」とある。森家と穴太頭の繋がりが感じられるお地蔵様だ。

寺に上がり込んで、凄い展開だなと息子たちと話していると、御隠居がドーンと史料を運んできた。

「まだまだ全部は調べきれていない。今日は時間がないから貸してほしい史料は貸すで」

「持ち出して問題ないものはお借りします」

「最初は堀金出雲の墓が倒されていた件じゃが、戸波駿河一〇〇石、戸波丹後一〇〇石、高村三河一〇〇石、堀金出雲一〇〇石だったが、穴太頭の中では堀金出雲が一番力があった可能性があると言われている。それだけ恨み妬みを受けていたかもな」

当時、高畑村の隣の赤塚村は三〇〇石だった。そのうち一〇〇石が堀金出雲領、一〇〇石が戸波丹後領、残りの一〇〇石がのちの五代将軍綱吉が館林藩主の時の飛び地の館林領と赤塚村には三人の地頭がいた。同じ村だが領民はそれぞれの地頭に属していた。今でも住民が三つに分かれているように見えるそうである。


ここで、これまで記録に残る堀金家関連の事件をまとめようと思う。

『叡山文庫』には次の記録がある。

寛文三（一六六三）年二月二十五日、赤塚村の右馬守様（五代将軍綱吉が館林藩主の時の呼び名）の百姓が唐崎社（琵琶湖岸の鎮守神社）の散銭を取る等の理不尽をする。出雲、丹後の百姓はしなかった。

十月七日、館林藩より代官平岡市兵衛が大津に調べに来た。

十二月二十一日、館林藩の赤塚村百姓二名は牢屋に入れられる。

寛文四（一六六四）年四月十六日、赤塚村百姓の懲役が終わり、赤塚村に帰る。

寛文五（一六六五）年、赤塚村の堀金出雲、戸波丹後の百姓久兵衛等四人、幕府へ訴訟のために江戸に下る。唐崎の儀（館林藩赤塚村百姓が、琵琶湖に生える屋根などの材料の茅をルールを守らず刈ること）を江戸にいる、館林藩代官平岡市兵衛に相談するが、逆に激怒された。

十二月末、赤塚村に帰る。赤塚村の戸波丹後百姓、このことより退く。


わざわざ江戸に訴訟に出向くということだから、この時代の家の屋根材である茅は、生活する上で重要な資源であったことが分かる。また、徳川綱吉の領民（百姓）が相当悪辣なことをしていたとも推測される。「館林藩代官平岡市兵衛に激怒された」とあるので、百姓が所属している地頭の力の違いは歴然としている。百姓同士は同じ身分だとしても、道徳教育の薄い時代では、徳川綱吉様の百姓と穴太頭の百姓では、自ずとバックに付いている人の力が作用して、彼らの態度に表れたのだと思う。

徳川様相手に穴太頭たちも、領民に対して地頭としての力を示すのは容易なことではなかったと思う。この時点で綱吉が将来五代将軍になるのを知らないにしても、三代将軍家光の四男であることは公然たる事実。正義がこちらにあるにしても、徳川様相手に訴訟を起こすというのは勇気ある行動である。

穴太頭は領民に対して、地頭として面目を保つ上で必要な示威行為と判断したのではないだろうか。堀金出雲の百姓と違って、戸波丹後の百姓は勝ち目がないと分かって退いている。その処し方が、幕末まで戸波丹後家が生き残った理由かも知れない。

私の先祖戸波丹後は、領民を管理するために最低限必要な示威行為と考えていたようで、堀金出雲の百姓が最後まで粘ったのとは対照的だ。堀金出雲は「ならぬものはならん」と正義を貫くタイプだったのかも知れない。


堀金家関連の事件を時系列でまとめると――

万治三（一六六〇）年、前記の土佐山内家『御家中変儀』にある山内家の藩士北川新兵衛が、穴太伝授のことで穴太村を訪れた際に、舅にあたる市郎兵衛に切腹させられた事件があった。名字は確認できないが、穴太伝授の権限を持っていたことになり、「市郎兵衛」は穴太頭であったと推測できる。

「市郎兵衛」という名前は、同役穴太頭戸波家系統の名前ではない。天和三（一六八三）年に改易された堀金家当主の名前が「次郎兵衛」だから、「市郎兵衛」は堀金家系統の人物であった可能性がある。穴太衆の掟があったにしろ、他藩の藩士を切腹させた事件は、やはり目立ったと思われる。

寛文三（一六六三）年二月二十五日からの館林藩徳川綱吉（将軍就任前）所属百姓との揉め事。

延宝五（一六七七）年、前記の岡山池田家『奉公書』の事件、「相続した大坂屋敷は桜井夫右衛門の義祖父堀金覚大夫が横領した屋敷」との堀金家分家に対する言いがかり事件などがあった。

綱吉が将軍に就任した時には、加藤・福島をはじめ大名の改易減封も整理し終え、由比正雪の乱、島原の乱などの平定で、浪人問題など、徳川時代の流れを決定する大枠の処理は終わっていた。

そこで、荒立った戦国気風を廃して、戦のない平和な世の中の気風を人々に植え付けるための改革をした行動力のある将軍と、不幸にも領地が隣り合っていて問題も起きてしまった。堀金家の存在は、綱吉の将軍就任前に将軍側近にはすでに知られていた。知られていたがゆえに、その行動が問題になったのではないだろうか。

綱吉が三代将軍の四男であろうが、将軍に就任していなければ、石高の多寡はあっても、時の将軍から見て同列の直参だから、堀金家を裁く権利はないはず。

そんな流れの中、堀金家改易の直接の引き金となる事件が起きてしまった。天和三（一六八三）年、『三院衆議』に六月、京都所司代が「堀金次郎兵衛のその山、藪、田畑を幕府に一言も断りなく、百姓同士が内密で替地を行った、不届きの事態である」とある。

堀金家の領地の百姓同士が耕作地の交換を行った。地頭の堀金次郎兵衛は幕府に届けなかったとの理由で、延宝八（一六八〇）年に徳川綱吉が五代将軍になった三年後、天和三（一六八三）年に堀金家は改易になった。

改易理由が軽〜く感じますなあ。江戸時代には「割地《わりち》」という慣行があった。年貢の不公平感をなくすために、何年かに一度、くじ引きなどで、百姓の耕作地を変更する慣行。このような慣行も通用していた時代なので、「百姓同士が内密で替地を行った」とは、まるで言いがかりの改易に思える。

堀金家は綱吉の側近から一六六〇年以降の事件でマークされていて、落ち度を探されていたと考えられる。百姓の耕作地の交換という理由で、四百年続いた穴太頭家の一つがなくなった。容赦なしだ。五代将軍徳川綱吉のいじめに見えてしまう。

前記の『御材木石奉行支配穴太頭二人由緒書』の項にあるように、他三家の穴太頭も堀金家改易の影響を受け、しばらく刀を差してはいけないという、とばっちりの罰を受けているので、さぞかし他の穴太頭家も緊張したことと思う。同じように綱吉と領地が隣り合っていた私の先祖戸波丹後が、その中でも特にお家存続の危機を感じていたのではないだろうか。しかし、この危機も上手に泳いでいたと思われる。なぜなら、現代まで子孫が残っているからだ。先祖がもしこの時にしくじっていれば、私は存在していない。先の琵琶湖の茅の事件が私の運命を左右したかも知れない。ということは、館林藩代官平岡市兵衛が私の運命を決めた可能性があるのだ。

この堀金家改易騒動の始末記録が『叡山文庫』にある。

天和三（一六八三）年十月

「高畑村、堀金次郎兵衛　年貢屋敷併せて田畑入札」

御帳面の通り屋敷二か所、田畑は地頭切手付きの通りの届け屋敷、上、中、下の田畑の位、畔、高米斗分の年貢数は地頭へ御帳面書き出し、年貢米、大豆の数の儀は地頭より申し上げ候、屋敷一か所は免ず。次郎兵衛、当年作の年貢は買い方より地頭へ納所し、田畑分は今まで作りし百姓より。当年の年貢は地頭へ納所すべし。代銀の儀は入札にて相宛てにて、日数は三日以内に。

作り道　清人　　　あきら　徳連

屋敷二か所、田畑五十か所（家預かり領四一か所）
根本中堂領九か所　日吉三宮領分六か所　両社領分一か所　聖眞子領五か所　十禅師領分四か所　日吉客人領分六か所　山門本領分二か所　日吉籠丁領分一か所　山門学頭領分一か所
その他　水田　米三十二か所　　　　　四六石八斗二枡
　　　　畑　　大豆　十七か所　　　　三石二斗二枡　　　　合計五十石四枡

現代でいう競売の公告だ。堀金家の領地は幕府直轄領になり、田畑は耕作する百姓などに売る。買った百姓は新領主である幕府に年貢を納める。二件ある屋敷は一件だけ残す。ということだろうか。堀金家が居住している家だけは残してくれた。現代では、破産した場合、居住している家も担保に入っていれば競売されてしまうわけで、江戸時代のほうが少し優しいか。あまりいじめすぎてもと反省し、屋敷一つは残したのだろうか。筋が通ろうが通るまいが、世の権力に盾突いた結果だ。御隠居の話では、競売から逃れた堀金家の屋敷は残っていなかったが、昭和の時代まで、千坪ほどの屋敷地は残っていて、その後住宅地になったそうである。

巡り合わせというか、徳川綱吉が館林藩主時代に、飛び地で赤塚村に一〇〇石の領地を持っていて、その隣に堀金家が一〇〇石の領地を持っていたことから、綱吉周辺に記憶され、堀金家の改易に繋がってしまったのだった。ここにもマイナーな歴史があった。

「御隠居、幕府に睨まれる堀金家は地力があったんですね」

「あったな、地力があった片鱗が見える供養塔がある」

「この近くですか」

「車ですぐの盛安寺にある。盛安寺はこの寺（淨光寺）の親寺*じゃ。ほな見に行こ」

御隠居は気が短いので、とにかく行動が早い。

盛安寺とは、昔多くの穴太衆が檀家としていたお寺だ。戸波家は盛安寺を親寺にして、淨光寺を造り独立したのだった。

＊親寺とは寺院の統治ネットワークであり、本山の寺があって、その下に子供の寺があり、その下に孫の寺がある。淨光寺の上が盛安寺、その上が本山西教寺。

その盛安寺に着いた。地元では明智寺ともいうらしい。盛安寺と琵琶湖の間には高い建物がなく、琵琶湖がよく見える場所であった。

「これじゃこれじゃ。これが堀金出雲の供養塔、この隣が明智光秀の供養塔じゃ」

同役穴太頭堀金出雲の供養塔がある盛安寺（旧穴太村）が穴太衆の中心であったが、のちに高畑村に淨光寺を創り、穴太衆の中心は高畑村に移った。

「えっ、逆じゃないですか。堀金出雲の供養塔のほうが大きいですよ」

盛安寺の境内にある供養塔は、確かに明智光秀より堀金出雲のほうが大きい。堀金家は現代に「石垣築様目録」*という三十五項目の穴太積の奥儀の記録を残した穴太頭である。

＊「石垣築様目録」は北垣聰一郎氏の『石垣普請』に詳しい。

大きさより、なぜ明智光秀の供養塔がここにあるのかが気になった。

ここにある理由は、宣教師ルイス・フロイスの『フロイス日本史』にもある通り、元亀二（一五七一）年に明智光秀は坂本城を完成させる。「光秀は築城のことに造詣が深く、優れた建築手腕の持ち主であった。邸宅と城塞を築いたが、それは日本人にとって豪壮華麗なもので、信長が安土山に建てたものにつぎ、この明智の城ほど有名なものは天下にないほどであった」と記されている。穴太衆の地元に造った坂本城が、対比叡山延暦寺の前線基地となった。坂本城築城で、穴太衆は明智光秀の指揮下に入った。ということは、築城年代でいくと、穴太衆のデビュー作品は安土城ではなく坂本城ということになる。認識が改まった。

御隠居曰く、「その後明智光秀は天正三（一五七五）年、百姓に対して徳政令を出して、借金を免除するなど善政を行って以来、この地域は光秀に対して好意的な地域になった」とのことで、よってここに供養塔ができたそうだ。また、江戸時代には、先祖と光秀への感謝のため、立石山の山頂四か所で山焼き*行事を行うようになったそうである。

*山焼きとは「元祖講」「一文字焼」京都の大文字焼のようなことである。

織田信長対浅井・朝倉・比叡山連合軍との間で、比叡山に連なる壺笠山の攻防が一五七〇年に始まった。その流れで壺笠山や比叡山の状況を監視する目的もあり、光秀は坂本城を造った。坂本城と壺笠山の中間にある盛安寺境内に明智の太鼓櫓を造り、比叡山連合軍が動いた時、いち早く太鼓を叩いて浅井・朝倉・比叡山連合軍の動きを知らせていたそうである。太鼓櫓は現存している。

この時期光秀は、信長の戦略上、比叡山延暦寺と対立していたが、比叡山から分かれた天台真盛宗総本山西教寺とは良好な関係であったので、天台真盛宗盛安寺には光秀の供養塔のほかに位牌も収められている。明智一族の墓は盛安寺の親寺の西教寺にある。

その光秀よりも大きな供養塔が堀金出雲の供養塔である。光秀の供養塔の高さに対して、堀金出雲の供養塔の高さは地力のあった一つの証明となるだろう。

光秀が善政を行ったことで、光秀に好意的な土地柄だから、光秀よりも大きな供養塔は地域住民の反感を受けた可能性もある。堀金家改易後、この目立つ供養塔の存在も初代堀金出雲の墓が倒された一つの原因かも知れない。

堀金出雲の供養塔を見て、「堀金家はずいぶん目立っていた一族なんだなあ」との感想を持った。またこの大きな供養塔を見て改めて思ったのは、戸波駿河も自分の先祖供養のために浄光寺を創ったことを考え合わせると、穴太頭たちのやっていたことは大名のような行為だ。穴太頭たちには相当な財と実力があったということは分かるが、幕府に睨まれてもしようがない派手さがあったのだと思う。やはり「百姓同士が内密で替地を行った」との理由から、見せしめとしての堀金家の改易には、さぞかし私の先祖も震え上がったことだろう。御隠居曰く、そんな関係から、幕府に気を使って、浄光寺は親寺盛安寺に隠れた寺とされていたそうである。このことも戸波家が幕末まで生き残った理由かも知れない。

時間もないので浄光寺に戻って、帰る前に疑問点は聞いておこうと思った。

「御隠居、穴太頭の墓地と比叡山延暦寺の境の空濠の理由を聞いてなかったのですが」

「ああ、あれな、元々俺ら穴太衆は比叡山の石積みをしていて仲良かったんじゃが、信長に付いて以来敵対関係じゃや。比叡山焼き討ちにも参加している」

ここに来なければ分からなかった新しい歴史だ。

「証拠もあるで、来てみい」

本堂の奥に進むと、織田家が使用していた木瓜紋の入った足軽具足が無造作に置いてあった。

「穴太衆はこれ着て戦って、信長より本領安堵じゃ」

「なるほど、明智の先兵だったということですか」

「そういうことじゃ。なんたって地理に詳しいからな、兜はないが当世具足《とうせいぐそく》もある。今並べる。刀もぎょうさんあるで、業物《わざもの》はないがの」

「当世具足とか、業物とはなんですか？」

「当世具足は歴史と伝統の鎧ではなくて、実戦向きの鎧一式や。業物とは観賞用に向く備前長船とかの刀での、ここのは実戦向きの刀が多い。ここは穴太衆の武器庫の役割もあった。三十年以上前やが、俺が管理する前の話や、殿様鎧も残っていた。確かに鎧櫃の蓋に戸波と書いてあったのを覚えておるんじゃが、誰かが金に換えてしもうた。歴史が大切やと言っていたんだがな。忙しかったのでかまってられへんかった。失敗や」

「この寺にその鎧があれば、歴史的に面白いですね」

「お前が現れたから、本気で探すか」

「いいですね」

「それでじゃ。比叡山の地理に詳しい穴太衆は、信長以降江戸時代を通して、石垣構築のほかに、比叡山監視の隠密の役目を負った。だから境界に空濠じゃ」

「えー、隠密ですかー」

「信じられないだろ。じいさんから聞いている」

「新展開ですね。そうであれば、他の墓とは違い、穴太頭たちの墓が比叡山方向を向いているのも納得ができますね」

「墓の向きは、江戸幕府に対して忠誠を誓うという意味もあったと思う」

この話を聞いた時点では、比叡山と対立していた影響から、穴太頭の墓が比叡山を向いていることとの辻褄は合うが、隠密というのはどうなのかな？　と思ったが、高畑村領民と江戸の戸波家との通信記録「年中江戸状下書き」（享和四〈一八〇四〉年～文政四〈一八二一〉年）が寺に残っており、コピーを借りてまとめていたら、隠密だったかも知れないなと思うようになった。

「御隠居、なんで江戸幕府は穴太頭を江戸に引っ越させたのですかね」

「それはよう分からん」

そろそろ家族も京都に予約している夕食のことが気になるようなので、質問はここまでにして、また来ますと約束して寺を後にした。別れ際の「ほなさいなら、気いつけてや」と聞き慣れない関西弁が頭に残った。

新発見!? 「年中江戸状下書き」——第四次調査

居住地千葉に戻り、お借りした史料を広げてみた。まだ世間に出ていない新発見の史料「年中江戸状下書き」である。

なんと、江戸の穴太頭戸波家へ領地である高畑村からの報告書の下書きが浄光寺に残っていたのだ。幕府直参穴太頭の戸波家と領民の関係がはっきり分かる文書である。江戸幕府の命令で、領地から江戸に引っ越しをさせられたことによって、この報告書が必要になり作成されたのである。「年中江戸状下書き」は、本状を紛失した時のために、写しを取っておいたものである。織田信長、豊臣秀吉、徳川家康、武田信玄など大所の歴史は表に出ているが、この史料は江戸幕府穴太頭という特殊な役職者の生活の一部が垣間見られる記録である。

この書状は、享和四（一八〇四）年～文政四（一八二一）年、戸波駿河系七代戸波惣兵

衛の時のやり取りだ。前記の『御材木石奉行支配穴太頭二人由緒書』から判断して、この時点の惣兵衛さんは六十代と推測される。この時、同役の私の高祖父戸波丹後系十代市次郎さんは三十代と思われる。

この文書の中心的な報告はお金の話なので、現代の貨幣価値に改めて考えるために、日本銀行のホームページを参考にした。日本銀行の資料では、江戸時代の一八〇〇年代でお蕎麦の代金から換算して、一両＝十二万〜十三万円とある。そこで、この「年中江戸状下書き」の相場は一両＝十三万円とする。江戸時代の金銀換算相場は「金一両＝銀六〇匁＝銭（同）四〇〇〇文」とあるので、銀一匁＝二一六六円、銭一文＝三二・五円ということになる。相場なので違う時期もあると思うが、この相場で考察したいと思う。参考までに、この時期の『文政年間漫録』（一八一八〜一八三〇年）によれば、大工さんの日当は銀五匁四分とある。年間の労働日数を二百九十四日とすると、年収は銀一貫五八七匁六分。現代の価値で三百四十三万円ぐらい。

※「年中江戸状下書き」の中では、戸波宗兵衛と戸波惣兵衛の宗→惣の字が併用されており、多く使われているのは宗兵衛だが、『御材木石奉行支配穴太頭二人由緒書』で使用している惣兵衛に統一した。

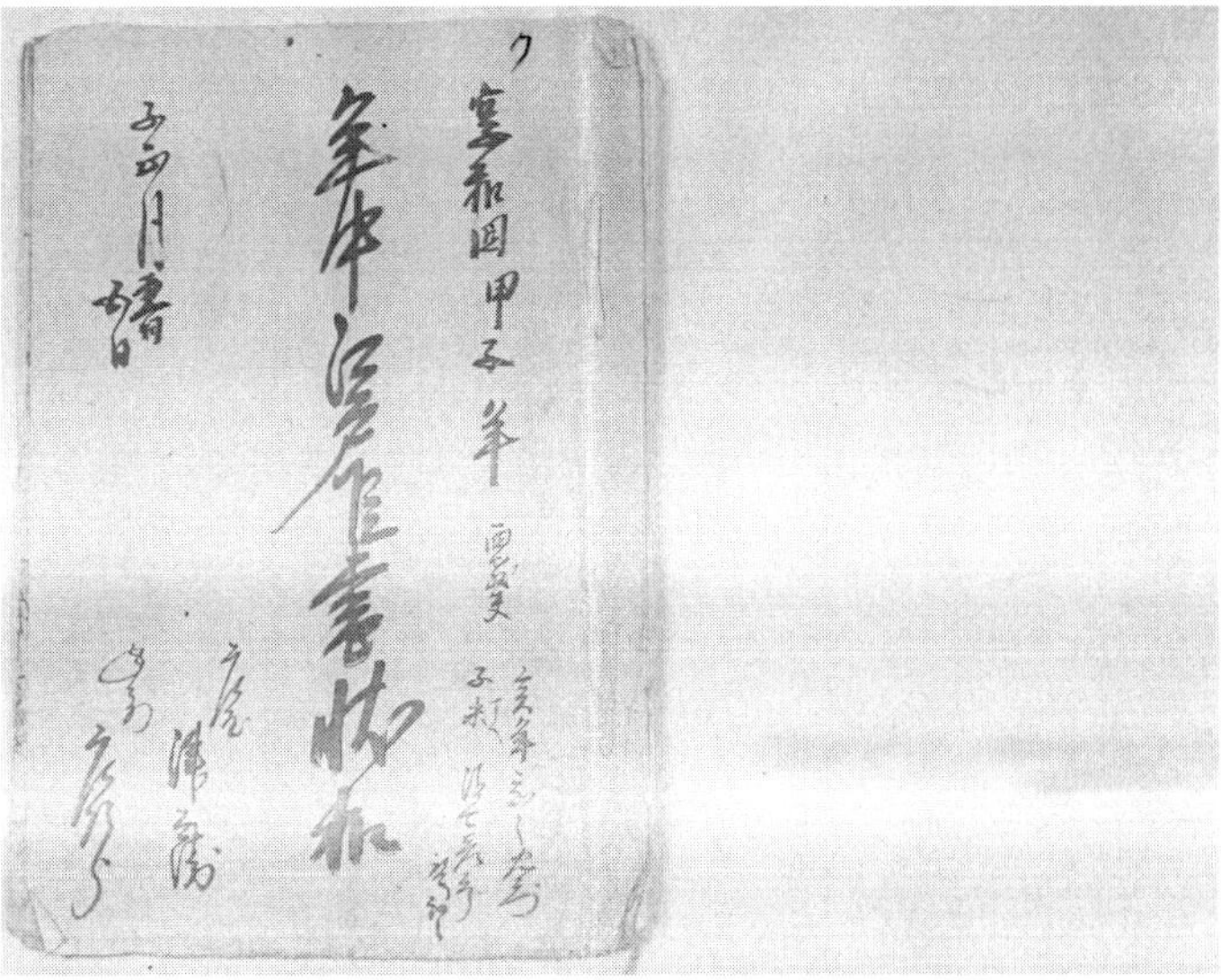

「享和四甲子年　年中江戸下書状」（中嶋秀和氏蔵）

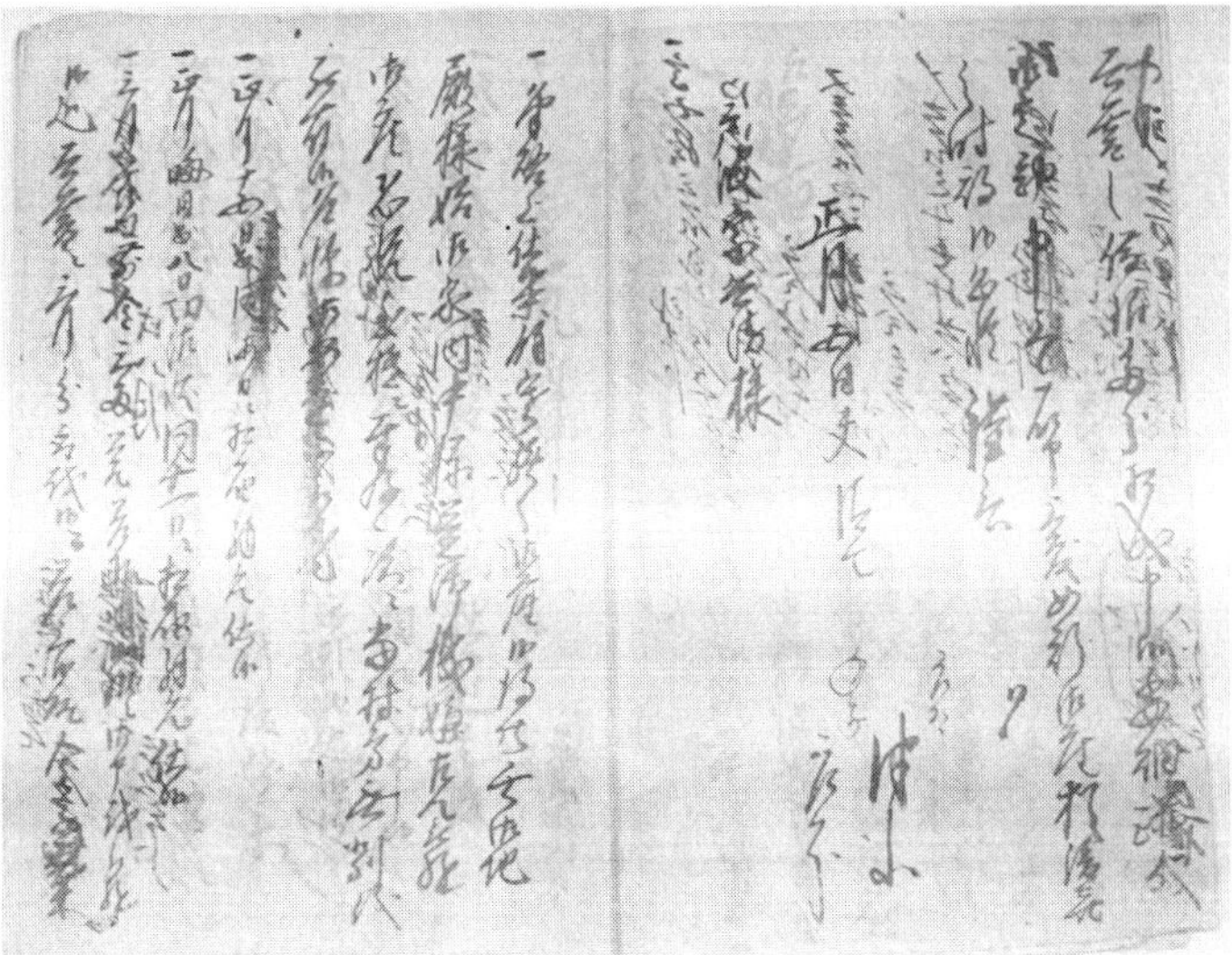

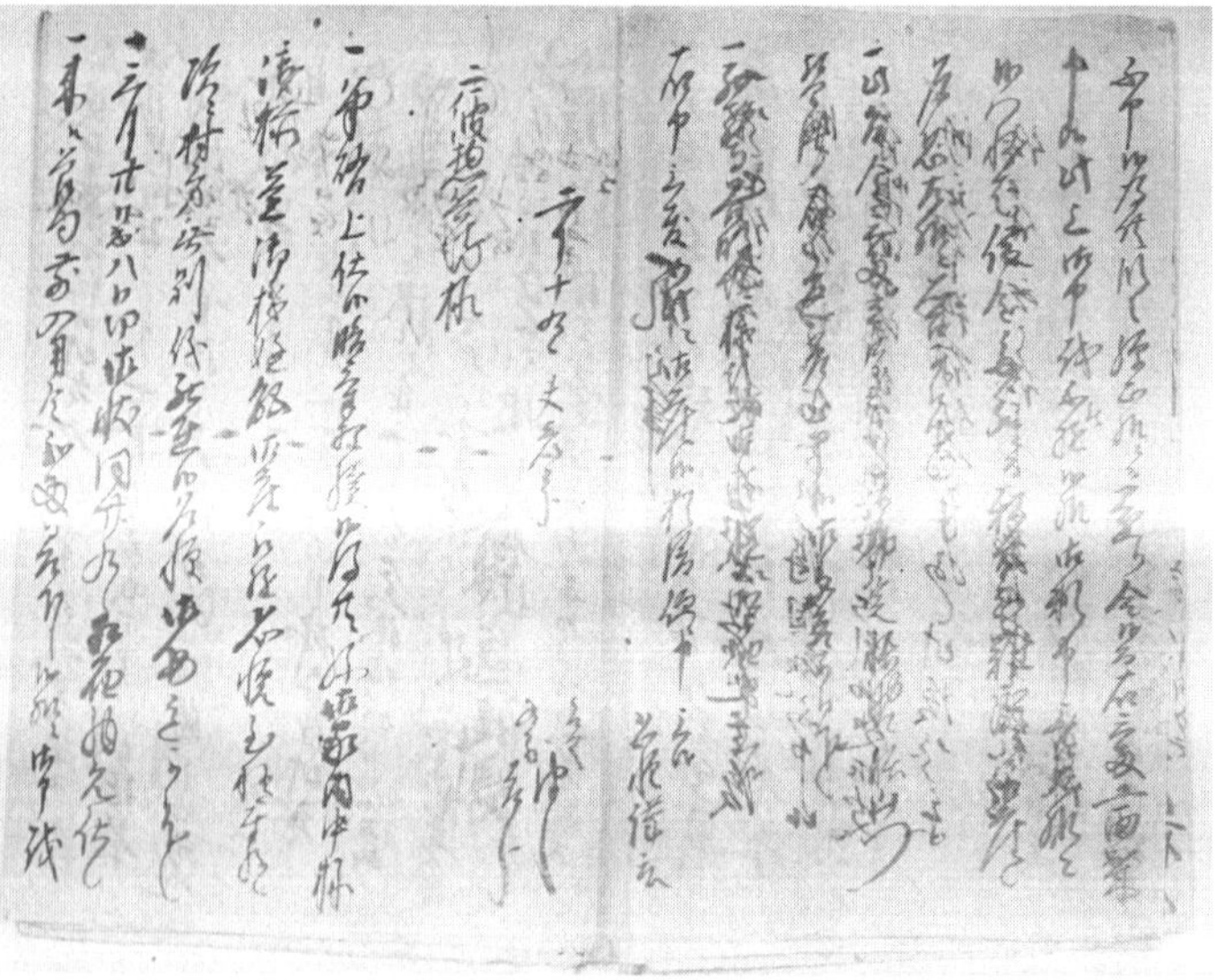

「享和四甲子年　年中江戸下書状」（中嶋秀和氏蔵）

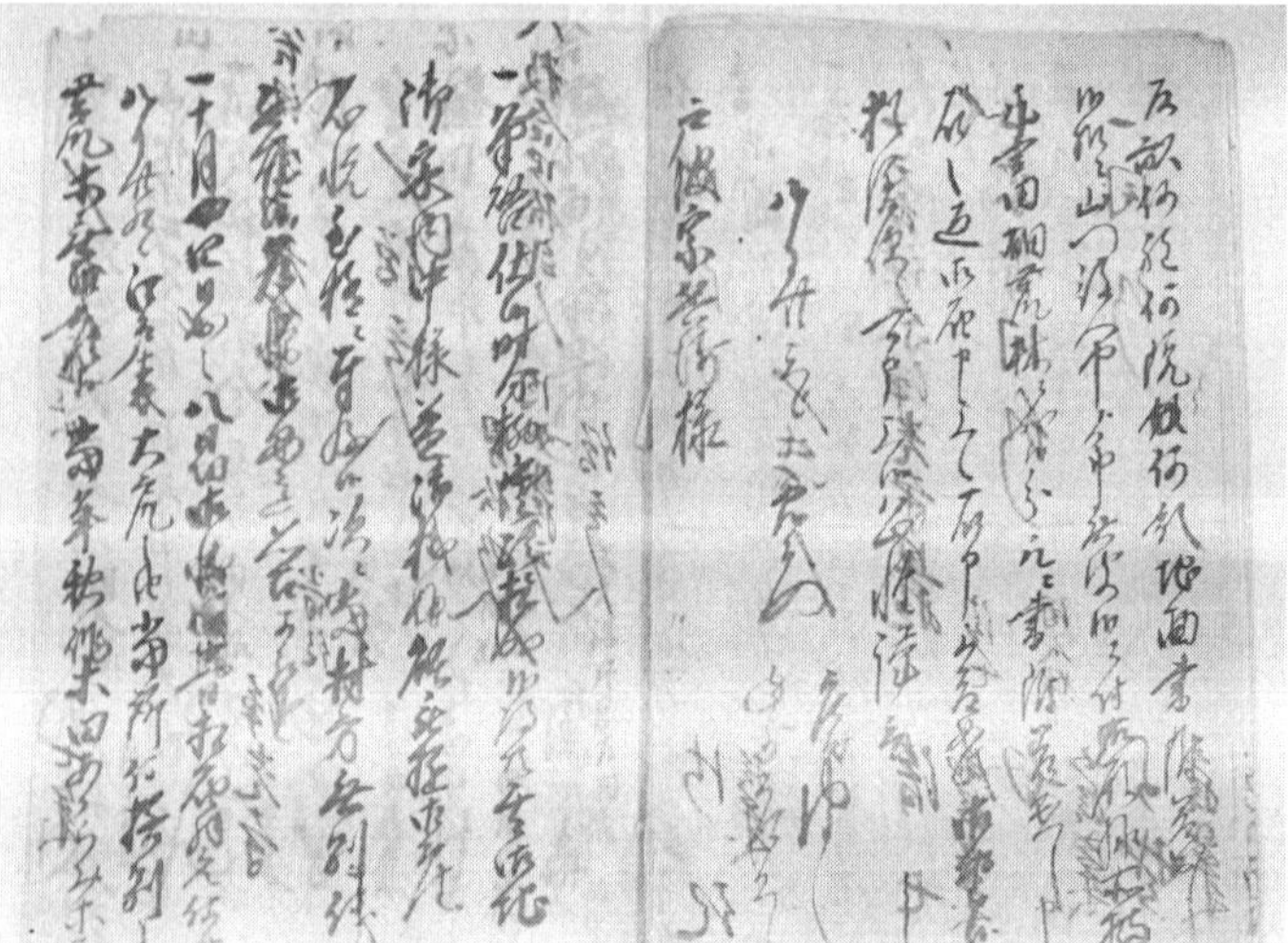

享和四甲子年　年中江戸下書状

享和四（一八〇四）年正月五日　西教寺使、甚兵衛、忠右衛門、清七、彦二郎、庄屋津兵衛、年寄庄次郎　西教寺孫明様、源正様の手紙を届けます。
一、十二月十五日江戸出、八日間で着予定の書状、十二月二十三日に届いたので拝見しました。
一、十二月十六日高畑村出、八日間で着予定の金一五両（百九十五万円）入りの書状を出しました。年末の借金が多くなっています。詳細は〇〇から話します。（〇〇は読めないが、借金の内容を伝えに来たようだ）

庄屋津兵衛　年寄り庄次郎
戸波惣兵衛様

※

この項にある「年寄り庄次郎」とは、なんと御隠居こと、中嶋秀和さんのご先祖である。二百年前すでに先祖同士の交流があったのだ。戸波家との付き合いが長い証拠である。

正月の挨拶を兼ねているようで、庄屋、年寄り、西教寺の使い含め七人で江戸に来たようである。しかし、年越しに一九五万ものお金が必要とは驚きだ。しかも高畑村のほうで借金して工面をしているようである。正月から借金話を領地から伝えられるようじゃ、ずいぶん苦労する年になりそうである。

二月十九日　一筆啓上仕り候。殿様始め、御家内中様ご機嫌遊ばされております。
一、正月十五日江戸出の手紙を拝見しました。
一、三月の節句に必要な、金三両（三十九万円）を送れとのことですが、年末に送ったお金に含まれています。しかし、西教寺の弾正様に頼んで工面しました。勘定帳と助郷帳《すけごうちょう》＊受け取って下さい。

　戸波惣兵衛様　　　　庄屋津兵衛　年寄り庄次郎

＊助郷帳とは幕府が村々に課した公共の労働負担明細。

※

一〇〇石の領主でも殿様なんだ。年末に金一五両（百九十五万円）が入って、三月に金三両（三十九万円）とは、生活費が凄くかかっているように感じる。また、庄屋さんが殿様の借金の工面を西教寺の担当者である弾正様に依頼するというシステムだったようである。

浄光寺の過去帳を確認すると、寛永二（一六二五）年に亡くなった初代戸波駿河の墓の前には、家臣だった人の墓も並んでいる。初代の時には代官がいたようだが、それから二百年下った七代戸波惣兵衛の時代には、庄屋さんが代官の役を行っていたようである。

四月十九日　三月二十日江戸出の御状二十九日に届き、拝見しました。
一、五月の節句前に必要な金二両（二十六万円）を送るように指示されましたので、金一両につき銀相場で六四匁を送ります。七月に金三両（三十九万円）送れとおっしゃいますが、昨年末の借金が膨らんでおります。お願いですから節約して下さい。
一、今年の領民名簿を差し上げます。忠衛門の子供が働けるようになったので名簿に加えました。清七の姉は結婚してよその村に行ったので除外しました。私の子供の津蔵が結婚したので嫁を名簿に加えました。娘たよも結婚しました。
庄屋津兵衛　年寄り庄次郎
戸波惣兵衛様

※

殿様なのに「贅沢するな」と庄屋さんに注意されている。「泣く子と地頭には勝てない」ということわざがあるが、戸波家はことわざ通りではないようだ。殿様は庄屋さんに怒られて少しは節約しただろうか。今では知る由もないが。
名簿の報告から見ると、女の子が他村に嫁に行ってしまうと、働き手が減って大変のようだ。小さい領地なので領民一人一人を把握していて、殿様の立場としては男の子が生まれると働き手が増えて喜んだことだろう。

六月二十五日　五月二十日江戸出の二十八日着で御状を拝見しました。
この度金三両（三十九万円）、金一両につき銀相場で六四匁三分を送ります。九月分も是非とも節約して下さい。領地は昨年から雨続きで、米の値段が非常に下がっております。新米が取れても、去年より値段が下がりそうです。是非とも節約して下さい。
一、浄光寺に新しい住職が来たので名簿に加えました。
一、人相書きが京都町奉行所から来ました。
一、今年はたけのこの出来が非常に悪いです。
一、平右衛門の家の者が病気で田植えができません。私共としても非常に困っておりましたが、近所の助けと私共の手伝いで植え付けました。田植え賃として四匁六分（一万円）出しました。安心して下さい。

庄屋　年寄り

御府様

米の出来が悪いので、今年は年貢に期待できないから節約するようにと、またまた庄屋さんに注意されている。地頭に対してちゃんと意見を言っている。

人相書き（指名手配書）が片田舎まで回ってきていたようだ。江戸幕府の捜査能力はなかなかだ。

※

たけのこの出来の報告があるということは、たけのこは重要な資金源だったようである。平右衛門さんの分の年貢が取れないと困るので、皆で手伝って田植えしたとある。江戸時代の私の常識では、五人組などで強制的に田植えを手伝って年貢を納めていたと思っていたのだが、高畑村では田植えの手伝いに対して、地頭がお金を出して皆で連携していたようである。時代劇などの地頭のイメージだと、「おのれ～百姓、年貢を払わないとは何事か、けしからん」「御代官様勘弁して下さい」と、種もみまで持っていってしまうようなイメージだったが、反省。普通に考えれば年貢をもらわなければ、地頭の生活も成り立たないわけだから……ね。

八月二十三日　当月、西教寺の弾正様より一通差し上げます。

一、七月十二日付けの書状七月三十日に届きました。両書とも承知しました。
一、八月二日江戸出の書状も読みました。
一、この度、金三両（三十九万円）、金一両につき銀相場で六四匁一分を差し上げます。受け取って下さい。お金の工面に苦労しましたが、年末の分も含めて送りました。年末の下し金*は減ります。昨年末の借金も多く残っています。恐れながらそのことを自覚して、節約して下さい。
一、秋の収穫の件ですが、干ばつで当てになりません。
一、比叡山の境の田畑が猪、鹿の害で荒れているので、垣根を作りましたが無駄でした。雑木林のようになっており、田畑の区画がはっきりしなくなっています。隣接の比叡山延暦寺の役人が、どこまでが戸波領か、と尋ねてきたので、御殿様の所有地を明記して比叡山延暦寺の役人に出しました。

庄屋津蔵　年寄り庄次郎

戸波惣兵衛様

*江戸への送金を「下し金」と書いてある。江戸時代、天皇がいる京都が中心なので、江戸に物を送る時は「下す」と書いていたそうである。

※

御殿様が、またまた庄屋さんに注意されている。資金繰り逼迫の折り、年末の下し金が減るから自覚しろ、とはっきり言われている。家康から刀を拝領する活躍をしていた先祖に比べると、トホホという感じだ。これで殿様は生活レベルを少しは落としていたのだろうか。さらにダメ押しで、干ばつだから覚悟しろと付け足している。

比叡山延暦寺の所有田畑と領地高畑村の田畑は隣接していた。そのあたりの戸波領を「山門領」と呼んでいた。先日お参りした先祖の墓の周りである。猪鹿のいそうな雑木林になっているが、確かに段々畑の跡があった。結構な雑木林なので、垣根を作って猪鹿をなんとか追い出せる感じではない。

山門領から見た殿様の墓

十一月四日　十月四日江戸出の御状十一日に届き拝見しました。

八月二十九日江戸は大荒れと聞きました。領地は問題ありません。秋に収穫予定の田んぼですが、稲穂の出来から見て刈り込みは延期しましたが、順調に見えますので年貢を納められます。喜んで下さい。

この度、順調なので初穂の祝い金一両（十三万円）を差し上げます。受け取って下さい。年貢の初納も十一月中旬にはできます。江戸も米相場が下がっているそうですが、こちらも下がっています。一石（一五〇キロ）につき四〇匁（八万六千円）です。値下がりしてしまったので、昨年末の借金の返済が大変です。殿様に西教寺の弾正様と相談することを了解してもらったので相談します。働いても借金が増えるので、少しでも減らすように一生懸命働いて年末の下し金を工面したいと思います。江戸も物入りかと十分に理解していますが、借金がどんどん増えていますので、これ以上は借金せず手持ちのお金で賄って下さい。

庄屋津蔵　年寄り庄次郎

戸波惣兵衛様

※

厳密に江戸時代の貨幣価値を現代貨幣価値で見ることは難しいとの見解もあるが、日本銀行などの資料によると、一石＝一両と考える見解が多いようだ。この時の米の売り値が四〇匁＝八万六千円ということは、この時代の平均を一両＝十三万円と見るなら三五％の値下がり、一両＝十万円と見るなら一五％の値下がりとなる。かなりの安値だ。そこで、またまた庄屋さんから殿様に節約の意見があった。殿様は「えーうるさい、自由に使わせろー、うちのかあちゃんみたいなこと言うなー」と怒っていたかも知れない。

ここまで読んできて、どうも一般的な百姓と地頭という関係ではないように感じる。元々領民は百姓兼穴太石積み職人であるから、地頭と百姓というよりは、職人と棟梁の関係に近いのかも知れない。本音の会話はこんな感じか。

「棟梁頼むよ〜、もう少し節約してくれよ〜、会社つぶれちゃうぜ〜」
「てやんでえ、俺に貧乏臭い暮らしをしろって言うのか〜」
「そうは言ってもさあ、棟梁」
「分かってるよ」

株式会社穴太衆があって、この会社に金を貸している銀行の役割をしているのが西教寺の弾正さん。社長が戸波さんで、専務が庄屋の津蔵さん、常務が年寄りの庄次郎さんという状況と見て取れる。

庄屋さんが資金繰りをしているのも驚きだが、お寺がお金を貸しているのも驚きだった。

時代劇とは違う世界があった。

十二月十七日　十一月二十八日江戸出の御書状、十二月七日に届き拝見しました。
一、江戸へ年末の下し金一八両（二百三十四万円）を送れというご指示承知致しました。
しかし申し上げておりますように、殿様の借金が多くなっておりますので、下し金が少し減ります。年末の分、金七両（九十一万）を足し、一八両（二百三十四万円）を送れとおっしゃいますが、非常に難しいです。弾正様に相談して一八両（二百三十四万円）は無理でも、一五両（百九十五万円）はなんとかなりました。足りない分の三両（三十九万円）は、江戸でなんとかして下さい。
一、初納金一両（十三万円）を借りています。
一、米を一石につき三八匁（八万四千円）で売りました。
一、この度は、金一五両（百九十五万円）、金一両につき銀相場で六四匁一分を送ります。
その内六両（七十八万円）は、来春の三月まで借ります。盆前に二両（二十六万円）を、盆後に四両（五十二万円）を送ります。ともかく節約をして下さい。お願い致します。
一、百姓の彦三郎が、夏より病気療養中でしたが、十二月に亡くなりました。彦三郎家は非常に困っております。残った家族が日々の仕事に手が回らず、近所が手助けしました。

村方と殿様の蔵所から五升ずつ出しました。彦三郎家の年貢二斗五升は納められません。この分何卒ご容赦下さい。もはや、年内数日を残すだけですが、ご機嫌よく年を越して下さい。

庄屋津蔵　年寄り庄次郎

戸波惣兵衛様

※

前年の年越し予算が一五両（百九十五万円）だったが、今年の年越し予算要求が一八両（二百三十四万円）に増えている。この一年に物価上昇があったとしても、前年実績から考えて、三両（三十九万円）は増え過ぎのような気がする。

結果、下し金の実績は前年と同じ一五両となった。領地からの節約要請がなければ大変なことになるだろう。

惣兵衛さんの近い先祖が自分の寺を建立したり、豪勢な墓を作ったりしていた実情を考えると、相当な地力のあった家系だから、そう簡単に生活レベルを落とすことは難しかったのではなかろうか。

彦三郎さんが亡くなり、残った家族に対して近所をはじめ、村人、殿様が倉からお米を出して協力して助け、年貢を免除するという、あったかい環境だったようである。節約さえして頂ければ名君ですな。「子孫が言うな」と、あの世で突っ込んでいることだろう。

一八〇四年から四年経過の一八〇八年、文化五年になった。

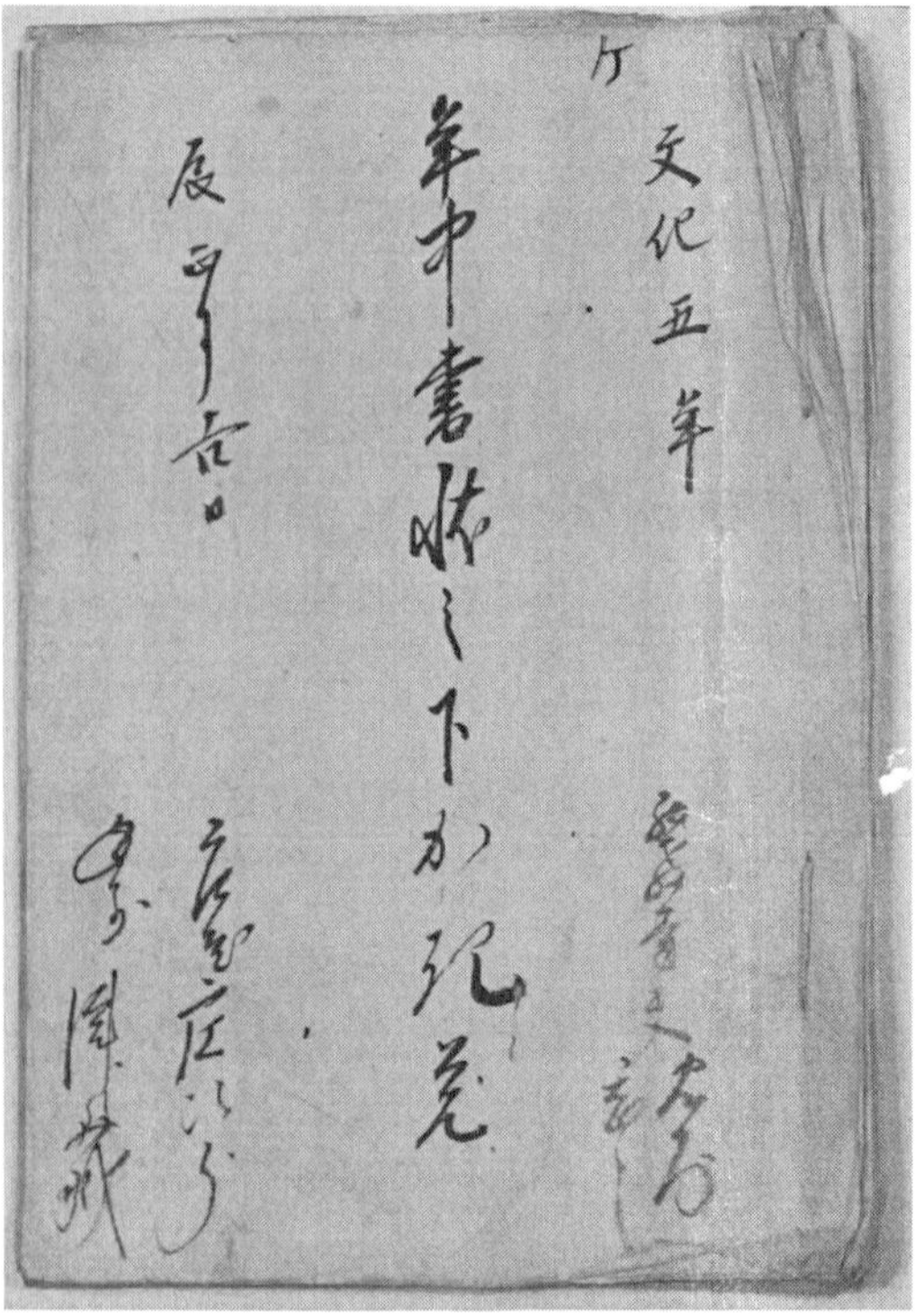

「文化五年　年中書状の下書き覚」
（中嶋秀和氏蔵）

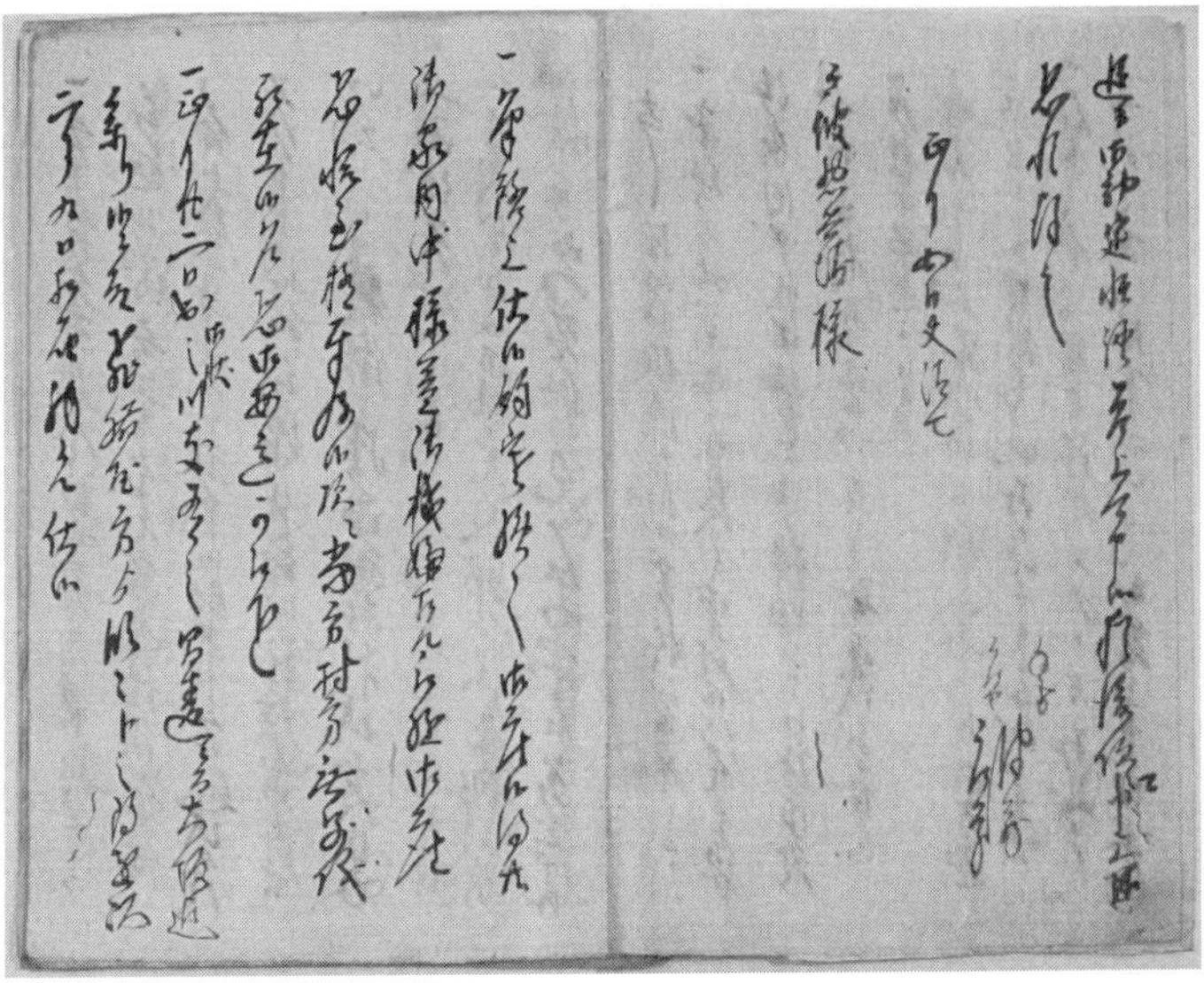

「文化五年　年中書状の下書き覚」（中嶋秀和氏蔵）

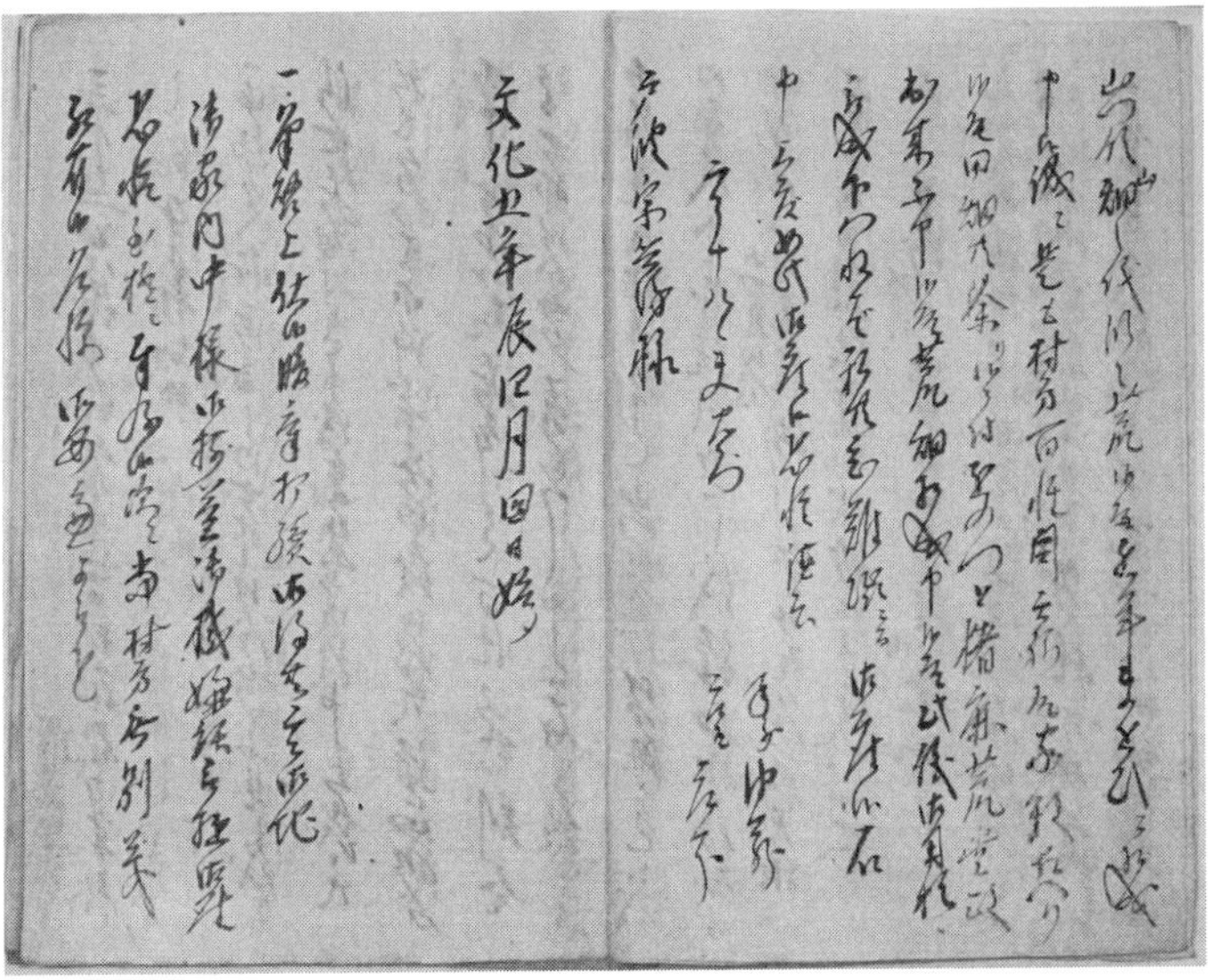

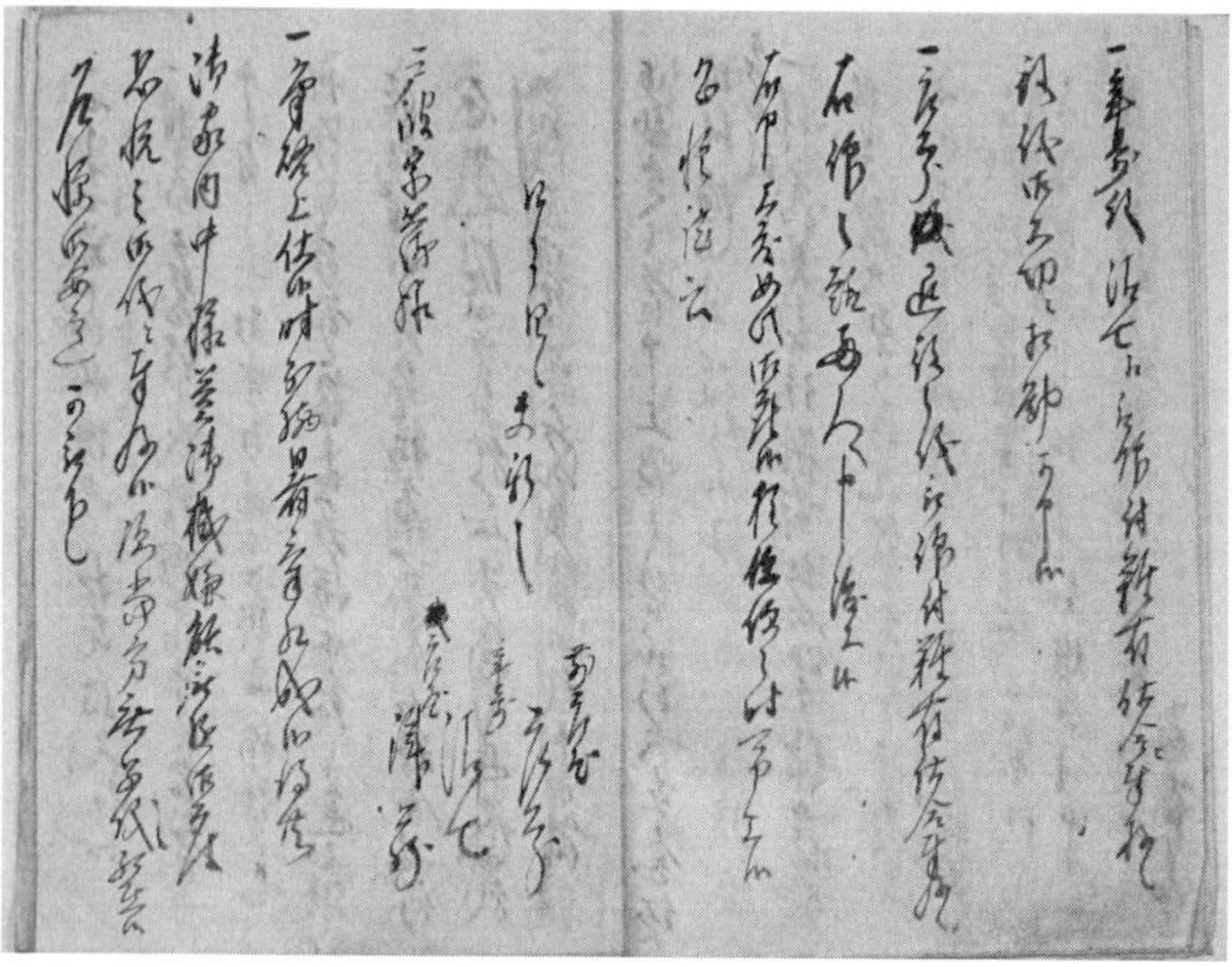

「文化五年　年中書状の下書き覚」（中嶋秀和氏蔵）

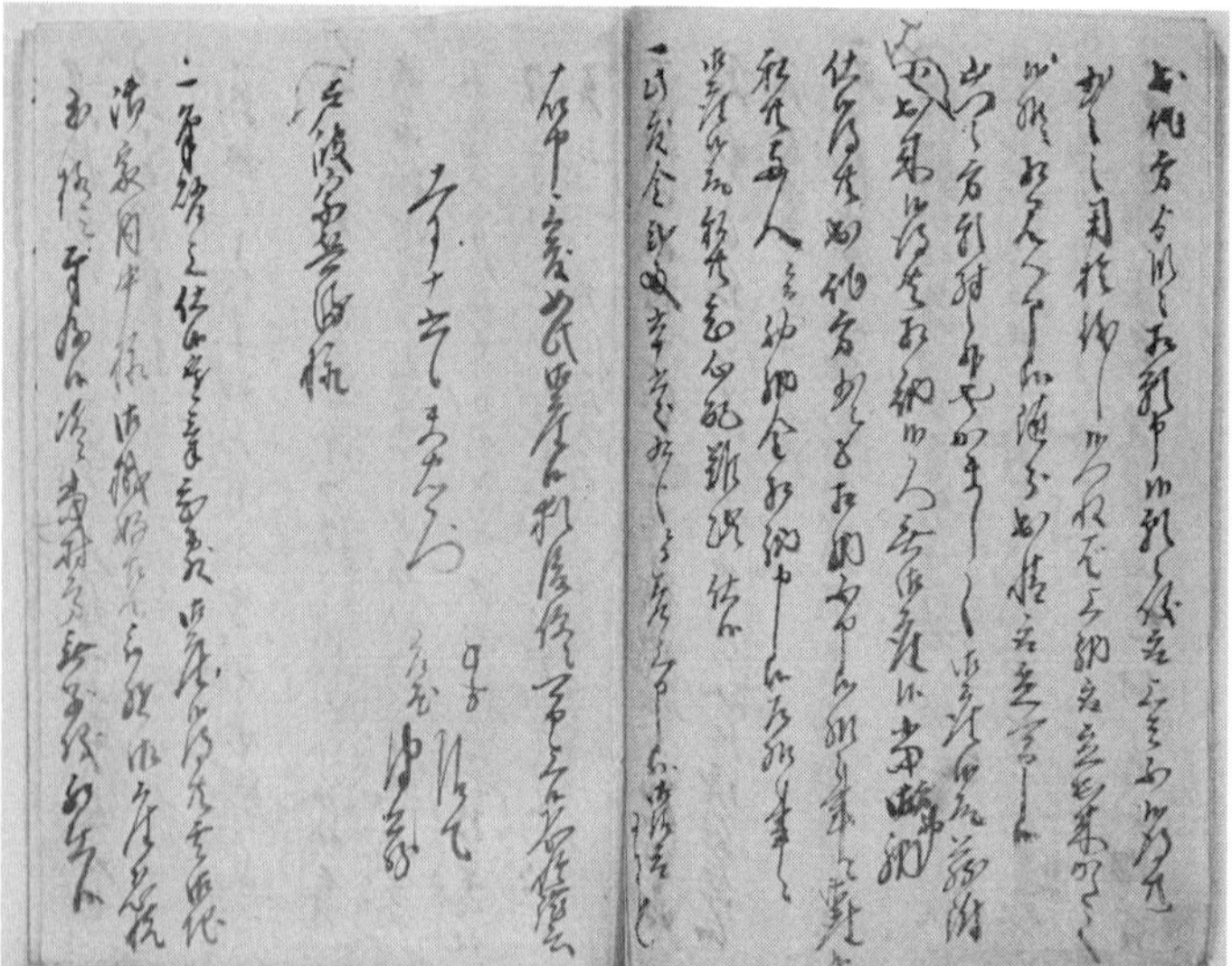

文化五年　年中書状の下書き覚

西教寺の禅明坊様と弾正様の書状二通差し上げました。未だ寒気が強いですが、江戸の殿様家族、お元気そうで何よりと喜んでいます。こちらも問題なく生活しております。安心して下さい。

一、十二月十三日、八日高畑村出　お金入りの書状一通差し上げます。

一、送ったお金を入れて、借金が銀三貫目（六百五十万円）（一貫＝一〇〇〇匁、一匁＝二一六六円）になりました。

一、追って帳簿を送ります。

庄屋津蔵　年寄り庄次郎

戸波惣兵衛様

※

一八〇四年の正月は、正月の挨拶を兼ねて領民が江戸屋敷まで挨拶に来ていたが、今回はお使い人の記載がないようなので飛脚便のようである。

西教寺の禅明坊様と弾正様の書状二通の内容は、おそらく借金の証書や督促状だと思われる。借金の内容が投資目的などではなく、生活費で使っていたとしたら、六百五十万円の借金は重い。庄屋さんが「帳簿送るから自分でなんとかしな」と言っているようにとれる。

二月十八日、正月二十二日の書状は飛脚屋の間違えで、大坂まで行ってしまい、遅れて二月九日に届きました。

一、三月節句の前渡し金二両（二十六万円）を送るように指示されましたが、去年の暮れまでの借金が多額で、三月節句の前渡し金を送れませんと申し上げました。この度、再度お金を送れとの指示に対して、困り果てておりますが、色々働きかけて、弾正様に頼みなんとか金二両（二十六万円）を工面しました。

一、この度金二両（二十六万円）と勘定帳、助郷帳、出作帳*、山門領の年貢納品書の五品差し上げます。山門領内の年貢納品書の内、金蔵院領分の年貢納品書を弾正様が持って行きました。竹林の残竹を確認したところ、大小四百本あり、残木が五十本ありますが、枯れていくように見えます。

一、山門領の山、畑が段々と荒れていて、領民の家数も減っています。手が入らず、猪鹿害で荒れ地になっています。ご容赦下さい。私共も非常に困っております。

戸波惣兵衛様　　　　　　　　　　　　　　　　　　　庄屋津蔵　年寄り庄次郎

＊出作帳とは出稼ぎ帳のことで、出稼ぎは主に石垣積み。

※

学生時代、宅配便のバイトをしていた時、荷物が違う配送センターに行ってしまったことなどがあった。デジタル時代だから荷物はすぐに見つかったが、江戸時代でも、当然配送ミスはあったようである。ここまでの記録から、飛脚便の近江国高畑村（滋賀県大津市）から江戸本所（東京都墨田区）までの書状の配送日数は七日から九日かかっている。現代は翌日配送だから、配送時間が二百年で約六日縮んでいることになる。私の感想では、江戸時代からそんなに進化していないと思われるが、どうだろう。

上記の場合、大坂経由で通常配送の倍の日数がかかっているが、電話もない時代に迷った荷物を探し出して、ちゃんと届けているのだから、江戸時代の飛脚便も信頼できますな。

一八〇四年の江戸状下書きでは、節句の前渡し金が三九万円（三両）だったが、四年後のこの書状では二十六万円（二両）になっている。殿様も節約はしているようだが、資金繰りが大変になっている。それにしても、西教寺はお金を持っていますなあ。

西教寺の弾正様に、金蔵院領分の年貢納品書を持って行かれた。年貢の一部を差し押さえられてしまった。現代風に言えば、給料の一部差し押さえということか。とにかく資金繰りに苦しんでいるようだ。

竹林の残竹の確認指示が殿様からあったようで、資金源を確認している。当時、プラスチックは存在していないので、竹は日用雑貨や建材などの重要な資源であり、資金源であった。その竹林が「枯れていくように見える」という報告は、またまた「トホホ」という感じだ。

さらに、前々から猪鹿害で問題となっていた山門領が荒れ果てて年貢収入が入らない状況とのこと。追い込まれていますな。野球にたとえると、「九回ダメ押しですね。今後のことを考えると、最低でも九回裏に一点は取っておきたい」という感じですかな。殿様は心が折れる状態のようだ。

四月四日　三月十二日江戸出の御状三月二十六日に届き、内容承知致しました。

一、勘定帳の年貢不足七升四合は、年寄役清七の屋敷の建築費用で、私共は認めませんでしたが、「屋敷百姓頂載」の掟で弾正様の許可を受けて清七の年貢を免除致しました。報告を忘れていて申し訳ありません。許して下さい。お願いします。

一、庄屋役を再度津蔵に仰せつけられ、有り難いと存じますが、恐れながら、私は、両親に死なれて間もなく、子供が幼少で手が掛かり、忙しくて手が回りません。非常に困っておりますので、庄屋役を他の人に仰せつけ頂ければ有り難いです。
一、年寄役を清七に仰せつけて頂き、有り難うございます。年寄役を大切に務めさせて頂きます。
一、庄次郎の年寄役、退役を仰せつけて頂き、有り難うございます。退役の件、両人に伝えます。

戸波惣兵衛様
使新兵衛　前年寄り庄次郎　年寄り清七　庄屋津蔵

※

家を建てると年貢を減免する「屋敷百姓頂載」とは面白いルールだ。江戸時代に他の場所でもこのようなルールが存在していたのだろうか。衣食住などの生活に関わる根幹の出費に対しては、年貢の減免措置があったようで、それは良い制度だと思う。しかし、許可の出し方には問題がある。西教寺の弾正さんが「屋敷百姓頂載」の許可を出すということは、地頭に対する越権行為だ。弾正さんが戸波家の資金繰りの首根っこを掴んでいる以上、やむを得ないということか。今も昔もお金の力は凄い。

墓所の存在や淨光寺の過去帳から、初代戸波駿河の時は、領地に代官などがいたようだが、この七代目の頃には代官役を、庄屋・年寄りが行うという制度になっていたようだ。

一般的な知識では、百姓の代表が庄屋で、地頭と年貢交渉を行っていたと思うが、戸波家の場合は庄屋が代官役という珍しいケースだ。徳川家の一般旗本御家人であるなら、関東に領地を持っているケースが多く、居住地から領地も近く目も届いたと思うが、戸波家は五百年以上の土着地近江国高畑村だから、居住地江戸から遠い領地を管理せねばならず、必要以上の経費がかかった。二重生活ができると幕府が判断しての江戸への移住だから、やはりなんらかの副収入があったと思われる。前述の「穴太衆ネットワーク」を利用した各地穴太頭の免許更新料などがやはり有力だ。

前記の『御材木石奉行支配穴太頭二人由緒書』にある通り、この書状から遡ること百年前の一七〇四年に幕府の命令で江戸に越してからは、大規模な石垣工事が減っていることが記載されている。実際、この書状にもある通り、石垣積みや各地穴太頭の免許更新料などの収入が減ってしまったようで、収入を年貢に頼る部分が増えているようである。

そのような背景により、年々資金繰りが悪化していったかも知れない。庄屋の津蔵さんや年寄りの庄次郎さんが役職辞退を希望しているように、資金繰りの悪化している地頭の代官役を続けるのは大変だったかも知れない。

六月九日　五月十七日江戸出の御状、五月末日に届き拝見しました。

一、津蔵は庄屋役を非常に苦労して務めています。殿様の申しつけ通り、がんばって務めていますが、私の能力では庄屋が務まりません。庄屋の仕事ができていませんので、是非ともやめさせて下さい。お願い致します。

一、朝鮮通信使*が対馬まで来たので、全国の領主に一〇〇石につき、石高割の負担金一両（十三万円）を出しなさい、という幕府の命令があり承知しました。朝鮮通信使江戸参府について、諸費用、石高割の負担金が決まり、「誰の知行地か、石高はどの位か」の書類を庄屋、年寄の印鑑を押して提出するようにとの指示書が来ましたので、提出に三日はかかると申し上げました。

一、去年の琉球人江戸来府の件ですが、石高割の負担金一〇〇石につき銀一六匁（三万五千円）を今月二十九日までに、京都の三井三郎介に納める命令書が来ました。近いうちに命令書を送ります。三井の負担金受取手形を添えて、御殿様より御勘定所に提出するよう指示がありました。

一、七月の節句前に金七両（九十一万円）を工面して送れとの指示ですが、前回もお断り申し上げましたが、お金の工面ができません。金七両（九十一万円）をなんとか工面するため弾正様に頼みましたが、工面できません。資金繰りが止まらないよう江戸でなんとかして下さい。少しでもお金が工面できれば江戸に送ります。
一、領民は、徐々に田植えを始めています。去年より田植えに非常に苦労しています。それぞれ、食べる用のお米も借りて、少しずつ工夫して田植えしていますが、困窮していま す。なのでお金の工面はできません。返事を早く出そうとしましたが、田植えで忙しく返事が遅くなりました。しかし、田植えは順調に行っています。

使　甚兵衛　清七　津蔵

戸波惣兵衛様

追伸　たけのこが去年の暴風雨で全くできません。

＊朝鮮通信使とは、将軍の代替わりや世継ぎ誕生の祝賀使などとして派遣された。江戸時代に十二回。異国から使節を受ける幕府を強調した。一行は五百人程度、警護、荷役などを含め二千人を超える大行列になった。一回に幕府接待費として一〇〇万両がかかったと言われている。

※

引き続き庄屋の津蔵さんは、なんとかして庄屋役を辞めたいようだが、他に適役がいないのか辞めさせないようである。庄屋を辞めるとか辞めないとかの話が面白い。庄屋とはそういうものではないというのが一般的な知識だと思うが、穴太衆の世界では違ったようである。

資金繰り悪化の折り、朝鮮通信使来日の負担金の発生、まさにダメ押し、野球にたとえるなら、先述の「竹林が枯れて見える」という報告が九回に三点取られたようなダメージなら、この負担金は五点取られた感じか。朝鮮通信使は江戸時代二百六十年で十二回しか来日していないのに、資金繰りが苦しいこのタイミングに来日されたようである。

子孫の想像する殿様の気持ちとしては、「なにも今じゃなくていいでしょ」だと思う。このタイミングの来日は、戸波家にとってダメージが大きい。負担金のほかにも、朝鮮通信使が通過する街道沿いの村々は、各宿場の「助郷」に指定され、宿場を補助するために人馬の供給を行うことを義務づけられていたので、それも重い負担であったようだ。なんたって朝鮮通信使一行五百人が大坂に上陸してからは、船を乗り換えて淀川を遡って淀に着き、京都を経て東海道を歩いて江戸まで行くのだから大仕事。

石高割一〇〇石につき一両（十三万円）だから、一〇万石の大名なら一〇〇〇両（一億三千万円）の負担になるのだから、これは重い。幕府から負担を命じられた人たちの本音は、「来なくていいからさー、だって来なくていいでしょ。えっ来ちゃった。しょうがねえなぁ」ってところか。

不幸にも朝鮮通信使に続いて、江戸時代二百六十年で十八回来ている琉球使節*の訪問。朝鮮通信使と趣旨がほぼ同じなので、同じタイミングで来てしまった。九回に五点ではなく、二点追加で七点取られたかな。規模は小さいが、追加負担が発生する。踏んだり蹴ったりだ。負担者の本音は、「来ちゃったかあ、そっちもやっぱり来ちゃったかあ」と、もうあきらめモードだろうな。

＊琉球使節とは江戸時代に、琉球が薩摩の侵略（琉球征服）に屈した結果義務づけられたもので、将軍代替わりの時に慶賀使《けいがし》、新国王即位の時には謝恩使《しゃおんし》を派遣した。「江戸上り」と呼ばれ十八回行われ、一行は琉球王子を正使として多い時で百七十人ぐらい。

負担金の領収を三井が行っているが、一八〇〇年代のこの時には、すでに江戸幕府の事業に三井は食い込んでいる。さすが今に続く財閥だ。勉強不足なもので、朝鮮通信使などの費用を大領主から小領主まで、広く負担していたことは知らなかった。勉強になった。

幕府負担金の資金繰りに大変な状態の庄屋の津蔵さん。江戸への七両（九十一万円）の送金依頼を「江戸でなんとかしろ」と、はっきりと断っている。「こっちは食べるにも大変なんだよ。いい加減にしてくれよ」と言いたいだろうが、立場上、正面切って領主には言えないので、食べるのも不自由だと説明すれば、さすがの殿様もなかなか送金依頼はできないだろうな。

この追伸は強烈だ。「最後に言っとくが、たけのこも出てねーぞ」と、このダメ押しは九回に十点取られて、さぞや殿様も困っただろうな。

閏　六月四日　弾正様より御状一通差し上げました。
一、六月十日江戸出の書状一通差し上げ、また届きました。
一、琉球使節の石高割の負担金を六月二十八日に収めました。その受取手形差し上げます。
一、朝鮮通信使の件で、石高改めの幕府奉行所からの通達を見逃してしまいました。村人皆で会議をして、幕府奉行所に見逃したことを説明して、天明七（一七八七）年の天明の飢饉に当村は困窮して、荒れて作物の取れない所の免除をお願いしました。その時の報告と同じように、高畑村の表高は一〇〇石、二〇石は荒れ地なので実高は八〇石と申し上げました。
一、田植え後より非常に冷たいです。六月中頃より天気悪く、大雨が降り続いて、田んぼや川が少々破損しています。当所は、山から近く谷水なので、冷水が多く作物の出来が非常に悪いです。
一、浄光寺は現在無住で、次の住職が決まっておりません。
一、朝鮮通信使の書類一通差し上げます。

年寄り清七　庄屋津蔵

戸波惣兵衛様

幕府の石高の見直しの通達を見逃してしまいました、とは大事件だ。殿様としては何事もないようにと祈るしかないだろう。そのような大事な通達も庄屋さん任せなのには驚くが。庄屋の津蔵さんは身分は百姓だが、戸波家の代官。非常に苦労しているのが分かる。二〇石分の荒れ地は、前出の猪鹿害の山門領だと思うが、現代農業でも獣害に悩まされているので、江戸時代でも解決の難しい問題だったと思われる。

旧高畑村を訪問した際、比叡山の麓にあった村なので、琵琶湖の貯め水と違って、太陽に温められず、山からすぐ利用した水だから冷たいのも当然。農業不適地に見える。その条件もあって、石積みの村に発展したものと推測される。

※

閏、六月十五日　六月四日高畑村出の書状一通差し上げます。
朝鮮通信使、日光、琉球人使、大津宿の手伝い石高に応じて出しました。
一、盆前の下し金七両（九十一万円）を是非送れとの指示ですが、色々ありまして工面できません。金四両二分（五十五万円）は工面できましたので送ります。足りない分は、江戸でやり繰りして下さい。

一、秋の収穫ですが、田植え後より冷え込んで、その後天気が悪く、長雨のため日照不足で稲の出来が悪いです。
一、たけのこも一向に少なく、小竹です。この度、金四両二分（五十五万円）、金一両につき銀相場で六七匁一分を差し上げます。

使 庄次郎 年寄り清七 庄屋津蔵

戸波惣兵衛様

※

日光とは日光例幣使のことで、日光例幣使とは、朝廷の使者が毎年日光東照宮を参拝する使節のこと。日光例幣使の負担金は毎年のことだが、出費が重なる時は重なるもの。ここまで重なると笑うしかない。

領地高畑村から近い大津宿を朝鮮通信使、日光例幣使、琉球使節が必ず使うので、荷役などの助郷負担も回ってくる。多くはお金で済ませているので、これも重い負担だ。

庄屋の津蔵さんは、殿様の要求金額がどうであれ、ないものはないとはっきりしてきたようだ。米、たけのこ、竹と、今後も期待できないことを告げられている。さあ、殿様はどうするのか。

八月二十三日　七月六日江戸出の御書状十三日に届き拝見しました。
一、七月二十七日江戸出の書状、大井川の川止めにて（先月二十三日～八月十二日）八月十七日に届きました。
一、朝鮮通信使の件では前回報告しましたが、その後、奉行所が当村に対して、他の村と対応が違っています。大津の奉行所に取り調べを受けたので、再度、領地の明細書を提出しました。
一、当所は田植えより冷日が続き、天気の悪い状態です。稲にいもち病が入ってしまい、山門領の百姓は非常に困っております。また、七月十四日より三十日ほど天気が悪く、大雨が降り続き大荒れです。早出来の稲は受粉も済みましたが、この天気状態で田畑が次第に見苦しい状態になっています。当年、例年になく不作で、年貢の取り立ても難しく、きっと取り立てができないと思います。ただ今より心配しております。
一、送金の件ですが、九月の節句前に三両（三十九万円）を送るように申されますが、西教寺の弾正様に頼みましたが、三両の工面ができません。来る暮れには江戸表にて調達して下さい。ご勘弁下されますようお願いします。しかし、なんとか一両（十三万円）ほど工面できました。何分借金が大きくなり、少々の工面もできません。
一、この度、金一両（十三万円）、金一両につき銀相場で六六匁六分を為替で差し上げます。

一、領民名簿二冊と竹林の帳簿を差し上げます。

一、領民名簿から、清七妹なつが嫁に行ったので名簿より除き、清七娘ぎん当年三歳を初めて加え、右の通り増減を届けます。

一、百姓新兵衛が印鑑をなくしましたので、探しましたが見つからず、この度印鑑を替えたので、お届け致します。

使庄次郎　年寄り清七　庄屋津蔵

戸波惣兵衛様

※

大井川の川止めとは、静岡の大井川には橋がなく増水などで渡れないとのこと。一般的に江戸を守るための軍事的な理由から、幕府によって大井川には橋を架けることが許されていなかったと言われているが、ほかにも理由がいくつかあるようだ。川の地形的な特徴から、急な増水や川幅などを考えると、当時の架橋技術では橋を架けることが困難であった。また、川を渡す手伝いをする川越人足が大勢おり、彼ら川越人足を失業から守るため。また、流通網を整備すると生産条件の有利な所から商品が流入し、伝統的な地場産業が破壊されてしまうので、わざと整備しない。等々、橋を架けないのには諸事情があったようである。

現代を考えると流通網を整備したおかげで、地域独特の商店がなくなり、どの街に行っても同じようなチェーン店が並び、似たような風景になってしまっており、地域の文化風土を感じなくなっている。国土の均衡な発展も必要な時代があったが、今後は地域の文化風土を再興して、面白い国土づくりも必要ではないかと思う。

前回六月四日の「石高改めの幕府奉行所からの通知を見逃してしまいました」という書状にあるように、この件で大津奉行所の取り調べがあったようだ。問題が大きくなってきた。奉行所への改めての石高報告は後を引きそうである。

大津奉行所の取り調べがあったあげく、天候不順にいもち病、最悪な展開である。私もお米を作っているが、いもち病は現代でも厄介な病気である。殿様としては、年貢も取れない可能性があるとの報告に対し、「根拠はないが大丈夫」と思っていたはずである。精神的なバランスを取るために、追い込まれた時こそ「根拠のない自信」でしのいだのかも知れない。なぜなら、子孫の私もたまに「根拠のない自信」でしのいでいるからである。

借金が膨らみ、殿様の送金希望額の半分も工面できない。資金繰りに一層窮してきた。さらに働き盛りのなつさんが他領に嫁に行って、三歳のぎんちゃんが増えたとの報告では、農業の生産性は下がる一方。天候問題で年貢が減るのは単年度かも知れないが、作業員の減少は今年だけでなく、ぎんちゃんが大きくなるまで影響する。これも困りもの。
新兵衛さんの印鑑紛失報告だが、幕府の通達や年貢のことなどと比べると、レベルの低そうな報告だが、江戸時代は寺請《てらうけ》制度によって、お寺が住民管理などの役所の役目を負っていたので、無役の百姓でも印鑑が重要だったようである。

十月一日　九月八日江戸出の御書状が同二十二日届き拝見しました。
一、当所、秋の収穫の件ですが、前回申し上げた通り、出来が非常に悪く百姓たちは困っています。年貢を納めることを御用捨願います。山門領の田畑は非常に悪く、その他も悪くて去年同様の不作と見えます。山門領の領民たちは、毎日話し合いをしていますが、稲刈りなどもできない状態です。私共も甚だ心配しております。
一、朝鮮通信使の件ですが、京都町奉行所より戸波市次郎様へ手紙が来たと言ってきました。手紙の内容を聞いて、私共は承知しましたが、お殿様よりなんの指図もないと申しますと戸波市次郎様は「分かった」とのこと。私共どのようにすればよいかと心待ちにしております。この件で、幕府が何を言ってくるのか心配です。当村としては、御料（公的な土地）を管理する京都御役所へ行った際、御殿様の領地も同様の扱いになると申します。御料が免除になれば私領のほうも同様に免除になります。石高改めの通知には、石高割の負担のことも何も言ってきません。人足出し負担金を島本三郎九郎へ差し出して、ご奉行所へ直に納めます。人足出し負担金は大津の問屋の人足代の計算で、その代金を借りて納めます。御奉行所よりの通知で、近年の瀬田川の補修負担金、琉球使節の負担金、二度とも三井三郎助方に納めて、その受取手形を差し上げます。朝鮮通信使の石高割の負担金は、改めて通知が入り次第申し上げます。

年寄清七　庄屋津蔵

戸波惣兵衛様

追伸　当月は江戸の米価が下がった影響で、こちらも六〇匁を切る値段になりました。西教寺弾正様の書状一通差し上げます。朝鮮通信使の件で、京都よりお尋ねあれば弾正様と相談の上にて返答する予定です。

※

前回の書状通り、不作になってしまい、ますます資金繰りが苦しくなっている。「なんとかなるさ」ではダメで、なんともなりませぬ。

前回の朝鮮通信使来日に対しての「高改め御触れ書き」通知の見逃し問題が大きくなってきた。私の高祖父、戸波丹後系の市次郎さんの登場である。同役の戸波市次郎にも京都奉行所から手紙が来たようである。この書状の主役である戸波惣兵衛さんの領地は高畑村で、その隣が私の先祖戸波市次郎の領地赤塚村。三十代の若い市次郎さんは領地に戻ってきている。不作問題や高改めのことで問題解決に当たっていたのだろうか。

惣兵衛さんは、庄屋さんになんの指示もしていなかったようである。しかも同役で血族の市次郎さんにも相談はしていなかったようだ。仲が悪かったのだろうか。惣兵衛さんは六十代という年齢的なこともあり、領地入りはできず、諸問題がありながらも現場の直接指揮をおろそかにしている。問題発生時には、今も昔もトップの現場指揮が重要である。殿様の指図が何もないと、庄屋の津蔵さんとしては心労がたまる一方。

朝鮮通信使、琉球使節、日光例幣使に続き、瀬田川の補修の負担金とは、出費が続く。助郷の多くはお金で解決しているのだから、実質、助郷は負担金と同じである。そのお金の管理を大津米会所創設者の嶋本三郎九郎、豪商三井三郎介などが行っている。この時から現在に続く三井系の会社が残っているのも、この活躍のおかげですな。当時、戸波家もちょっぴり手数料を払っただろうから、三井系の会社には貢献していたわけだ。まあ、私も現在、三井系にちょっぴり金利手数料を払ってますが。

追伸には、弾正様と相談して対応すると。「こうなったら、こっちで相談して勝手にやるよ」と、津蔵さんの本音が出ている。ここまで見ると、たぶん惣兵衛さんは「良きにはからえ」というタイプか、「時間が解決してくれる」というのんびりタイプの御殿様だったんだろうな。津蔵さんが言っている。「殿さんしっかりしてくれ〜」と。私の高祖父市次郎さんは、この時、上手に泳いでいたと思う。なぜなら私が子孫の戸波で存在しているのだから。

十月十日　当月二日江戸出の書状一通届きました。

朝鮮通信使の件

一、本日京都西御役所より御状一通を飛脚が持ってきました。早速、江戸に御届けするように、とのことでしたので差し上げます。右の御書状の内容が分からず、故に誠に恐れながら開封しました。御容赦下さい。

一、秋の収穫の件ですが、非常に悪く百姓たちは困惑しています。私共は非常に心配しております。

一、前回より大津助郷の仕事内容が、宿勤めになりましたので、御免除願い出ました。相応の負担金を払います。

使甚兵衛　年寄り清七　庄屋津蔵

戸波惣兵衛様

※

京都御役所は東西があり、月番制での交代である。江戸の南北奉行所と当番の運用は同じだが、江戸の奉行は町奉行専門の仕事をするのに対して、京都御役所の奉行は町奉行、勘定奉行、寺社奉行を兼ねる総合職である。

その月番の京都西御役所より殿様宛てに朝鮮通信使の決済状が届いたようで、殿様に送る前に庄屋さんが開封している。庄屋さんの権限の強さが分かる。開封して確認しなければ殿様だけに任せられない状況のようである。

このような報告続きだと、秋の収穫は全く期待できない。こうなってくると、領地からの書状は不幸の手紙と化しているようだ。

なるほど。助郷は土木人足や荷物運びだと思っていたが、旅館の手伝いなどもあったのだ。土木作業は得意の穴太衆だから、旅館などの手伝いの時は、負担金を払っていたようである。

十一月十六日　十月二十日江戸出の御状が末日に届き拝見しました。

一、朝鮮通信使の件で京都御役所への御返事を弾正様が受け取りました。尚六日に京都御役所へ持参しました。

一、当年の秋の収穫の件ですが、前回申し上げた通りに非常に不作です。出稼ぎ者より色々お願いも出てきて、お願いを聞き入れないようにしていますが、少々のお願いは聞き入れる余地を残しています。出稼ぎの上納は取り立てが難しいようにみえます。やれるだけやって取り立ての努力はします。山門領の領民の願いは、非常にやかましく、私共は年貢を初納しましたが、山門領民は出稼ぎ分を少しも納めません。庄屋、年寄りは初納金を納めます。困っています。

一、この度、金二両（二十六万円）、金一両につき銀相場で六四匁九分を差し上げます。受け取り下さい。

戸波惣兵衛　　　　使　忠右衛門　年寄り清七　庄屋津蔵

※

朝鮮通信使の問題がなかなか解決しない。

不作の時の庄屋さんの年貢の取り立ては、非常に苦労しているみたいだ。穴太衆の高畑村は農作物の年貢だけではなく、穴太積みによる出稼ぎ収入も多かったので、表高は一〇〇石だが、実高は、石積みや各地穴太衆の免許更新料など表高の数倍あったと考えられる。嘉永年間（一八四八～一八五三年）の本所緑町の戸波市次郎の屋敷を見ると、一〇〇〇石クラス以上の敷地であることからも推測できる。この報告から、その現金収入の石積みの仕事も減ってきているようだ。ピンチ。

十二月十七日　十一月二十九日江戸出の書状、十二月十二日届き拝見しました。
一、朝鮮通信使の負担金の石高割り、一〇〇石につき銀二〇〇匁（四十三万円）を、当十二月七日の金相場で、銀にて納めるように、去年の末日に通知が回ってきました。近日の内に京都島本三郎九郎方へ納めて、受取手形ができれば、それを京都御役所へ持参して御役所より納付書を頂くこととなりました。
一、当秋の収穫が、前回申し上げた通り非常に不作です。未だに年貢の取り立てができません。去年は納付を先延ばしにしましたので、今年、高畑村では、年貢の免除はできません。去年の今年なので、何度も先延ばしにはできません。百姓は困っていますがなんとか取り立てました。しかし、残り三石ほどの取り立てが進んでいません。そのように理解して下さい。当年の取り立ては非常に難しく、私共は情けを捨てて年貢を取り立てにかかります。
一、山門領の年貢は免除して下さい。山門領の年貢一石七斗余りを免除しました。ますます困窮しています。
一、前回送金以外で、金二〇両（二百六十万円）必要と指示されましたが、借金が多く大借りになっておりますので工面ができません。一五両（百九十五万円）は工面したので差し上げます。当年の米値段が良いので、一〇両（百三十万円）上乗せして差し上げます。借金が少し減少しました。

一、この度金一五両（百九十五万円）、一両につき銀相場で六六匁七分を差し上げます、受け取り下さい。年貢米一石につき五四匁（十一万七千円）で売り払いました。

一、先の庄屋より申し上げていました山門領の田畑、近年、山門領以外の村方も段々困窮しています。山門領の百姓は家族が少なくなり、田畑が耕せず、荒れ山となり、山辺に猪鹿の害でさらに荒れて、作物を作る人がいません。私共も手が回らないので。荒地の年貢不足の分を、庄屋がまとめることは非常に難しいです。当年は特に多様なので困っております。

使庄次郎　年寄り清七　庄屋津蔵

戸波惣兵衛様

※

なんと、当初の朝鮮通信使の負担金は当初十三万円（一両）だったが、四十三万円（銀二〇〇匁）に膨らんでしまった。「高改めの御触れ書き」通知の見逃しは、負担金の減免どころではなく、三倍以上にもなってしまった。高くついたものだ。幕府も容赦なしだな。

庄屋さんに現場をすべて任せているので、殿様としても文句も言えない。「情けを捨てて、年貢を取り立てます」との庄屋さんの決意表明、誰だってそんなことしたくないよな。「御代官様、それだけは勘弁して下さい」と、よくある時代劇のような場面がこの村でも起こってしまったのか。殿様の胸中やいかに。

「情けを捨てて取り立てても」とは言いながら、年貢を免除した。なんだかんだあっても、殿様は優しいですなあ。農地が荒れて人員も減少して、山門領はあきらめざるを得ない状況である。

久しぶりの良い知らせだった。免除した年貢をカバーできる米の値上がりは、不幸中の幸い。助かった。四年前は米一石につき八万二千円（三八匁）が、今回が十一万七千円（五四匁）となると、石高一〇〇石の内、山門領などの荒れ地が二〇石なので、耕作地は八〇石。すべてが田んぼではないので、六〇石の米を作っているとしたら、

117,000円－82,000円＝35,000円

35,000円×60石＝2100,000円

増収になっている。そのおかげで下し金も増え、借金も減少した。しかし、久しぶりの良い知らせに続く書状の最後に、「山門領は農作業人員も減り、再起不能の可能性がある」と、殿様に釘を刺すところがしっかりした庄屋の津蔵さんである。

十二月二十二日　十二月十八日金一五両（百九十五万円）と書状一通、八日間で到着の予定で差し上げたので届いたと存じます。

一、朝鮮通信使の負担金の銀を納め、受取手形を受け取り、早速お奉行様の御役所に納めようとしました。当二十一日赤塚村の庄屋と一緒に、受取手形を持参して伺ったところ、お奉行様より「地頭より納めるはずなので、庄屋が納めることはならない。当所の別の家来に持って来させなさい」と仰せつけられました。「私共は庄屋家来でございまして、何事も取り扱いしておりますのでお納め下さい」と申し上げたところ、「帯刀上下の侍のようだが、本当は百姓庄屋なので、納めることはできない」と言われました。そのような状況ですので、受取手形差し上げますので、そちらでよろしきようにして下さい。

一、この結果を西教寺の弾正様に話しましたが、弾正様が申すにいたしかたなく、委細は弾正様より申し上げるようお願いしておきました。

一、先に申し上げた取り立てが難しい年貢米三石は借米とさせます。田んぼの年貢は納められず、家賃や畑作年貢も少し足りず、非常に困っております。

年寄り清七　庄屋津蔵

戸波惣兵衛様

追伸　弾正様より一通封箱入包み、赤塚村より市次郎様に御届けなされました。

※

「高改めの御触れ書き」通知の見逃しなどの不始末による対応の変化なのか。今までは、庄屋さんの役所手続きでよかったのに、突然ダメになってしまった。奉行所のこの対応から、幕府穴太頭の格が下がってしまったと受け取れる。

赤塚村の庄屋とは戸波市次郎の庄屋だから、同役穴太頭の庄屋と二人で受取手形を納めに行ったようである。その二人の姿が「帯刀上下の侍のよう」とのことで、脇差と刀（二本差し）を差していたようである。

まだ黒船来航はなかったし、幕末の志士たちが暴れ回っていた時代よりも前だから、江戸幕府の統治体制は維持されていた頃だ。百姓身分では護身用の脇差し（一本差し）は許可されていたが、二本差しは許可が必要な時代。許可はなくとも、由緒があれば二本差しは可能とされていた。

江戸幕府の公的な機関である奉行所に二本差しの武士の体面で行っているので、由緒があったと考えられる。由緒とは、穴太頭戸波家の領民は穴太衆である。穴太衆は浅井・朝倉・比叡山連合と信長の戦いの時など前線で戦っており、大坂の陣の参戦記録や穴太頭堀金家（改易）の堀金覚大夫は、大坂の陣で首を取り池田家から一〇〇石の加増を受けたなどの記録もある。刀を差す由緒は通用していたと思う。

ということは、土佐山内家における坂本竜馬らのように郷士階級の扱いで、仕事は農民であるが帯刀しても良いとなっていたのではないだろうか。そうでないと幕府の役所に二本差しでは行かれない。となると高畑村の領民は、穴太頭と穴太衆という支配関係と、地頭と百姓という支配関係の二種類があったと考えられる。

城造りという大仕事が減り、江戸幕府における穴太頭の格が落ちて、穴太頭が由緒の引き継ぎなどに意見を言えなくなり、時代の流れもあって、お役所としては「地頭と百姓」と考えるようになったようである。

庄屋さんたちは、今まで通用していた穴太頭と穴太衆との立場で行動したことになる。この出来事から、庄屋さんの殿様に対する苦言や「情けを捨てて、年貢を取り立てます」など、百姓である庄屋なのに、地頭側に立った戸波家の代官のような行動が理解できる。江戸幕府の中で、一風変わった体制の村が存在していたことになる。

なにせ、この時点で五百年以上同じ場所に住みついているわけだから、数百年の由緒の中で特別な既得権や掟があったのかも知れない。

文化六（一八〇九）年の「江戸御下シ物通」は大津の飛脚問屋、大黒屋庄次郎の請求一覧表二年分である。現代で言うなら、宅配便の送り状をまとめた帳簿のようなものである。

「巳正月吉日　江戸御下シ物通」（中嶋秀和氏蔵）

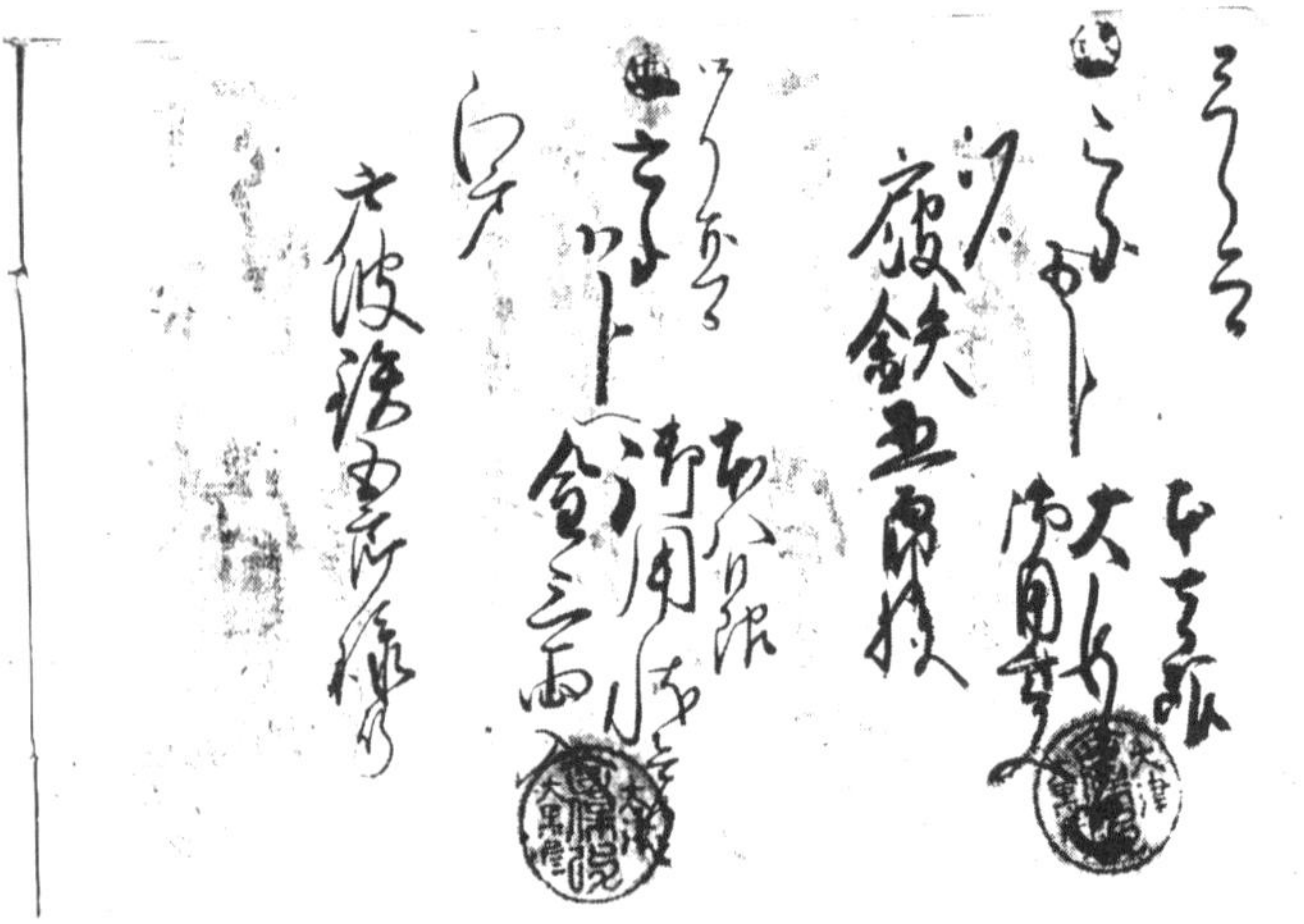

「巳正月吉日　江戸御下シ物通」（中嶋秀和氏蔵）

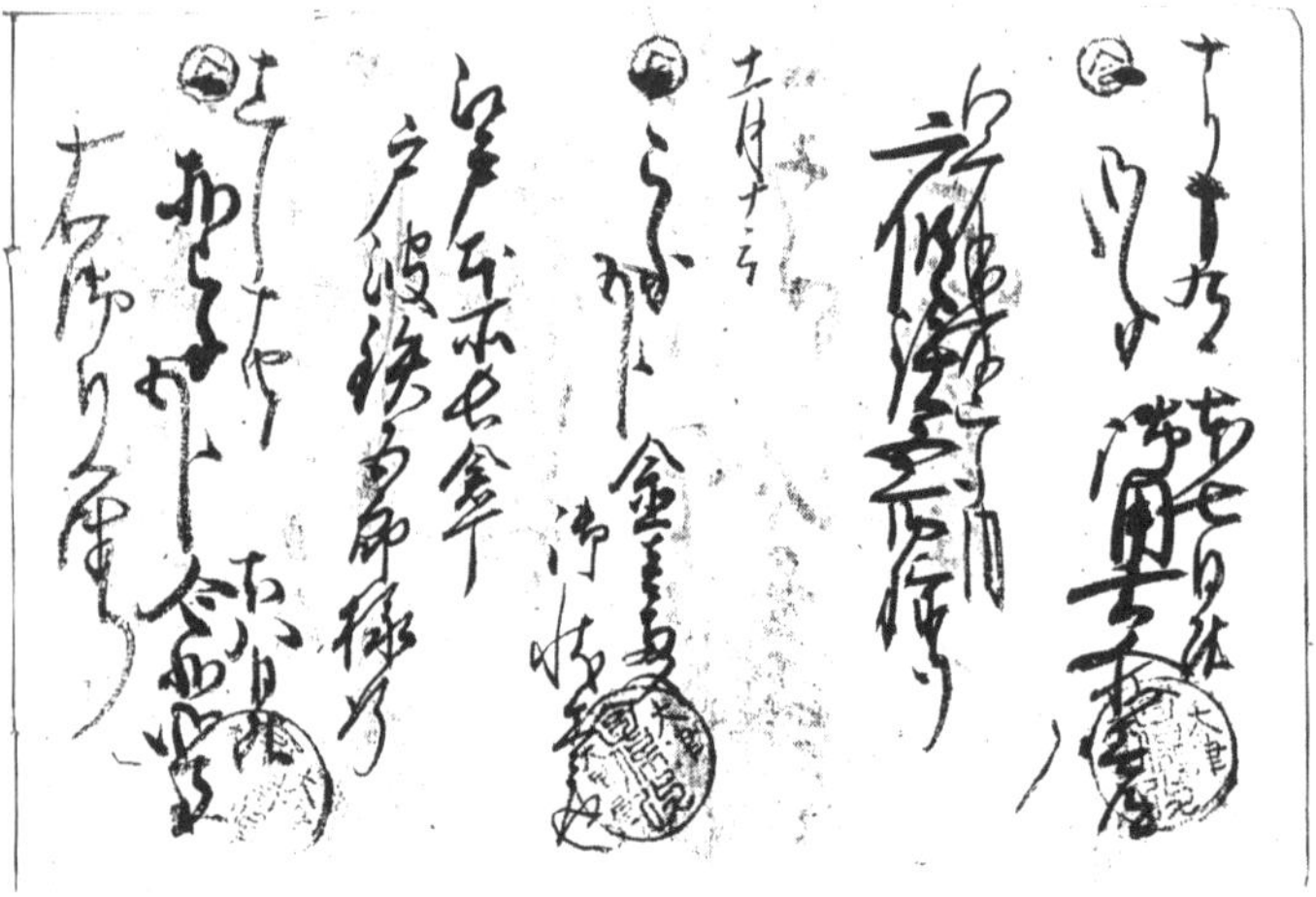

「巳（文化六年）正月吉日　江戸御下シ物通」

（おおよそ一両＝十三万円。一匁＝二千百六十六円。一分＝二百十六円で計算）

戸波鉄五郎様　御役人中様　　大津　大黒屋庄次郎
二月　五日　八日限り　三匁五分（七千五百円）御用書入り　小口包み一丁
江戸東支倉町　戸波鉄五郎様
二月十一日　六日限り　三匁五分（七千五百円）御用書入り　御状一通
右　御用人様へ
三月　二日　七日限り　三匁五分（七千五百円）御用書入り
江戸　戸波鉄五郎様へ
四月二十一日　八日限り　六匁八分（一万五千円）金三両入り　御状一通
江戸　戸波鉄五郎行
六月二十八日　八日限り　六匁八分（一万五千円）金四両入り　御状一通
江戸　戸波鉄五郎様

正月　四日　届く。八日限り　一匁五分（三千二百五十円）御状一通
二月二十九日　届く。六日限り　二匁八分（六千円）手紙包み一通　大津より届く。
五月十五日　届く。八日限り　四匁八分（一万円）御状一通。
右　御用人様へ
八月十八日　八日限り　一匁五分（三千二百五十円）書状三通
江戸本所　戸波鉄五郎様
八月二十四日　八日限り　五匁五分（一万二千円）金二両入り　書状一通
右御同人様
十月十九日　七日限り　二匁（四千三百円）御用書入り一通
江戸本所　戸波鉄五郎様
十一月十二日　二匁五分（五千五百円）金一両入り　御状一通
江戸本所　戸波鉄五郎様
十二月十四日　八日限り　一四匁五分（三万千五百円）
右御用人様

※

ここに出てくる戸波鉄五郎さんを調べてみたが、この書状の主役である惣兵衛さんとどのような関係なのかは分からなかった。言えることは、この時点で惣兵衛さんは六十代なのは確実なので、跡取りの子か弟、養子か、どちらにしろ近親者だろうと思われる。関係は今後調べることにする。

この帳面には、江戸東支倉と江戸本所と二つの住所が出ている。戸波丹後家は本所緑町にあったと過去帳に出てくるので、戸波駿河家の屋敷も近所にあったようである。

飛脚代だが、飛脚だと発送から到着までの日数は約八日、現代だと翌日。滋賀県大津市から東京までの飛脚代が、書状のみ一～三通だと約三千円。現代なら一通八十四円。書状と小荷物だと約八千円、現代なら約千円。飛脚で書状と現金五十二万（四両）だと一万五千円、現代なら銀行振り込み手数料八百八十円。どうなのだろうか。私の感覚では、この時代から二百年も経っているが、凄い進化だとは思えない。江戸時代の流通制度はそれなりに発達していたようである。

文化七（一八一〇）年十二月「御勘定仕上げ帳」は、戸波家の農業部門の決算書である。生活実態が分かる恐ろしい帳簿だ。現代に当てはめると、企業の損益計算書と貸借対照表となる。まずは年貢損益計算書から見てみる。

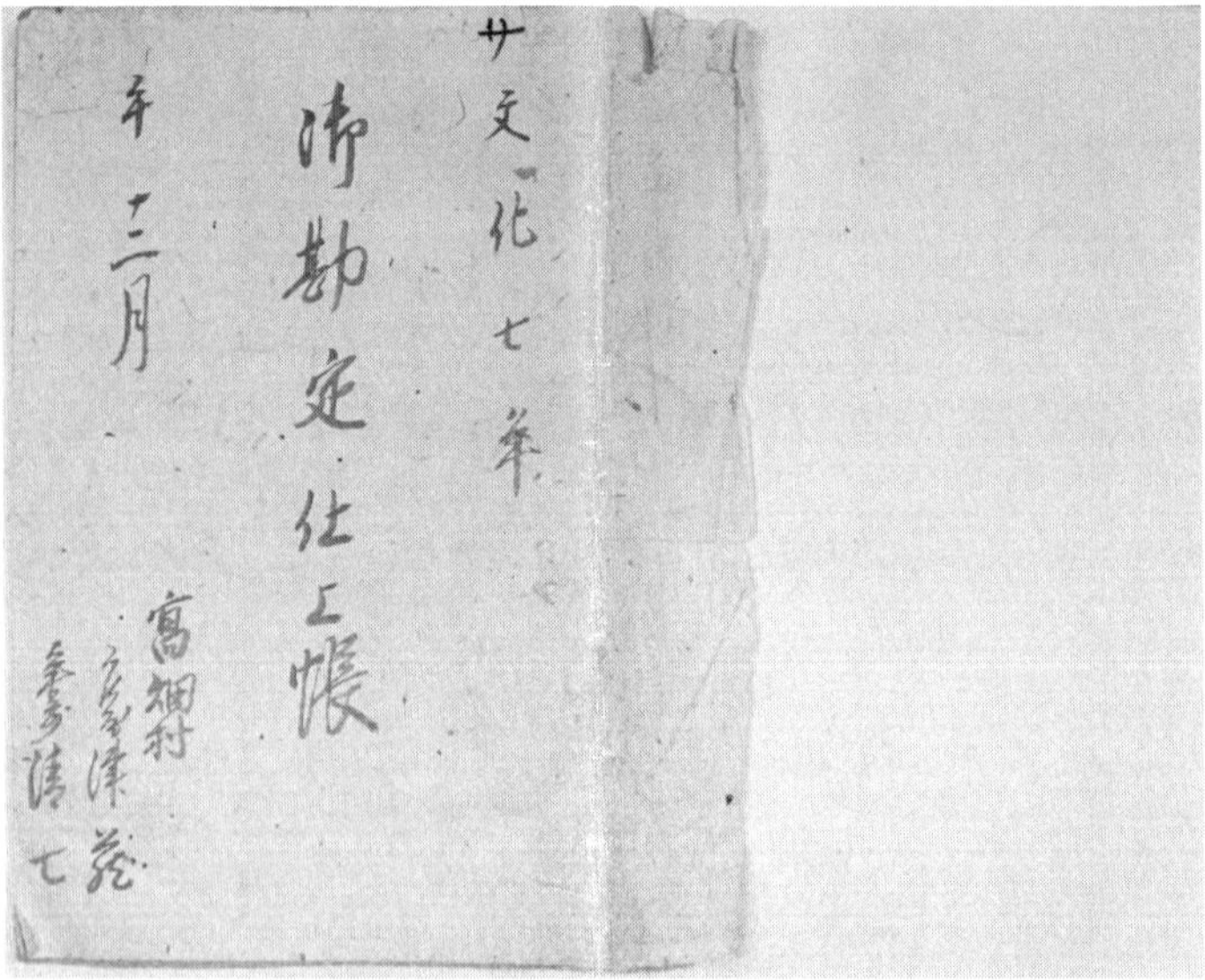

「文化七年　御勘定仕上帳」（中嶋秀和氏蔵）

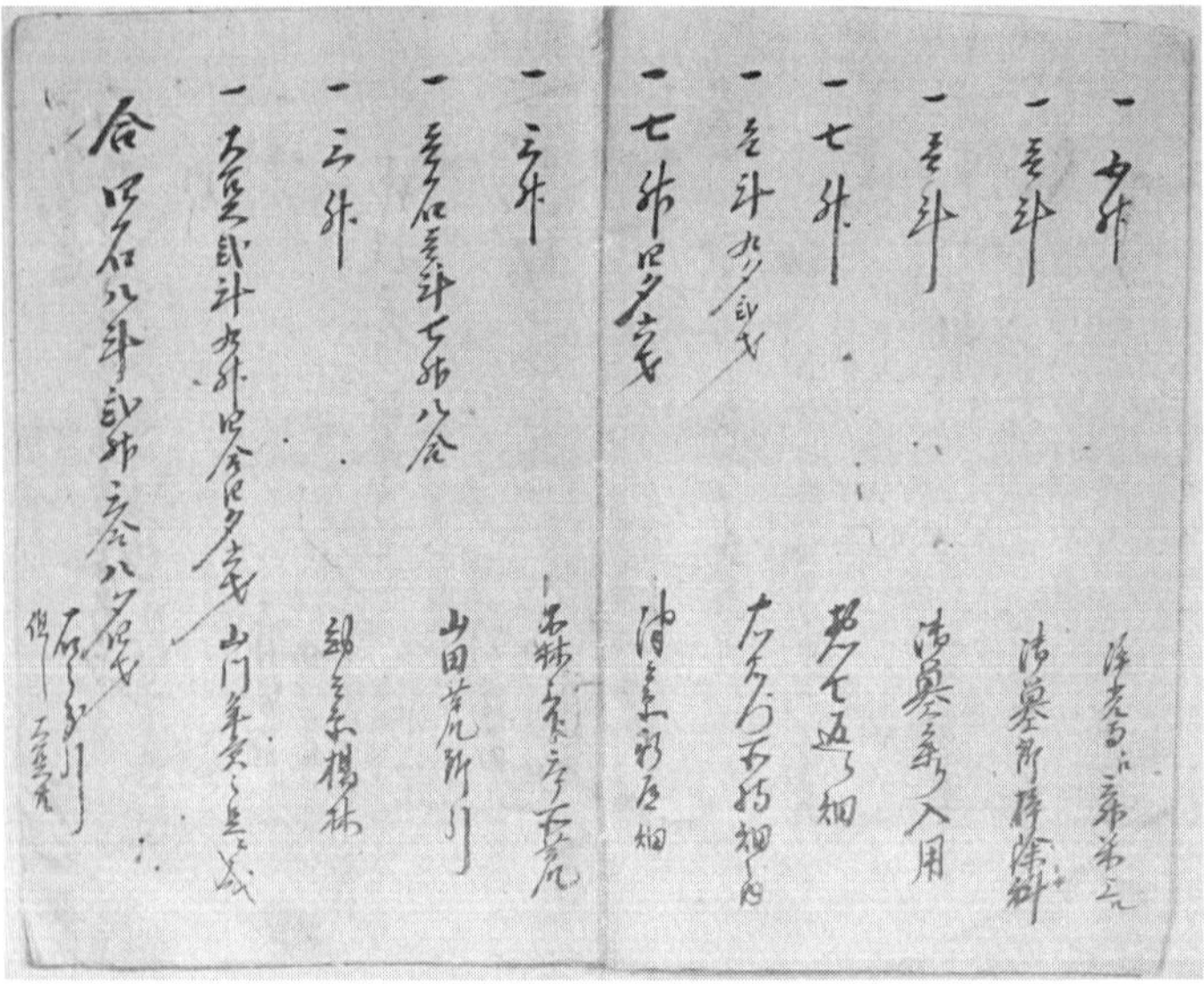

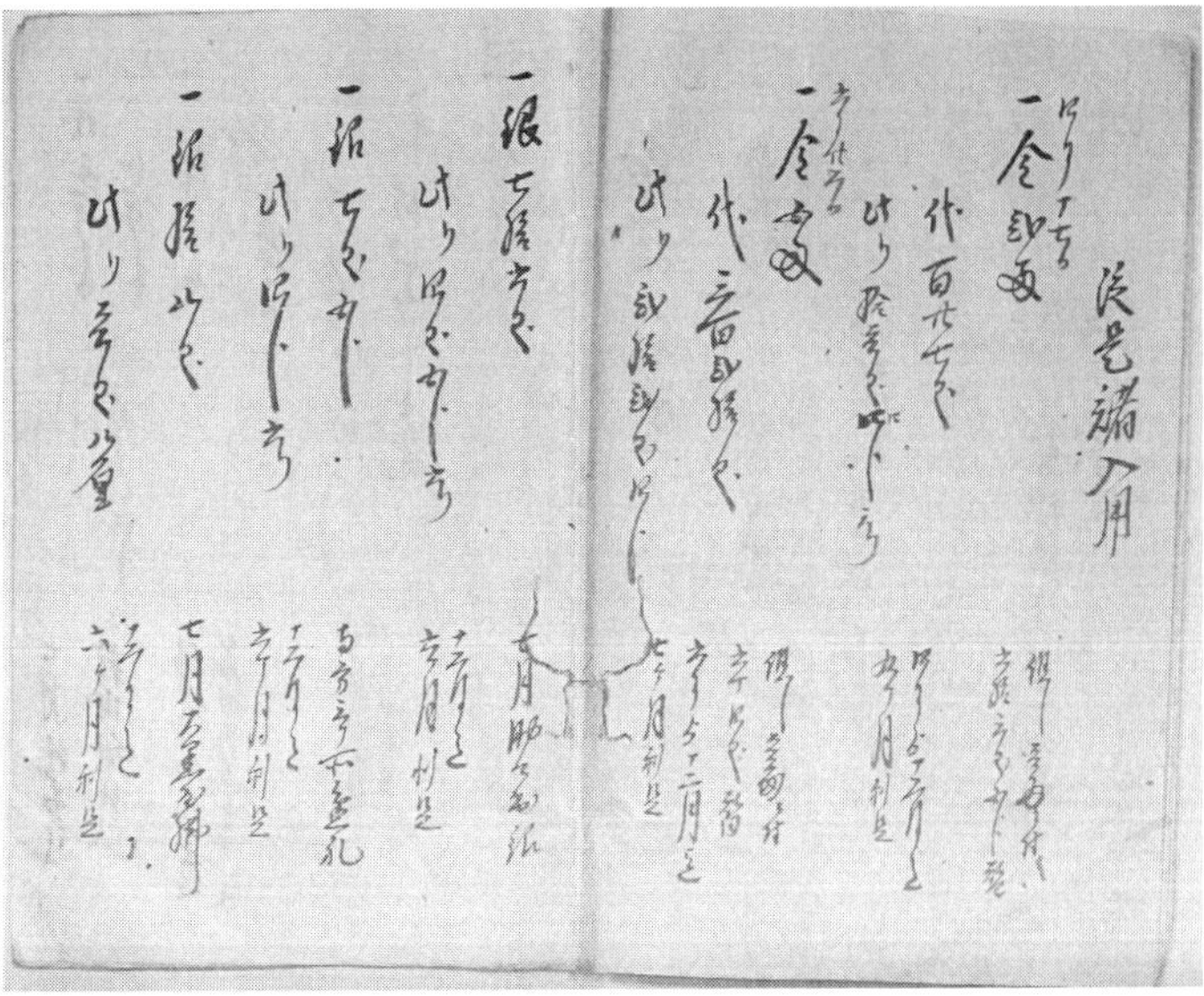

「文化七年　御勘定仕上帳」（中嶋秀和氏蔵）

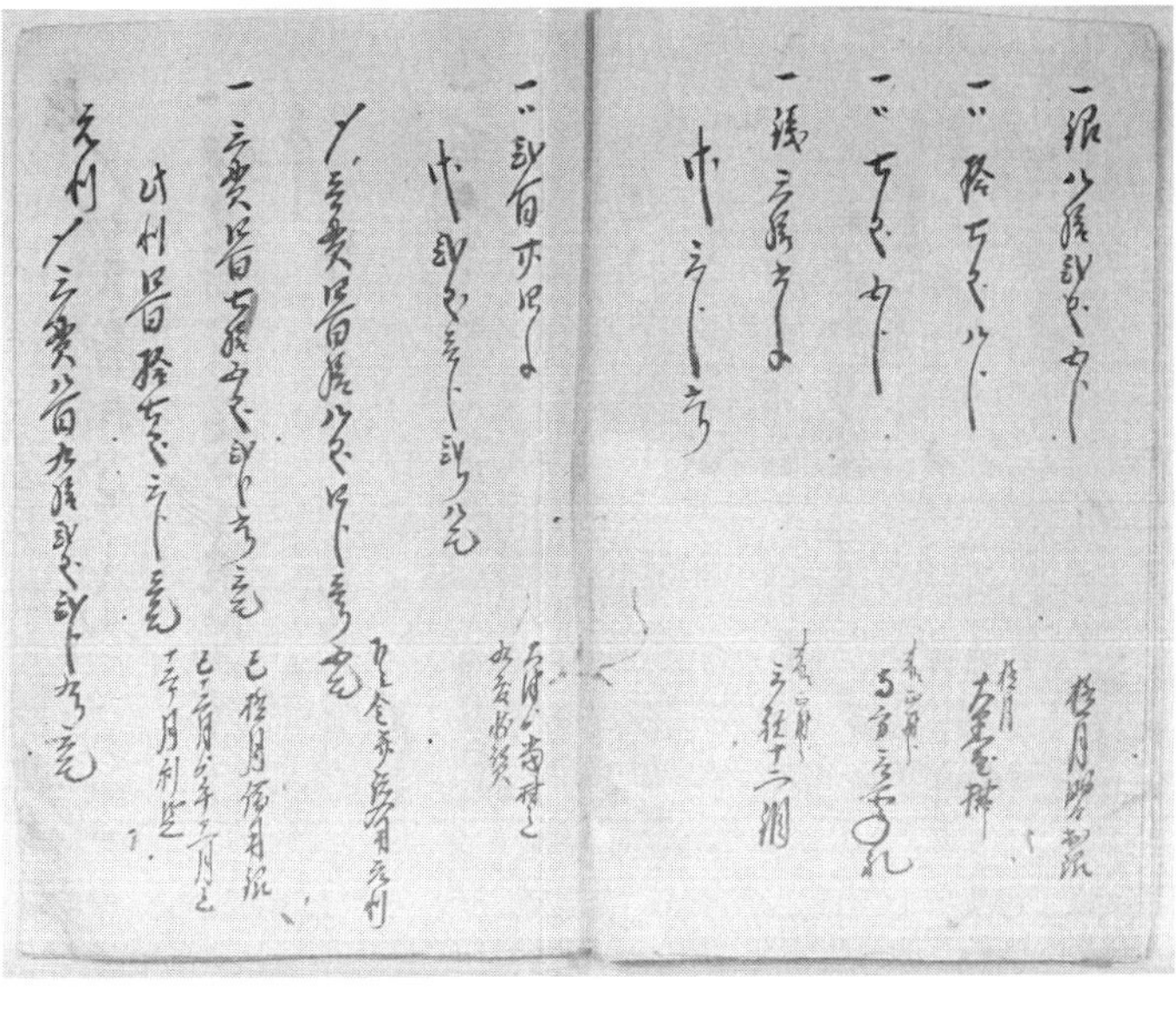

「文化七年　御勘定仕上帳」

高畑村　庄屋津蔵　年寄清七
御年貢高
一、合五三石一斗五升二夕八才　大豆共　内
一石三斗　庄屋　年寄り　給与
五斗　役用米
一斗　御墓所棒除料
七升　惣七返り畑
七升四夕六才　津兵衛新屋　畑
一石一斗七升八合　山田荒れ所
大豆二斗九升四合四夕六才　山門年貢足りない分
合　四石八斗二升六合八夕四才　右の分引く。但し大豆共
御売り米高
一、四八石三斗二升六合四夕四才　内

一石　新規に下さる分、小入用
五斗　浄光寺へ
一斗　お墓参り入用
一斗九升　右衛門所持畑の内
三升　森　上下荒れ所
三升　勘兵衛揚げ林

八石　十一月二十日納。但し、石につき三九匁九分相場。代銀三一九匁二分。
二〇石　十一月二十八日納。但し石につき三九匁九分。代銀七九八匁。
二〇石三と二升六合四夕四才　十二月十日納。但し石につき三九匁九分相場。代銀八一一匁二厘四毛

※

まとめると次のようになる。
年貢総収入　五三石一斗五升二夕八才　大豆共
経費合計　四石八斗二升六合八夕四才
差引実収入　四八石三斗二升六合四夕四才
売買収入　銀一貫九二八匁二分二厘四毛　※今年の戸波家年貢収入
現代価値　四百十六万七千円

「一石三斗　庄屋　年寄り　給与」とある。庄屋さんに給料を払っていたようだ。一石が成人一年分の米の消費量と言われているので、そこそこの手当てかなと思うが、ここまでの書状を見てきたので、仕事に見合わない手当てに思える。「辞めさせてくれ」と殿様にお願いする気持ちが分かる。しかし、地頭と庄屋という関係より、穴太頭と穴太衆とい

う関係が強いので、辞めるに辞められない。

他の経費の内容だが、「七升四夕六才　津兵衛新屋　畑」とある。津兵衛さんは庄屋津蔵さんの息子のようである。津兵衛さんが新築して、一部か全部か分からないが、殿様が年貢からその新築費用を出している。これも「屋敷百姓頂載」の掟ですな。優しい掟だ。このやり取りを言葉にすると、「お頭、息子が新築するから少し面倒見て下さいよ」と津蔵さん。「分かった」と惣兵衛親方。なんてやり取りだったのかな。このことや庄屋手当ての支払い、庄屋さんの帯刀などを考えると、推測通り、地頭と百姓の関係もあるが、穴太頭と穴太衆という特殊な関係が成立していたと思われる。

戸波家の収入の評価は、『岩波講座　日本経済の歴史1　中世』（序章　成長とマクロ経済）高島正憲・深尾京司・西谷正浩著によると、江戸時代一八〇〇年頃の日本の一人当たりのGDPは800ドル程度、1ドル百十円換算で八万八千円なので、四百十六万七千円の収入というのは結構なお大尽である。

江戸幕府から頂いている石高一〇〇石を、一般的に言われている地頭の年貢の取り分である四公六民として、地頭の取り分四割、領民の取り分六割でやっているとしたら、帳簿からすると地頭五三石なので、領民七七石となる。領地である高畑村の石高の農業収入は一三〇石となる。

前記の現代価値計算は、銀一匁二一六六円で換算して、戸波家は四百二十万円の年貢収入になる。領民の数は浄光寺の過去帳などから七五人程度と考えられるので、年収が地頭四百二十万円であるなら領民六百三十万円となる。領民一人当たりだと八万四千円。江戸時代換算で一人一両弱となる。先の一人当たりＧＤＰ通りである。現代感覚なら生活できない。

この年の高畑村は、この時代の一般的な農業所得だが、この記録にもある通り、穴太衆は石積みなどの出作（出稼ぎ）もあった。農耕以外の副収入もあったと考えられるので、割と裕福な環境であったと思われる。

次は現金化した収入で借金の支払い表、現金の損益計算書のようなものを見てみる。

弾正様入用

四月十七日　金二両、代一二七匁（銀）、但し一両につき六四匁五分替え。此の利子、一一匁四分六厘　四月より十二月迄九か月の利息

四月二十二日　金五両　代三二〇匁、但し一両につき六四匁替え、此の利子二二匁四分六月より十二月迄七か月の利息

銀七六匁　七月助郷出銀。この利子四匁五分六厘　十二月迄六か月の利息
銀七匁五分　寺方三か所盆礼。この利子四分六厘　十二月迄六か月の利息
銀一八匁　七月大黒屋支払い。この利子一匁八厘　十二月迄六か月の利息
銭三〇〇文　七月経木代
銭二〇〇文　藪　垣ね縄代
銭四〇〇文　朝鮮人懸り京都より飛脚賃、返書小遣い共
〆九〇〇文　代八匁三分七厘。此の利息五分二毛、七月より十二月迄六か月の利息
八月二十四日　金一両　代銀六四匁三分。この利、六匁一分六厘五毛。八月より十二月迄
の五か月利息
十一月十四日　金一両　代銀六四匁一分
十二月十六日　金九両　代銀五八〇匁六分二厘。但し一両につき六四匁四分八厘替え
銀八二匁五分　十二月助郷
銀一七匁八分　大黒屋支払い
銀七匁五分　来る正月より寺方三か所へ年礼
銭六六文　代銀三分六厘　来る正月より三経十二調
銭二一四文　代銀二匁一分二厘八毛。大津より当村までの状賃

一、三貫四七五匁二分六厘六毛　巳年借用銀
　〆一貫四一八匁四分一厘五毛。下し金併せて諸入用元利
　この利息四一七匁六分一厘。巳年十二月から午年十一月迄十二か月利息
元利、〆三貫八九二匁二分九厘六毛。惣〆五貫三一〇匁七分八毛
一、一貫九二八匁二分二厘四毛　御緒払い米代
　差し引き、三貫三八二匁二分五厘六毛　御知行不足
一、一〇〇匁二分五厘九毛　山門領不足
　〆三貫四八二匁七分四厘三毛　午年十二月借用銀

※

やはり、二百年前にあった西教寺という寺は銀行だった。弾正様は担当者である。助郷出銀、寺方三か所盆礼、飛脚大黒屋支払い、江戸下し金など必要経費の多くを弾正様に借りている。西教寺に支払っている金利を計算すると年率一二%、ひえー！　私も小規模ながら会社経営をやっておりますので、金利に対しては敏感なのですが、一二%は凄いですな。貸す側からすれば優良顧客である。近年の低金利日本からは想像できない数字である。もしこの時に低金利なら、殿様は節約しないで使うだろうから、高金利でコントロールす

るのも良かったと思う。良い悪いは別にして、現代日本はゼロ金利政策で借金が増えてしまっている。左記をまとめてみる。

（借金の計算書）

	江戸時代	現代
今年度借金	一貫四一八匁四分一厘五毛	三〇七二〇〇〇円
繰り越し借金	三貫四七五匁二分六厘六毛	＋七五二七〇〇〇円
金利　一二％	四一七匁六分一厘	＋九〇三〇〇〇円
今年度借金総額小計	五貫三一〇匁七分　八毛	一一五〇二〇〇〇円
今年度年貢収入	一貫九二八匁二分二厘四毛	－《マイナス》四一七六〇〇〇円
繰り越し借金合計	三貫三八二匁二分五厘六毛	七三二六〇〇〇円
年貢不足山門領	一〇〇匁二分五厘九毛	＋二一七〇〇〇円
今年度繰り越し借金合計	三貫四八二匁七分四厘三毛	七五四三〇〇〇円

昨年度の繰り越し借金七百五十二万七千円で、今年度の繰り越し借金が七百五十四万三千円になっている。借金の返済が進んでいない。西教寺に九十万三千円もの利息を払っている。戸波家は西教寺からするとお得意様だ。色々戸波家のためにお手伝いして頂いている一つの理由が分かった。今も昔も同じで、西教寺から見れば、取引先が滅びれば自分も

苦しくなるというもの。

この年程度の米やたけのこの不作なら、借金は増えないようである。しかし、約四百万円の年貢収入で九十万円の利払いでは、借金地獄入りかその寸前。借金返済のための諸経費を引き締め、元本返済が重要になる。

次は、ここ数年年貢が取れない山門領の明細書である。

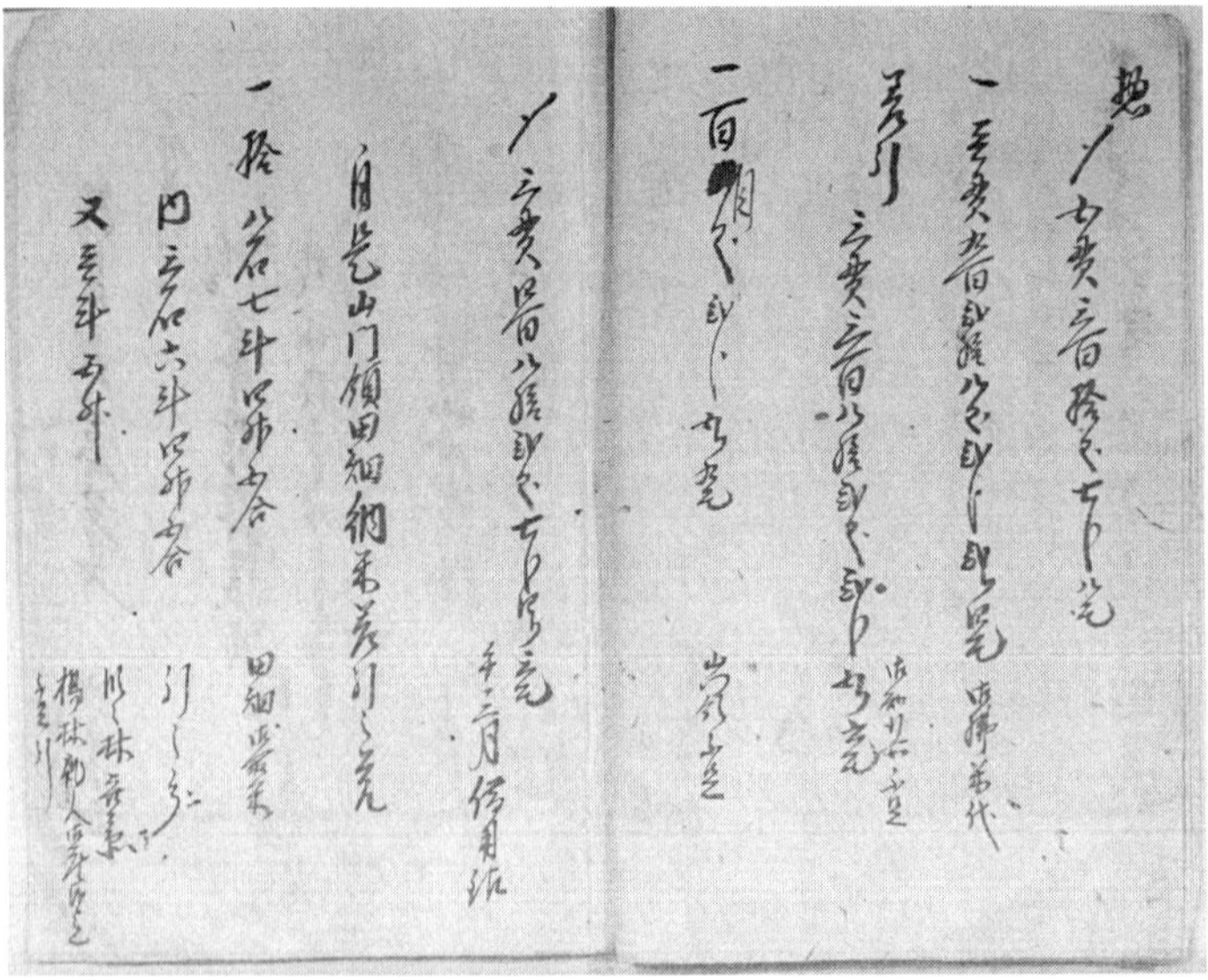

「山門領田畑納米差引の覚え」（中嶋秀和氏蔵）

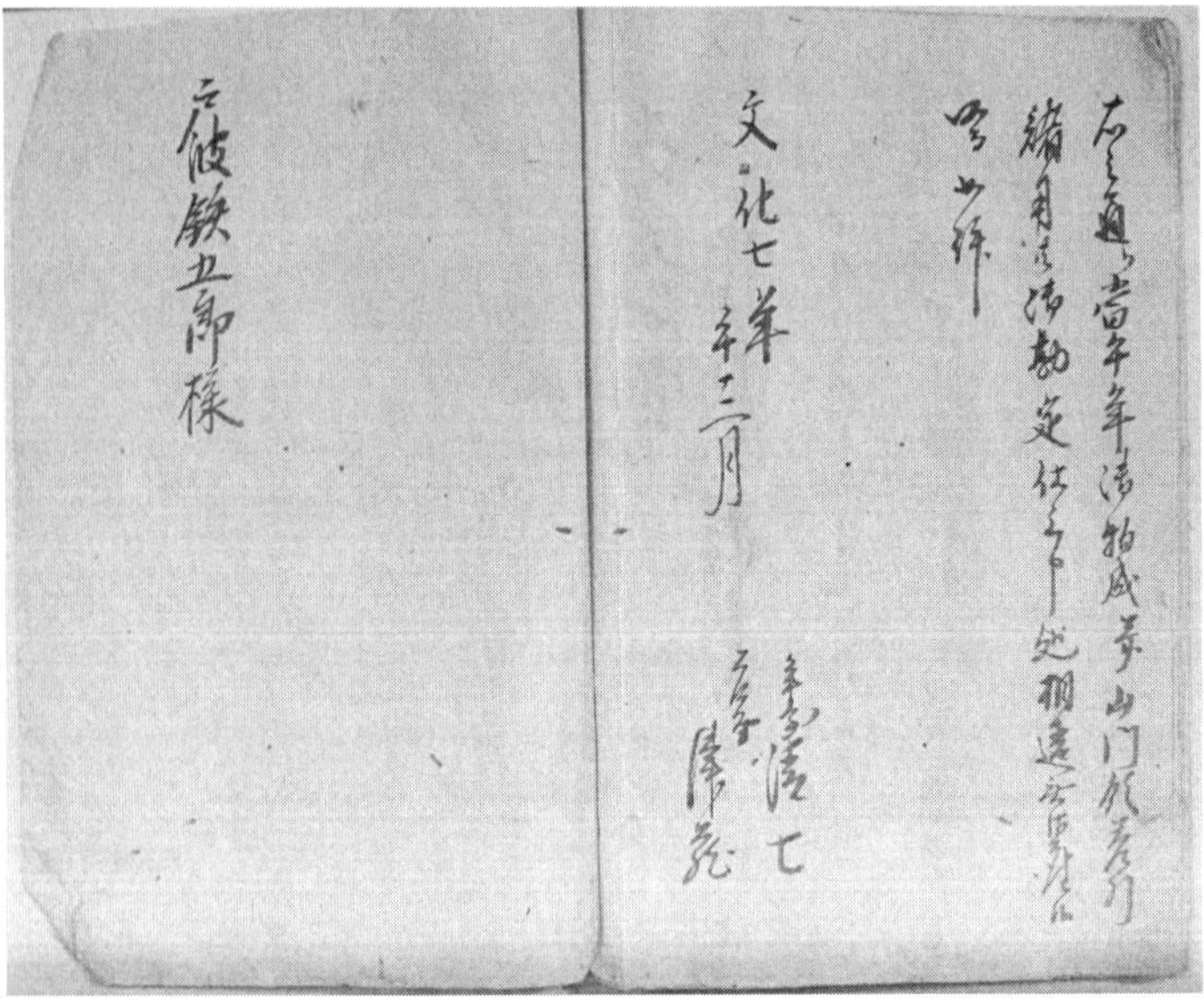

「山門領田畑納米差引の覚え」

一八石七斗四升五合　田畑御取り米
内、三石六斗四升五合　引きの分
　三斗五升　段々林　庄兵衛
一四石六斗六合八夕四才　山門年貢　※納
右差し引き　残り六斗四升六合一夕六才、代銀一三匁八分一厘三毛　六九匁九分の相場
一、大豆　三石三斗五合四夕六毛　山門年貢納める
　内、二斗九升四合四夕六才　御知行の内　大豆にて納める
　残り、三石五升
代銀、一一四匁七厘　但し石につき、三七匁四分相場
　内、一六匁八分一厘一毛　残り米代引く
差し引き、残り一〇〇匁二分一厘九毛　午年不足分
右の通り、当午年御物成、併せて山門領差し引き、緒月共御勘定申し上げます。相違ありません。

年寄り清七　庄屋津蔵

戸波鉄五郎様

※

猪鹿害など問題が多い山門の領地だけに、しっかり書類に残している。これならしっかり取り立てができる。容赦ないですな。山門とは比叡山延暦寺のことを指し、比叡山延暦寺に隣接している領地を山門領という。

一八〇八年から四年経過の一八一二年、文化九年になる。

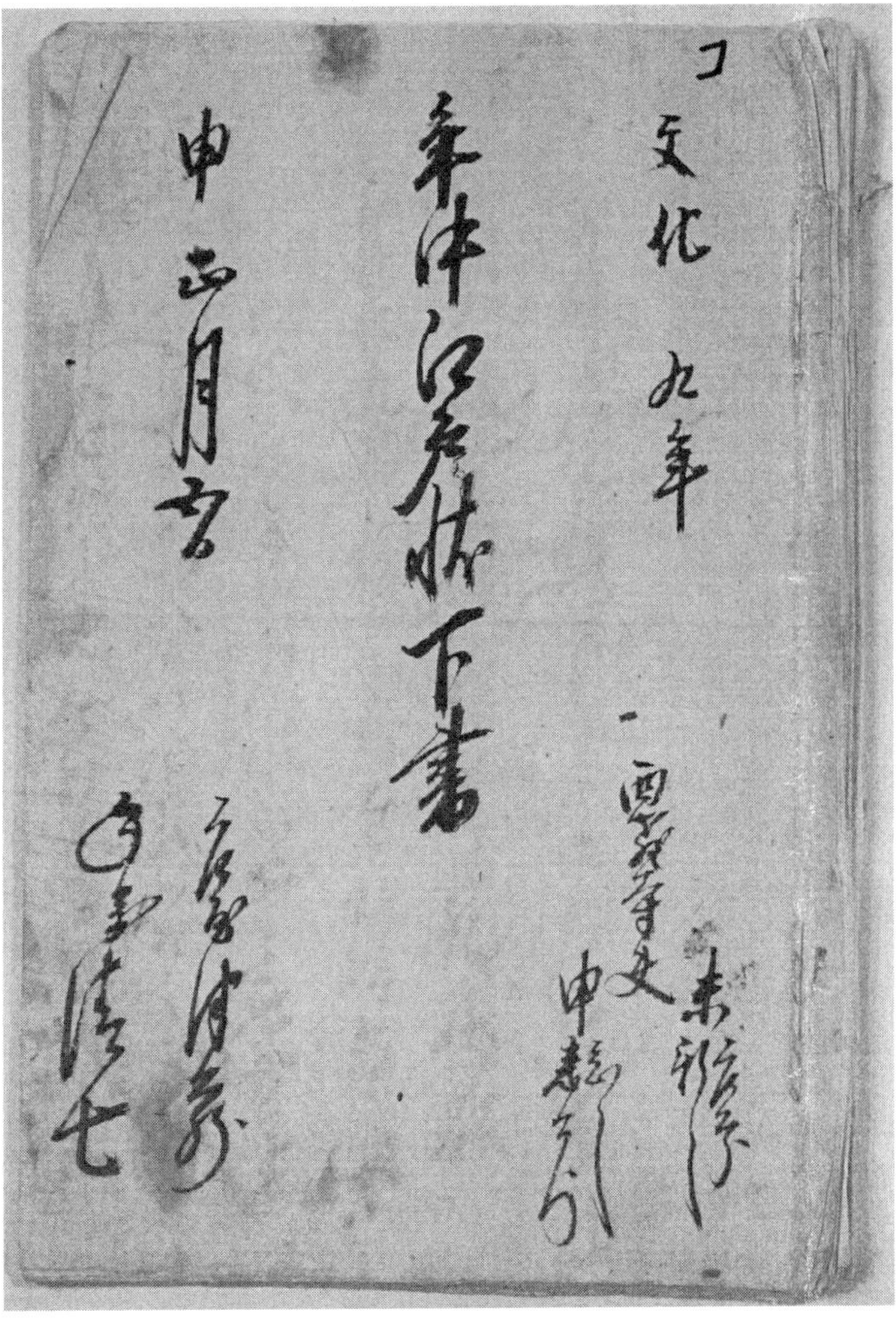

「文化九年　年中江戸状下書」（中嶋秀和氏蔵）

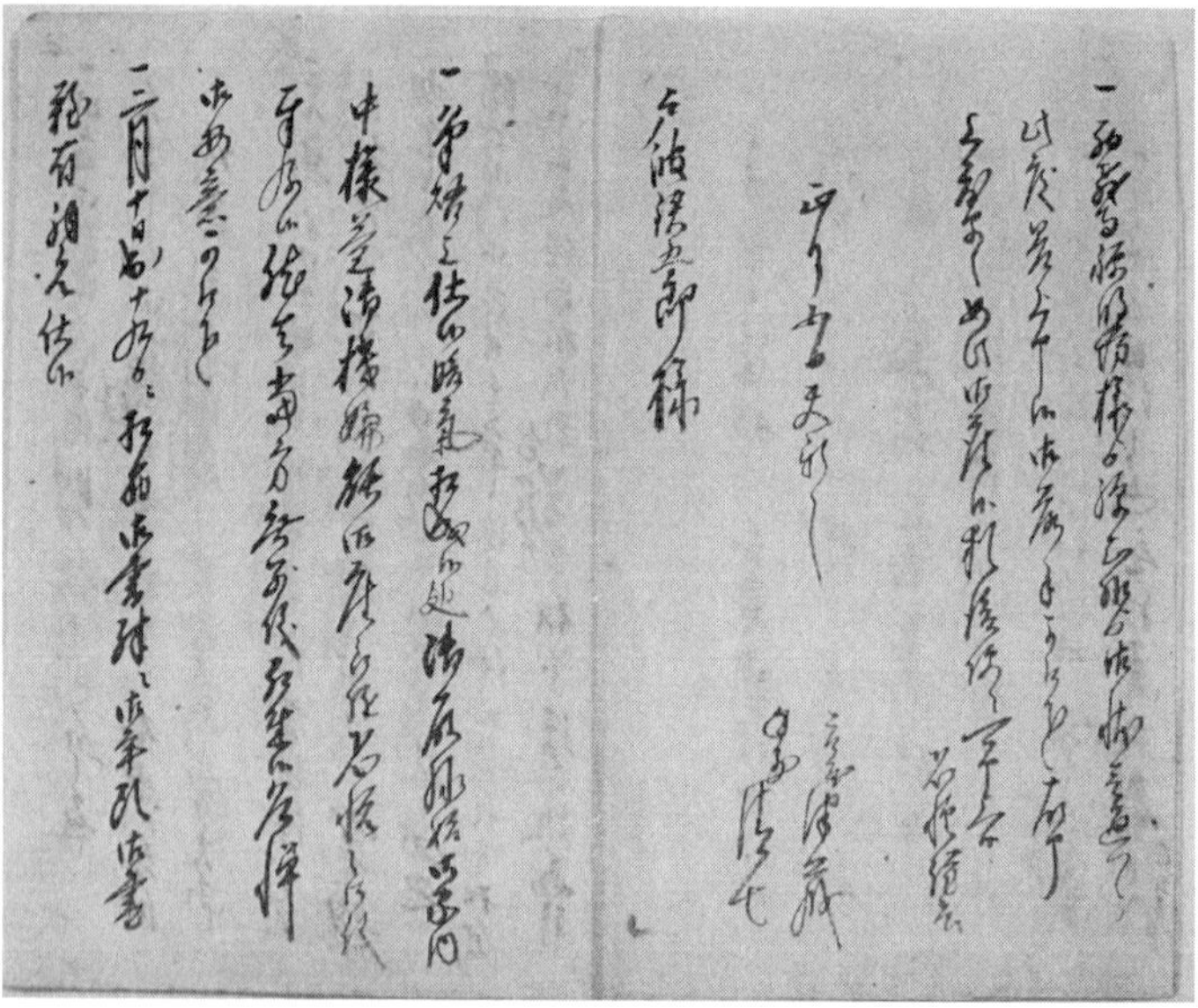

「文化九年　年中江戸状下書」（中嶋秀和氏蔵）

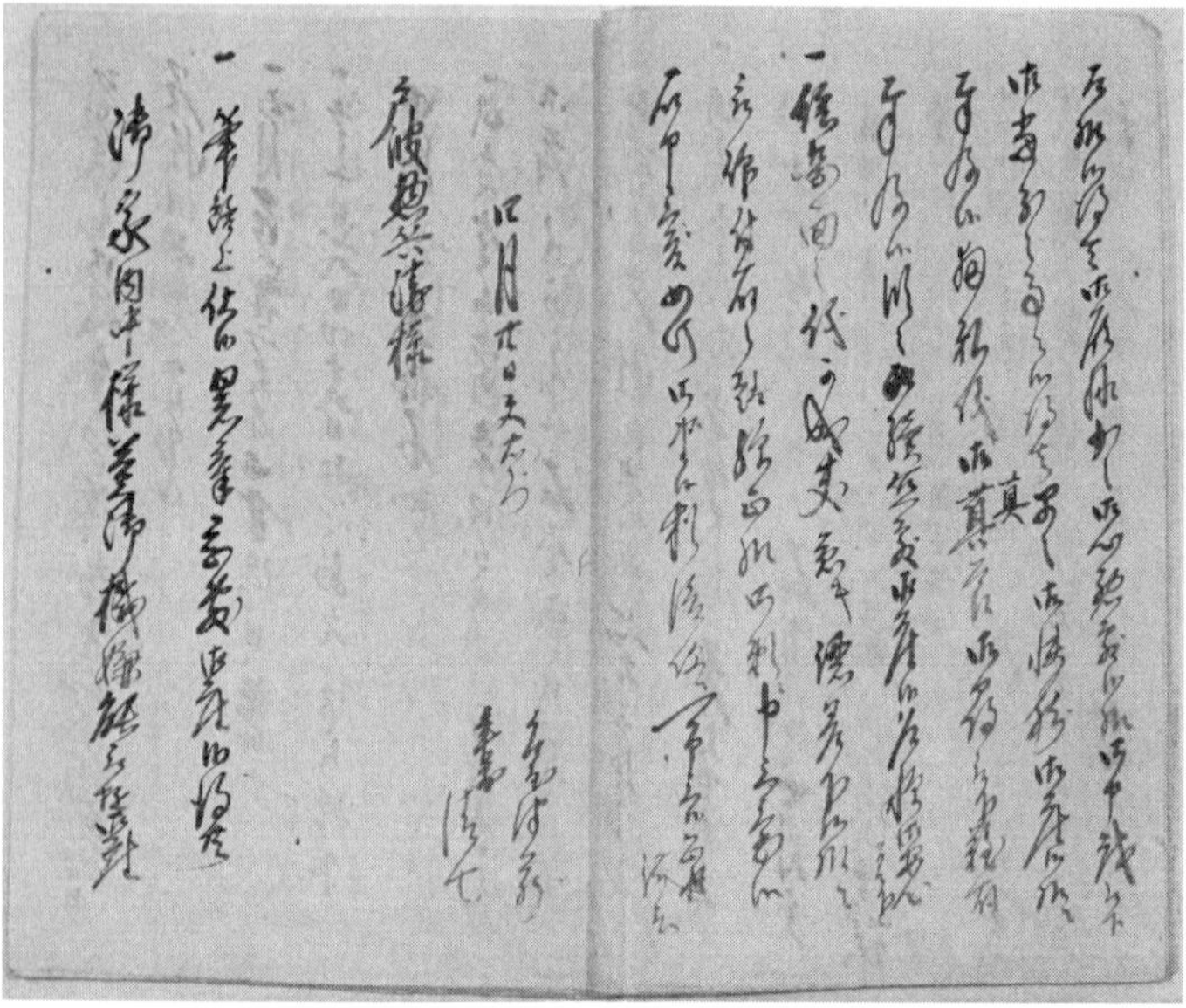

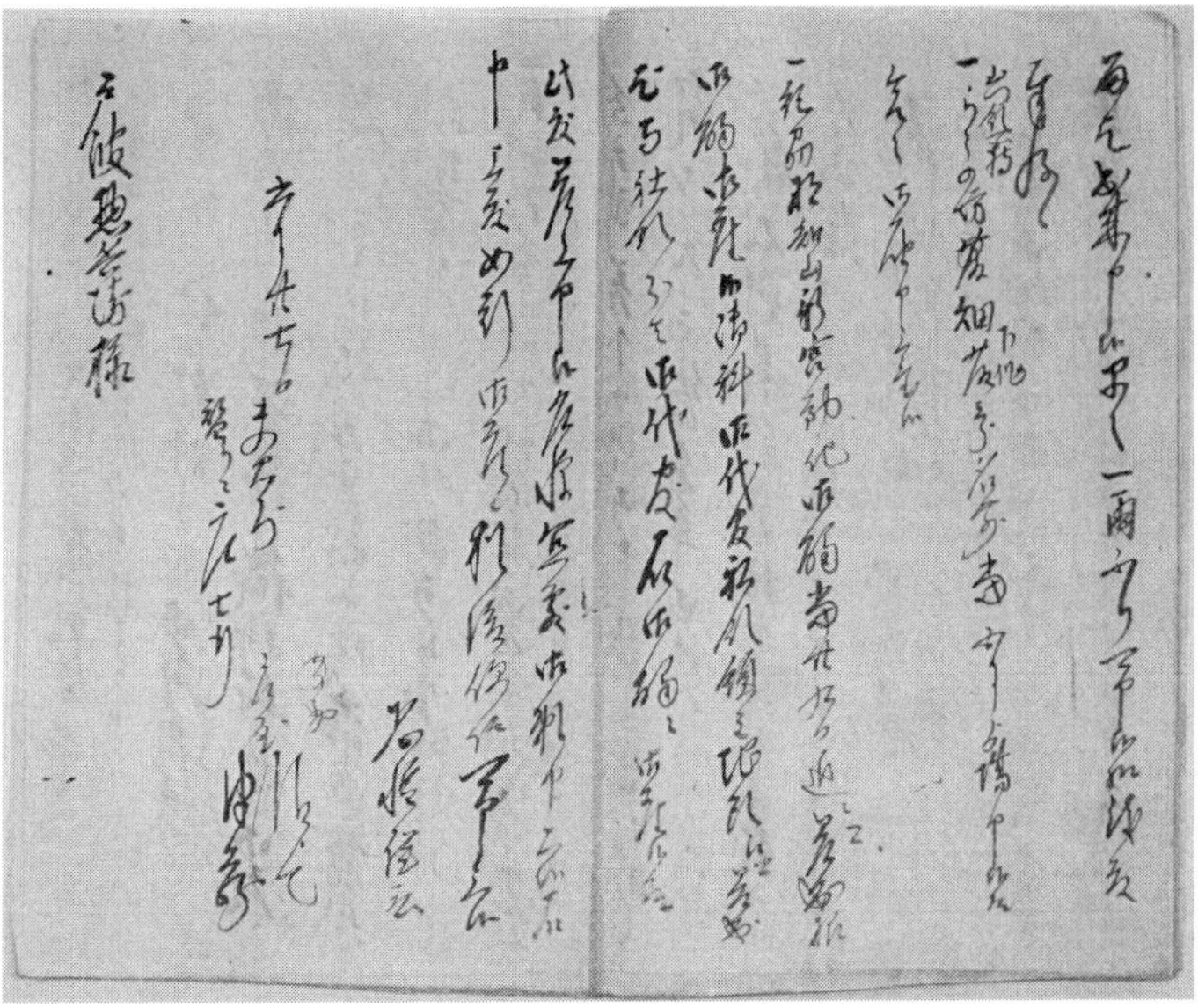

「文化九年　年中江戸状下書」（中嶋秀和氏蔵）

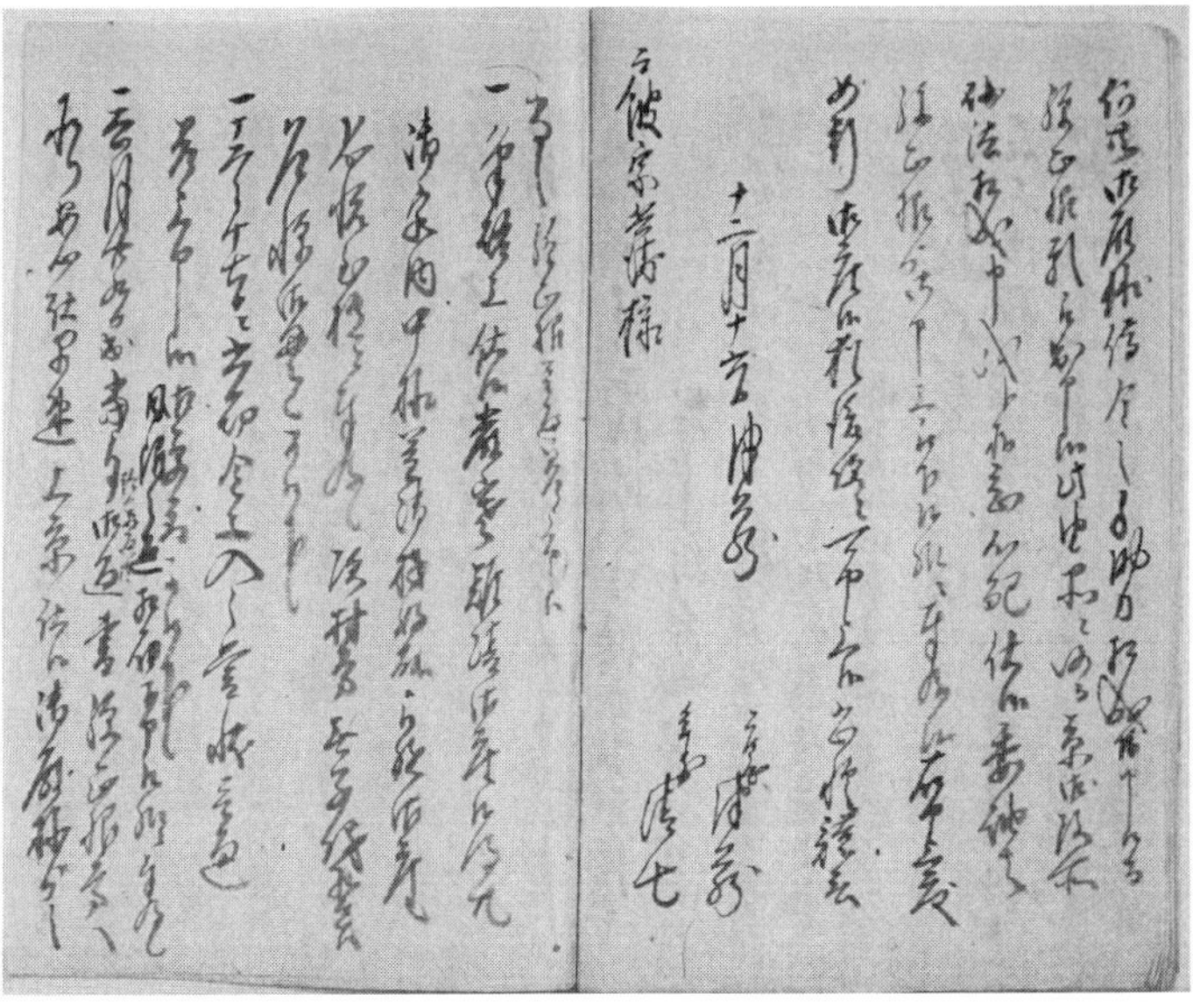

文化九年　年中江戸状下書

文化九（一八一二）年正月五日　一筆啓上致します。余寒甚だしく、その御地、御家内中様ますます御機嫌よく遊ばされ恐悦です。

一、去る、十二月十七日に八日間で江戸着予定で、一四両（百八十二万円）と書状を送りました。相違なく届いたと存じます。西教寺禅明坊様、弾正様より御状一通差し上げました。

使新兵衛　庄屋津蔵　年寄り清七

戸波鉄五郎様

※

四年前の正月の送金が一五両（百九十五万円）だから、一両（十三万円）程度減っている。財政が火の車になっているのでしょうがないが、この程度の節約では、借金問題の抜本的な解決にはならないだろう。

西教寺禅明坊様、弾正様の書状も一緒に届いているが、ここまで読み進めて、この西教寺からの書状の正体はやはり借用書類と考えられる。

前述の印鑑をなくした新兵衛さんがお使いで江戸に来たようだ。殿様の宛名が惣兵衛さんからこの書状だけ鉄五郎さんになっている。惣兵衛さんの息子かな?

三月四日　二月十日江戸出十九日に届きました。
一、この度、御勘定帳一冊と助郷帳を差し上げます。見て下さい。
一、領地の絵図面を作って送れとの指示ですが、領地の見通しが悪くはっきりしないので、他領との区別がつきません。西教寺の弾正様に立ち会ってもらって作る予定ですが、弾正様が多用でまだ作れません。少し待って下さい。
一、近年、延暦寺境の川の治水治山工事に、多額の費用がかかっております。負担は米の取れ高一石当たり三匁七分（八千円）です。二月二十五日までに延暦寺に持ってくるように言われました。去年より弾正様が延暦寺に登って、延暦寺領の請負耕作している田畑と戸波家所持の田畑のことにつき、色々交渉しています。費用負担のことなど難しい交渉ですが、なんとかなると思いますが、交渉が長引いています。
一、御林の件ですが、大風後に御墓所の立ち木残林を残らず売り払いました。藪、竹を五百本程度切り払いました。残木の数は大小五百五十本です。ご承知下さい。津蔵は二月より病気になり調子が悪いです。弾正様にお願いして、会計処理を遅らせております。

戸波惣兵衛様　　　　　　　　　　使甚兵衛　年寄り清七　庄屋津蔵

※

比叡山延暦寺の寺領と戸波家の領地が入り組んでいる部分があるので、そこを整理するための図面作製のようである。西教寺は天台宗から離れ天台真盛宗という宗派を起こし、天台真盛宗本山西教寺となっていたので、延暦寺とは仲がよくない状態にあった。

戸波家の浄光寺は西教寺の末寺だから、西教寺の弾正様が何かと手伝ってくれている。私が考える手伝う理由としては、仏教的・道義的な教えもあるが、戸波家は金利一二％を払う貸金の有力なお客様である。戸波家が倒産するのは困るわけだし、延暦寺監視の同役という弾正様の立場もあったかも知れない。

延暦寺領の田畑と戸波領の田畑は隣接しているところがある。山門領と言われる田畑は荒れており対策が必要になったようである。そこで、延暦寺が工事発注して、その費用を延暦寺と戸波家でどのように負担して、今後どのように運営するのかの交渉窓口を西教寺の弾正様がやっているようである。お金を貸すほうの弾正様も楽じゃありませんな。

立ち木を売り払ったようである。台風など天災が起こった時には材木価格も上がるだろう。江戸の殿様の許可を得ることなく、津蔵さんの判断で、タイミングを見て売り払うのはいいことだろう。この時の戸波家は庄屋の津蔵さんに支えられている。この件をとっても、両者は一般的な関係ではなく、特殊な支配関係にあったと見て取れる。
私は、隣の赤塚村の戸波丹後系市次郎の直系なので、この書状の戸波駿河系惣兵衛の子孫ではないのだが、同役血族ということで、庄屋の津蔵さんにはお礼を言いたい。お世話になりました。ありがとうございましたと。当たり前だが、まさか二百年後に子孫がこの書状を見てお礼を言っているとは想像もしなかったろうが。

四月二十日　この度、金二両（二十六万円）金一両につき銀相場で六四匁三分を差し上げます。これは七月分の前借りです。
一、先の殿様からの手紙で、弾正様が少々不快だったようで、返事を出さないから、私共より「よろしく言っておくように」とのこと。御殿様は心配であると言っておりましたが、早々に御快諾して下さい。
使忠兵衛　庄屋津蔵　年寄り清七
戸波惣兵衛様

※

殿様から弾正様への手紙は残っていないので、内容の推測は難しいが、殿様の書状が気に入らないから返事は書かないとは、弾正様は強気だ。殿様が金利引き下げや返済猶予でもお願いしたのだろうか。庄屋さんたちもお金を借りている殿様の立場が弱いのを理解していて、殿様に折れるように言っているようである。やはり、今も昔もお金を貸しているほうが強いのだ。御殿様も形無し。

六月二十七日　六月十日江戸出十八日届きました。

一、この度、金六両（七十八万円）、金一両につき銀相場で六四匁四分を差し上げます。これは九月分の前借りということなので、工面しました。近年、物入りが多く借金が膨らみ、返済が滞っています。なので九月分を工面するのも大変です。借金を減らすように考えて下さい。

一、当夏の田畑植え付けは、滞りなくできましたが、その後の天気が悪く続き、雨が降らず田畑は日焼けしています。比叡山延暦寺の上坂本地域で、当二十日より雨乞いをしています。

一、紀州那智山、新宮への寄付について通達があり、当二十九日迄に寄付を御代官、地頭に差し出すように、とのことなので出しました。

使庄七衛　年寄り清七　庄屋津蔵

戸波惣兵衛様

追伸　領民名簿の提出遅れのことは、御容赦下さい。

※

　二月以降の書状に時候の挨拶がなく、いきなり要件になっている。二月から庄屋の津蔵さんが体調を壊しているようなので、年寄りの清七さんが書いているのかも知れない。挨拶文がない理由を推測すると、津蔵さんの能力が年寄り清七さんより高いのか？　下書きなので省略したか？　怒っているのか？　大した問題ではないのかな。

　前の書状も前借り、今回も前借りでは借金の返済が進まなくて、無駄に利息を払い続けてしまっているようだ。庄屋さんたちの言い方が、「節約してくれ」ではなく「借金返済について考えろ」だから、ストレートになっている。追い込まれてますな。

　今までは、長雨が多く日照不足問題だったのが、逆に今回の問題は日照り。次から次へと大変だ。現代では天気予報がしっかりして、灌漑用水も整備されて、昔ほど自然に左右されないけれど、この時代は科学的知見もなく、雨乞いをするしかなかったようである。

　紀州那智山新宮への寄付など、人々に神仏道を勧めて善に向かわせることが幕府の方針だったにせよ、年貢のほかに全然関係ない地域の、それも他領の寺社への寄付をしなくてはならないのだから、そりゃ大変！

追伸から、津蔵さんの体調はまだ戻っていないようである。

九月十四日　八月二日に江戸での書状、九日に届き拝見しました。

一、紀州那智山、新宮への寄付のこと、御返書の通りに承知しました。

一、駿州富士山本宮や富士、上総、駿河、遠江、近江六か国への寄付、三年分を御代官、地頭へ差し出す通知の件ですが、寄付を少々でも差し上げたいと思っています。

一、この度、宗旨帳面二冊差し上げます。一覧して下さい。清七の母が亡くなり、帳面より除き、百姓丑の助が庄七に名を替えました。

一、藪、新竹改書付け一通差し上げます。

一、当秋の収穫の件ですが、日照りで少々旱魃でしたが、格別のこともなく、大喜びのことです。

一、朝鮮通信使の負担金ですが、通知が回ってきましたので、先日納めました。ご承知して下さい。

一、絵図の件ですが、先延ばしになっています。よろしくお願いします。

使佐平次　庄屋津蔵　年寄り清七

戸波惣兵衛様

※

驚きですな。富士浅間神社まで寄付をしていたようである。この時代、全国の民百姓から寄付を集めていたんだ。

百姓身分であるのに、丑の助という「幼名」を庄七に変えている。幼名の竹千代が元服して元信（家康）となったように、武士などの風習を行っている。これも前記の庄屋さんたちが二本差しで京都の奉行所に行ったことと同様、理解できる。やはり、穴太衆は郷士扱いの百姓侍なんだ。発見！

竹林の報告が多くなっているが、苦しくなれば余計、重要な資金源なのでしっかり竹の報告をしている。

日照りでも無事収穫にこぎつけたようだ。現代では長期予報で雨の状況も掴めるが、掴めない時代だったので、雨乞いのおかげで雨が降ったと、雨乞いを信じるのが当然だったのだろう。もし私が雨乞いをしたら、雨が降るまで祈り続けるので、雨乞いには成功します。当時、私がいたら雨乞いのスターになっていたと思いますよ。

この江戸状下書きによると、前回の朝鮮通信使の来日が前記文化五（一八〇八）年、この文化九（一八一二）年に再来日はないと思ったので調べてみた。文化年間の朝鮮通信使が江戸時代最後の朝鮮通信使で、この前の来日は四七年前の宝暦十四（一七六四）年。江戸幕府側も朝鮮側も財政難で、文化三（一八〇六）年から始まった来日交渉が難航して、結局、江戸まで朝鮮通信使は来ず、幕府は文化八（一八一一）年に対馬で接待したそうである。ということは、四年前に負担金を集金して、また集金。朝鮮側との交渉過程など幕府上層部でしか知らないことだろうから、情報を知らない下々の者は言われるままに負担していた可能性がある。

領国の絵図のやり取りがあるが、これは発見である。どうやらこの時の絵図面の写しが、寺に残っていた前記絵図面のようである。寺に残っている絵図面がこの年（一八一二年）に書かれていた可能性がある。

十一月八日　十月三日江戸出、八日間で着の書状が十一日に届きました。書状の内容承知しました。

一、前回申し上げた駿河の富士浅間神社本宮の寄付の件、私共心得違いにて、地頭から寄付を送るのではなく、自分たちで三か国巡航して、送るということなので、当九月に寄贈物を遣わしました。

一、この度、朝鮮通信使の負担金の通知書通り、京都島本三郎九郎方に納めました。その受取手形を受け取りました。手形を京奉行所へ私共より納めます。前回送った手形は戸波市次郎様の手形なのですが、こちらにある手形と同じなので、御登城し、御殿様の名前に変えて届けて下さい。御面倒ながら早々に御登城して下さい。
一、この度、金一両（十三万円）、金一両につき銀相場で六四匁二分を差し上げます。受け取って下さい。当秋の収穫、全体的に水掛かりは良いのですが、それでも領内六か所程日焼けして、その内の二か所から年貢減免願いが出てきましたが受け取りませんでした。

庄屋津蔵　年寄り清七

戸波惣兵衛様

※

富士浅間神社本宮への寄付は地頭経由ではなく、個人に直接寄付させることで、神社仏閣を自分たちで支えているんだという感覚が庶民に生まれる。幕府は地頭だけでなく、庶民も色々な手法で管理しているようである。

朝鮮通信使でまた問題が発生したようだ。殿様にとって朝鮮通信使は鬼門だ。江戸城に「御殿様の名前に変えて届けて下さい」と、公文書偽造の手形を届けろと庄屋さんに言われている。同僚の穴太頭戸波丹後系の戸波市次郎は、この書状の主役である戸波惣兵衛の領地高畑村の隣の赤塚村が領地。領地は隣で石高も身分も同じなので、手形の名前をいじって提出してもバレなかったようである。公文書偽造だから、現代でもよくある内部告発や、この書状の扱い次第では改易はまぬがれない。隙が多すぎる。でも、穴太衆五百年の結束で幕府にはバレなかったようで、家名は残り私が生きている。バレていたら私は存在していない。バレなくてよかった。

「二か所から年貢減免願いが出てきましたが受け取りませんでした」と。やっぱり庄屋さんは、百姓寄りというより地頭寄りの立場だ。

十一月十一日

一、この書状には金一両（十三万円）と朝鮮通信使負担金の島本三郎九郎様納付書、弾正様書状をいつも通り封印して飛脚で送りました。飛脚問屋大黒屋から一昨日に、水口を出発しました。七日間で到着予定にて差し出したところ。九日夜に道中筋の石部より目川までの間で紛失したそうです。この件、昨日十日の十時に飛脚屋が伝えにきました。早速大津大黒屋に行って話を聞きましたが、何分、役所から頂いた手形を受け取り、そのまま封じ込みましたので、紛失となって埒が明かず、庄屋と庄次郎で、飛脚の仲間に話を聞きましたが、なんの連絡もなく紛失の事情が分かりません。早々に御知らせいたします。お金は飛脚方より早々に届けますが、納付書を道中にて紛失しましたので、この度は写しを差し上げます。今日、京都御役所に行って、島本からの納付書の再発行をお願いしましたが、再発行にならず、再発行に時間がかかりそうです。なので、早々には対応できませんので、この写しを差し上げます。早々に江戸城に登城して申し上げて下さい。

新兵衛　代甚兵衛

戸波様

※

大問題が発生した。なんと、飛脚が下し金と朝鮮通信使負担金の納付書を江戸への配送途中に紛失してしまったというのだ。次から次へと事件が発生する。朝鮮通信使の件は、ただでさえ「高改め御触れ書き」通知の見逃しなどの問題をやらかしているのに、飛脚問屋のミスとはいえ、重要書類の紛失は目立ってしまう。

庄屋さんと御隠居の先祖庄次郎さんが、飛脚問屋の大黒屋にすっ飛んで行ったようだが、埒が明かなかったようだ。「役所から頂いた手形を受け取り、そのまま封じ込みましたので」とあるので、現代でいう内容証明郵便の扱いも可能だったかも知れない。もしそうなら、庄屋さんの落ち度だ。結果、書状の中身までは保証がなかったようだ。しかし、写しは取ってあった。さすが、津蔵さん！
紛失した一両（十三万円）は保証してもらった。このような事件から学んで、現代に内容証明郵便や現金書留などのシステムができたのかな。本当に朝鮮通信使は鬼門だ。「早々に登城しろ」などの内容からすると、大津高畑村から庄屋さんが江戸の殿様を遠距離からコントロールしている。領地にドタバタが起こっても庄屋さんに任せっきりのようだ。戸波惣兵衛さんのタイプは、やはり「よきにはからえ」だったかも知れない。

十二月一日　十一月二十一日江戸出の書状、二十九日届き拝見しました。
一、朝鮮通信使負担金の島本三郎九郎への受取手形の件ですが、十六日差し上げた受取手形の写しのほかに、証拠となるものがありませんので、写し手形を返却して下さい。送って頂いた手形を証拠にして、京都役所に納め、その上で御殿様に差し上げます。受取手形が到着次第、早々に江戸の勘定所に差し出して、登城して下さい。
一、江戸へ年末の下し金一七両（二百二十一万円）を送れという申しつけですが、近年、勘定帳の帳尻の借金、大借りとなっていますので、諸経費や利息の返済でお金が足りません。その残り一両（十三万円）は工面できました。残りは江戸表にて工面して下さい。
甚兵衛　庄屋津蔵　年寄り清七
戸波惣兵衛様

※

前回の書状通りに殿様は、写しを持って江戸城に登城したと思う。しかし、手形の写しでは、幕府勘定方に時間の猶予をしてもらったにすぎず、正式な手続きには及ばない。正式な手形が必要である。正式な手形を再発行するためには、再度、その写しを領地に送って、再発行の手続きを行わなければならなくなった。朝鮮通信使負担金だけでなく、飛脚の費用など、負担金を納める費用も余計にかかっている。

飛脚の紛失事件でもドタバタ。領地が遠方にあるということは、このように非常に苦労が多かったのだろう。高畑村に「うっかり八兵衛」のような人がいたら、「てーへんだてーへんだ」と騒いで、村が大騒ぎになっていたかも知れない。

一八〇四年の殿様の暮れの下し金の要求額は、一八両（二百三十四万円）だったが、一八一二年の下し金は一七両（二百二十一万円）。この八年間のインフレ率は分からないが、節約しているようには見えない。勘定帳にあるように、領国財政は火の車。「江戸表で工面して下さい」との庄屋さんのお願いもしようがない。

問題連発のあげく、金銭的にも追い込まれている。庄屋さんの気持ちとしては「頼むよ～殿様～なんとかしてくれよ～」かな。

十二月十六日　十一月二十七日江戸出、六日間で着の書状が十二月七日に届きました。

一、朝鮮通信使、琉球使節などの国役金（負担金）の受取手形、送り手形共に受け取りました。

一、年貢米一石につき三四匁七分にて売り払いました。

一、この度五両二分（六十七万六千円）、金一両につき銀相場で六四匁七分を差し上げます。

一、下し金の件ですが、臨時に御入用とのことなので、色々と才覚して働きましたが、何分借金が多くて、貸し主が聞き入れてくれません。しかしながら弾正様の働きかけで五両二分を工面できました。不足とは思いますが、弾正様はじめ私共も、現状の借金の状態では納得していません。借金が非常に多く、新たな借り入れは難しいのですが、西教寺へ弾正様が願い出ています。しかし、それも難しいと思います。私共も昼夜に関係なく仕事をして、困難な状態です。御殿様の借金の助力を弾正様にお願いしていますが、現在の借金の状態では、京都御役所の問題にならないかと心配しています。詳しくは弾正様より申し上げると存じます。

庄屋津蔵　年寄り清七

戸波惣兵衛様

※

米一石につき、前々回八万二千円（三八匁）、前回が十一万七千円（五四匁）、今回が七万五千円（三四匁七分）と、この年の米相場はかなり下がっている。ますます追い込まれている。悪い循環が続いているようだ。

財政状況が逼迫してきた。西教寺の担当者の弾正様が、なんとか協力してくれているが、担当の力だけではなんともならない状態のようである。「現在の借金の状態では、京都御役所の問題にならないか」と、庄屋さんたちも借金問題で、江戸幕府に戸波家が改易されるのではないかと心配している。私も小さいながら経営者なので、このやり取りを見ると、業績の悪い中小企業と銀行の担当者に映る。殿様はこのような時こそ現場に行って、自ら資金繰りをする。年貢の取れ高を上げる方策を立てる。生活費や経費の見直しをする。などの抜本的な解決が必要である。

「お前、誰にものを言っている」と、ご先祖は言ってると思いますけどね。

十二月二十日　十二月十七日江戸出、六日間で着の金子入り書状一通差し上げます。

一、去る二十九日江戸出、当月の御返書の内容を弾正様よりお聞きして、安心しました。

早速、京都に行って、御殿様より送ってきた御手形、初頭に拝領した御石奉行支配二か所の領地を加えて、国役金を納めました。当年、問題なく納められたので喜んでおります。

一、京都御役所の納付書を差し上げます。

一、金三両（三十九万円）、一両につき銀相場で六四匁七分を受け取り下さい。暮れの下し金は工面できませんので、来春に工面することとなります。左様に御承知下さい。

使佐平次　庄屋津蔵　年寄り清七

戸波惣兵衛

※

おっとびっくり。領地を加増されたようである。何があったのだろう。借金問題が一息ついた。私の親世代の口伝では、「石垣普請が減ってから、江戸の石敷き水路を造っていた」というのがあったので、その恩賞で加増されたのかも知れない。または、隠密活動の成果が出たのかも知れないが記録はない。領地が加増された理由は謎だ。

庄屋さんは暮れのお金を送らないと言っているので、これでしのぐしかないですな。

一八一二年から四年経過の一八一六年、文化十三年になった。領地の高畑村の琵琶湖方面隣の下坂本村で、大洪水によるいもち病がはやって凶作になり、百姓一揆が発生したという（『叡山文庫』）。その年の記録である。ちなみに下坂本村は琵琶湖の湖抜一メートルあるかないかのところ。

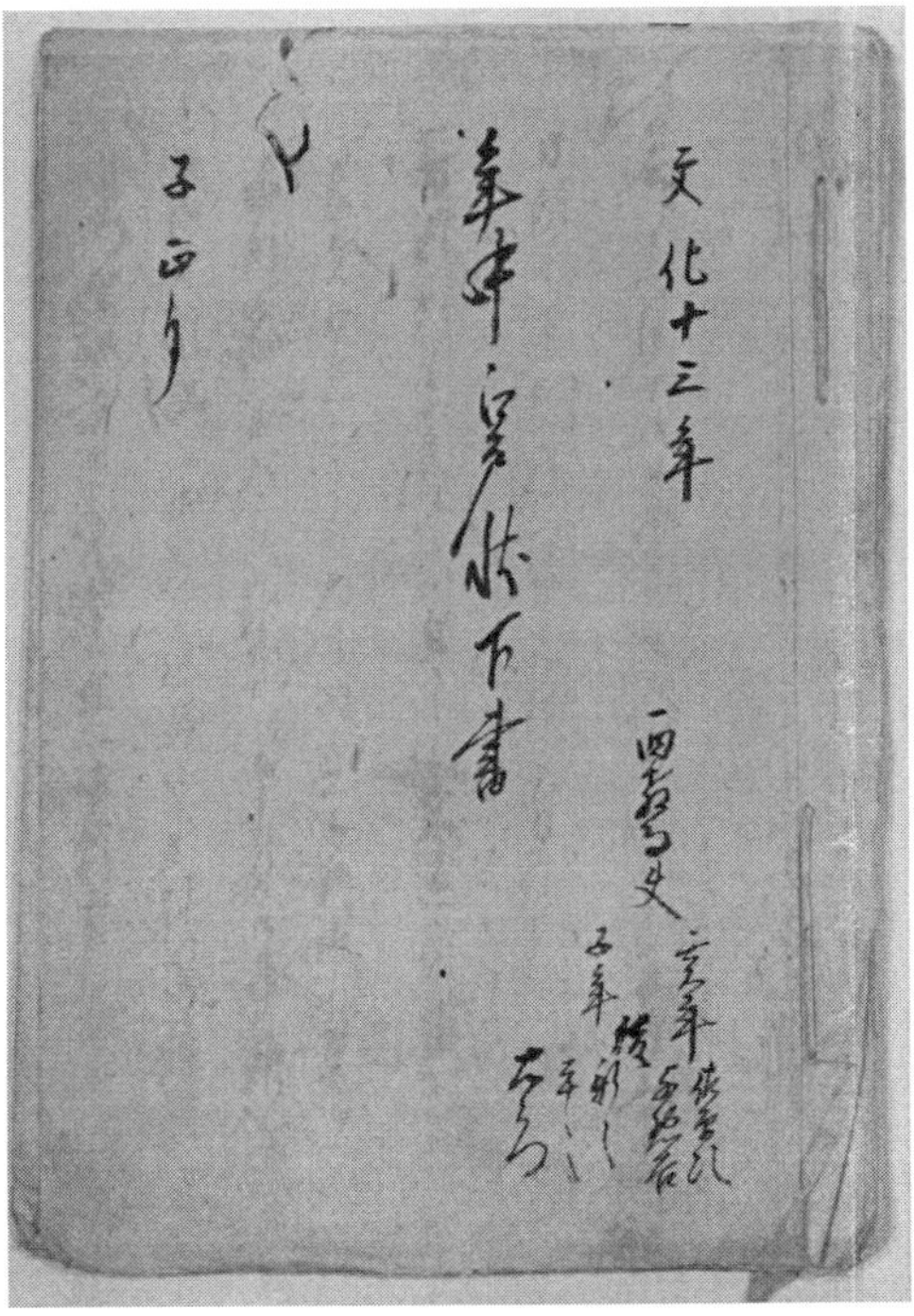
「文化十三年　年中江戸状下書」（中嶋秀和氏蔵）

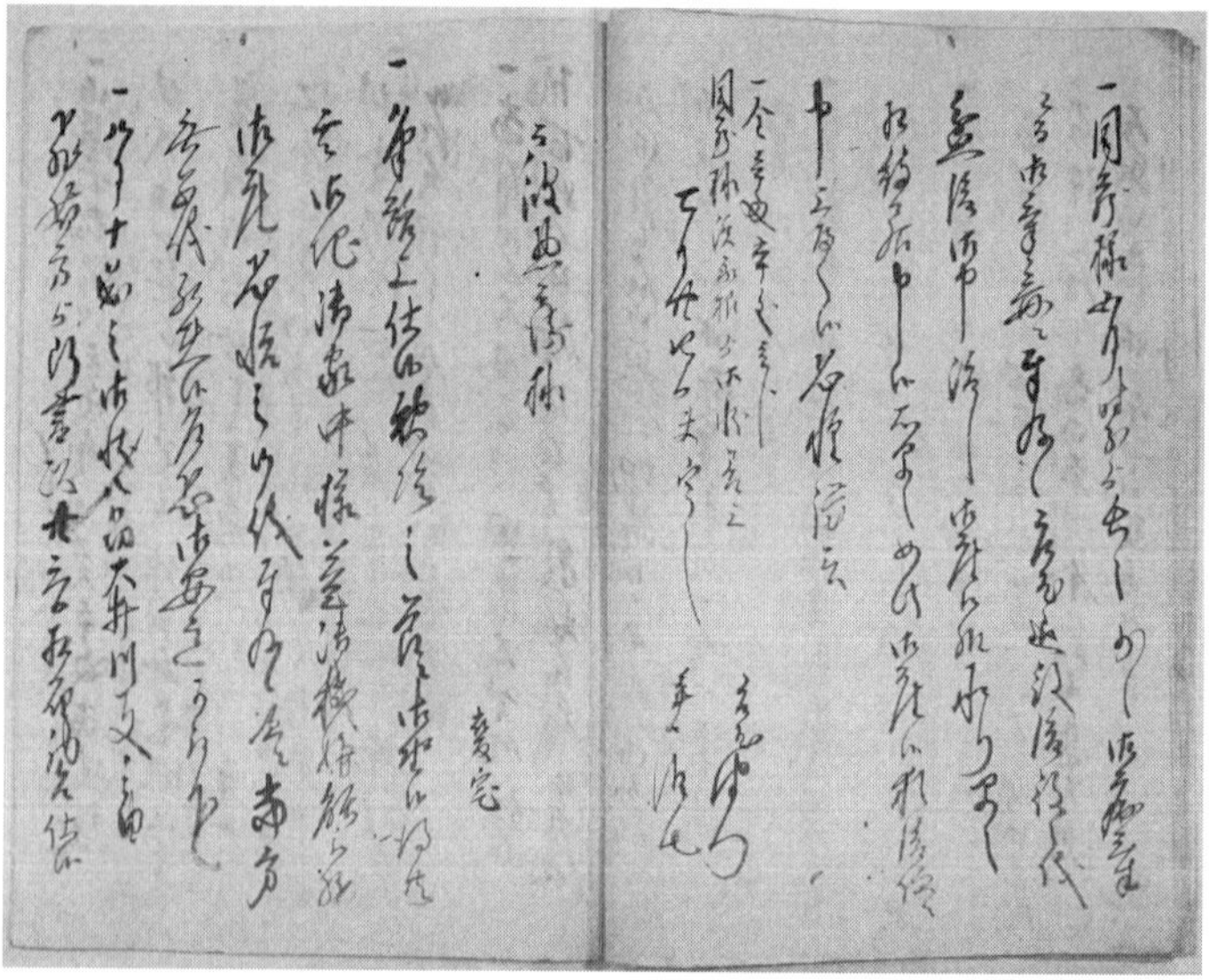

「文化十三年　年中江戸状下書」（中嶋秀和氏蔵）

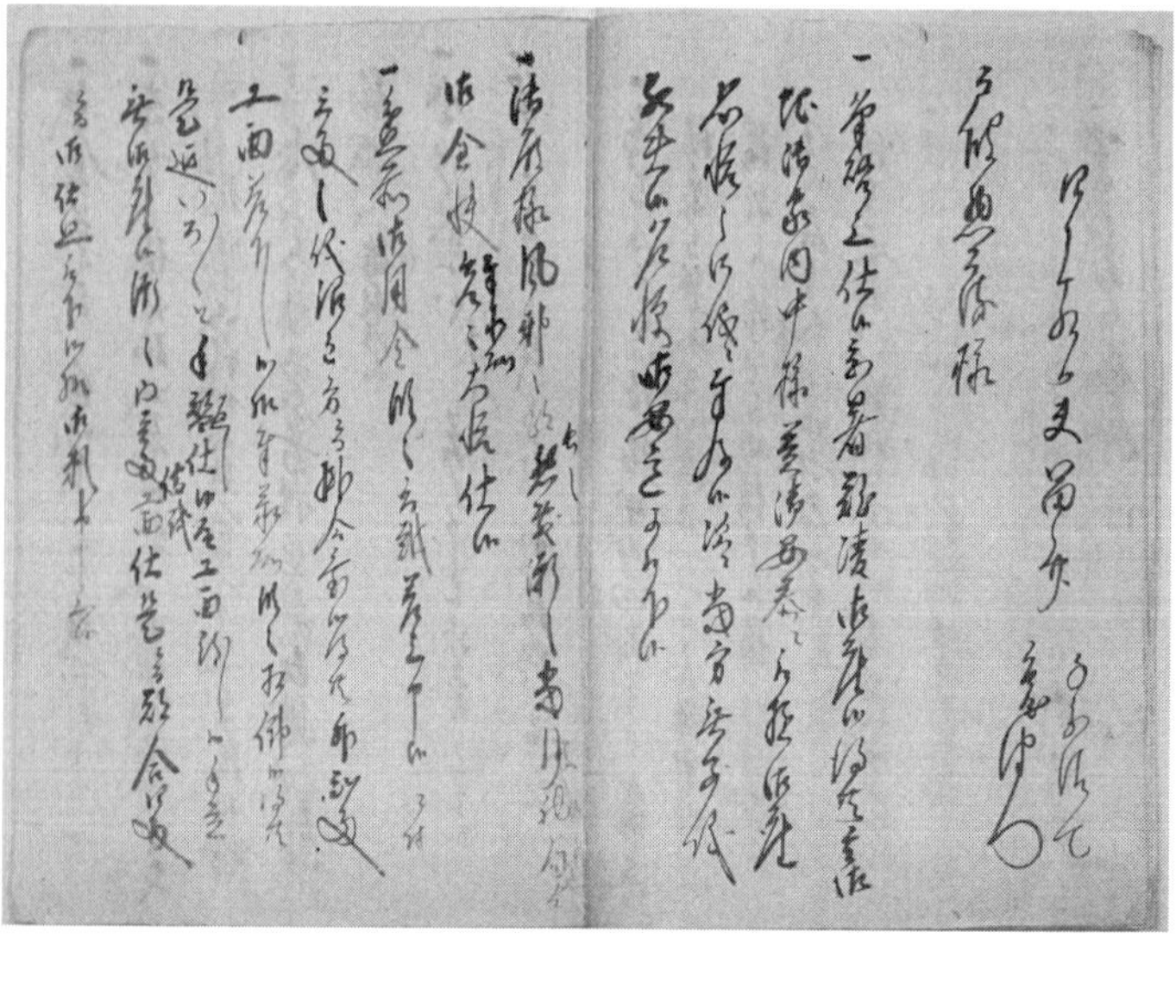

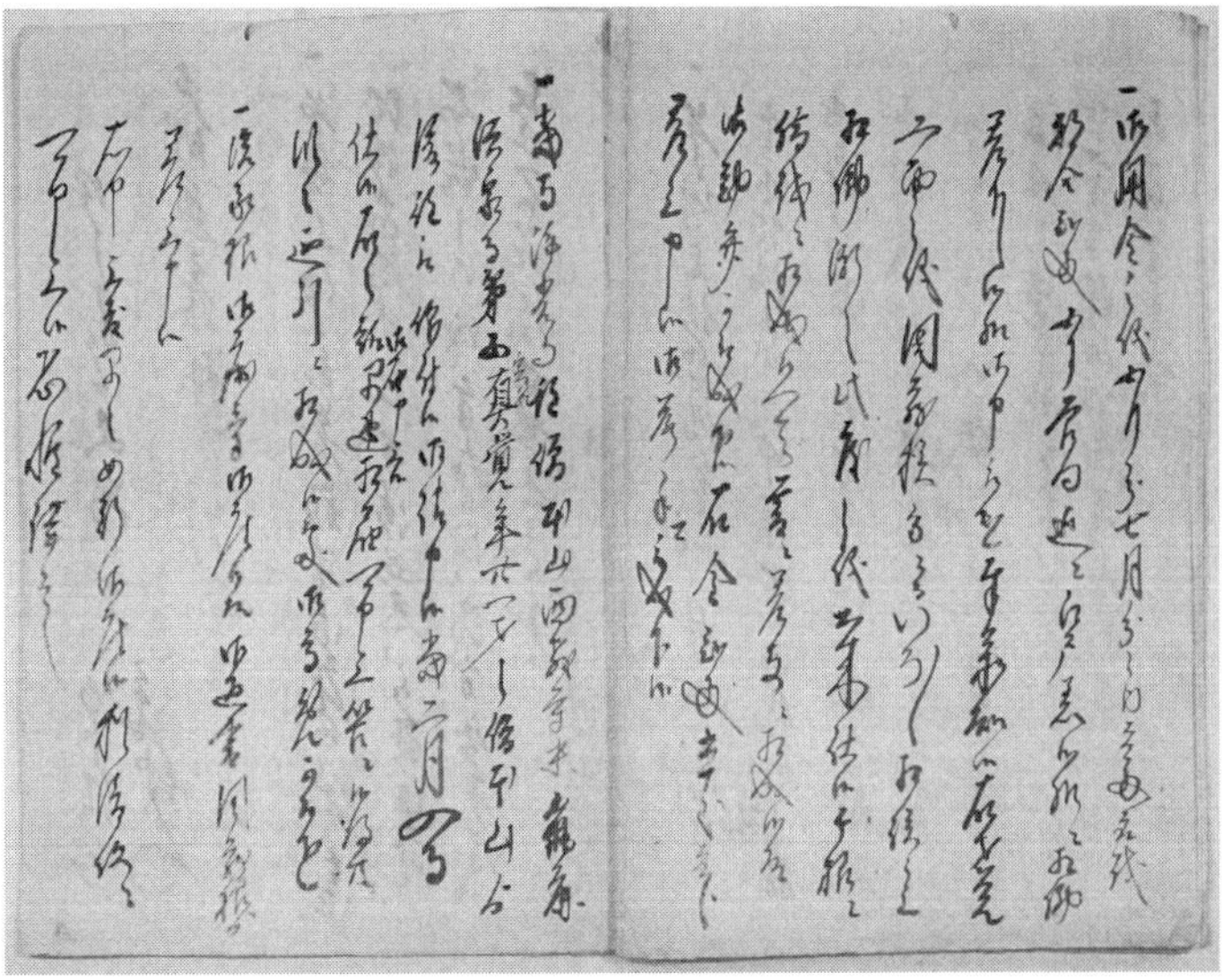

「文化十三年　年中江戸状下書」（中嶋秀和氏蔵）

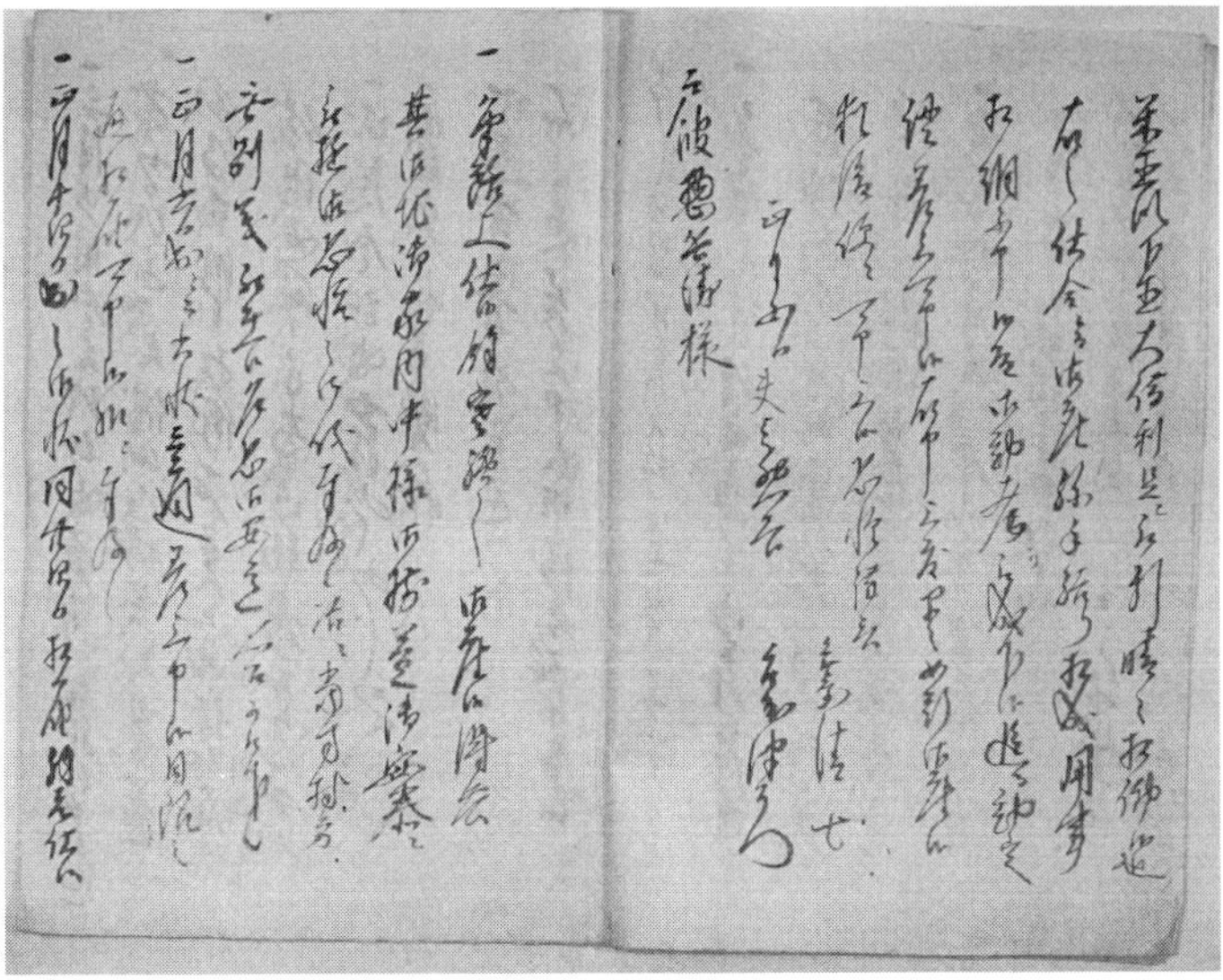

文化十三年　年中江戸状下書

文化十三（一八一六）年正月五日　去る十二月十八日に金九両（百十七万円）入り書状一通差し上げました。日限の通り届いたと思います。

一、百姓新兵衛は冬以来年貢なく、困窮しています。家内の病気によって、通常の生活が困難になっております。御殿様より御憐れみをもって助けて下さい。新兵衛の女房が十二月十九日に亡くなりました。葬儀を西教寺の国蔵様、私共村方で、色々引き受けて皆で送りました。お願いの件よろしくお願いします。

一、十二月の借金が、おおよそ八両（百六万円）ほど減少しました。帳面追って差し上げます。

一、忠右衛門が近年、困難になり年貢が毎年少し不足して、困っております。

御殿様　　使佐平次　庄屋　年寄り

※

新兵衛さんは、この「年中江戸状下書き」に多く登場している。最初は登録印をなくして村中で探した記載があった。飛脚が荷物をなくした時に江戸へ書状を届けに来ている。今度は奥様を亡くされました。二百年経っていますが、ご冥福をお祈りします。

領主と領民がこれだけ近い関係にあるので、新兵衛さんの不幸に対し、領主も気配りしているようだ。当然年貢の免除はしたと思う。そこは小領主の良いところだろう。中小企業と同じで全員の顔が見えるから。

西教寺の担当者が弾正様から国蔵様に変更になったようである。

領地を加増された効果が出て、財政が改善したようだ。

忠右衛門さんは困窮しているようである。小領主なので一軒一軒が大切だ。新兵衛さんの記載は「百姓新兵衛」とあるのに、忠右衛門さんは百姓と記載されていない。違いがあった可能性がある。前記庄屋さんたちが二本差しで京都奉行所に出向いた時に、穴太衆は「郷士」扱いなので、二本差しの由緒侍ではないかと述べたが、この忠右衛門さんも郷士格の穴太衆だったと考えられ、穴太衆由緒で「百姓忠右衛門」と記載しなかったと考えられる。

二月二十二日　当正月六日江戸出、八日間で着の御状飛脚が、間違って当十八日に届きました。

一、西教寺の禅明坊様、国蔵様、元浮様より三通届きました。
一、三月節句の前渡し金、一両（十三万円）を送るようにとのこと。前渡し金とはせずに、暮れの下し金の分を七日に差し上げます。
一、この度、金で一両二分（十三万三千円）は、銀相場で六五匁三分替えとなります。
一、御勘定帳、助郷帳。
一、残竹の書付一通。右の通り差し上げます。御受け取り下さい。利息の件ですが、銀一五〇匁に一割の金利を、去年より一六五匁に対して一割とすることができました。
一、江戸の状況が大変なので、領民は意見を言うなと申されましたが、逆らって意見を言うことになりました。先の御隠居様が、領地に長々逗留していたので困窮している村々の様子を御存知です。この村以外に田地を所持しておりません。西教寺の国蔵様も知っていますが、前々より困窮していて、領民が近年勝手に無用物を売り払うなどしていたので、去年より頼母子講《たのもしこう》が行われ、このようになっています。国蔵様に仕切って頂いております。このようなことを相談できないなら、村方一同は生活が成り立ちません。
一、新兵衛は、病気にて年貢取り立てできずに困っております。
忠右衛門は、未だ二か年の年貢を納められず。村の仕事ができません。
与惣吉は、丁稚《でっち》上がりで独り者なので、村の仕事ができません。

庄七は、腸の病気で、村の仕事ができません。

卯兵衛は、一人になり今日より働いています。

平兵衛は、親の介護で大変です。国蔵様が世話をしてくれました。

佐平次は、家族の食い口があやしく、困窮しております。

私共とてあやしく、近年色々問題があります。問題を抱える者に村がかりで助けてますので、私共一緒になって困窮しています。村方一統が困窮して、問題を抱えておりますので、送金を命じられても、どうにもなりません。故にとくと御勘考して下さい。
一、山門領に持っている田の内、下総門石垣の構え直すことになりました。
　　　　　　　　　　　　　　使佐平次　庄屋　年寄り
　御殿様
追伸　出稼ぎ者が所持している田畑の年貢と同時に出稼ぎ金の上納はできません。助郷の負担金さえ出せません。命令されても出せません。

※

　金利が下がった。前述の計算では、年率一二%だったから、この金利の引き下げで年率一〇%になった。現代で考えると業績が良く、債務不履行の可能性が低いと金利が下がる。逆に業績が悪く、債務不履行の可能性が高まると金利が上がる。金利の下がった一つ目の理由は、戸波家の借金の返済が順調であったこと。二つ目の理由は、天明の飢饉から脱出して好景気になり、そのピークが文化七（一八一〇）年頃と考えられ、文化十三（一八一六）年、この年は景気が下降する局面にあり、幕府財政も逼迫。寛政の改革が松平信明により継承されている最中でもあったので、江戸幕府が市中金利を下げる政策をとって、旗本御家人の救済を図った。その二つの理由から戸波家の金利が下がったようである。現代でも業績連動型の金利の引き下げと日本銀行の異次元の金融緩和による金利の引き下げというように、景気を支える方法は同じだ。

文化十三（一八一六）年も現代と同じような仕組みで動いている。西教寺と戸波家の関係は、現代でいう銀行と中小企業といった関係である。

「逆らって意見を言うことになりました」と、思い切り領民に逆らわれている。

時代劇の感覚だと「おのれー、百姓逆らうのかー、無礼討ちじゃー」といった感覚だが、戸波領では勝手が違った。やはり、地頭と百姓という関係より、穴太頭と穴太衆という関係が強いようである。先代の戸波清次郎が領内に滞在して、領民の現状を見ているわけだから、殿様としては領民の言うことを聞かなければならない。

領内で頼母子講があったようだ。頼母子講をやりながら生活しているようである。頼母子講とは、講員がお金を出し合い、一定の期日にくじなどで、その中の一人が所定の金額を受け取る。全員に渡し終えた時点で講は解散するという、いわゆる互助会である。その生活互助会を西教寺の国蔵様が仕切ってくれているようである。頼母子講でしのいでいる領民の窮状を殿様はどのように考えていたのだろうか。領地加増の収入増もあったが、借金の返済で領民の負担が増えているようである。

領民の窮状が生々しく書かれている。特に新兵衛さんは奥さんを亡くしたショックもあり、動けていないようだ。ここぞのピンチでリーダーシップを発揮しなければならない立場だが、生まれながらの殿様には荷が重そうである。

殿様が何も言うなと命令しても、庄屋さんたちは、さらに困窮している実情を書いている。「故にとくと御勘考して下さい」と、ここまで訴えられれば、殿様も行動しなければならないだろう。

穴太衆の本領発揮である。下総門の石垣を自分たちで直すのも当たり前だろう。この追伸は、庄屋さんたちの釘差しだろう。殿様に対して一歩も引かない態度である。年貢を頂いている立場の殿様もさぞや困っていたことだろう。

五月十五日　五月六日江戸出の尊書十三日に届きました。

一、御殿様久々に御病気が、段々に御快復とのこと。大変喜んでおります。十分に御養生して下さい。

一、当年の領民名簿を差し上げます。ご覧下さい。変更点は津右衛門倅、清七の娘、佐平次倅、帳面に加えました。佐助の後家の娘二人共除きました。

一、去年、将軍家の御法会の負担金の通知が来たので、負担金を納めました。その受取手形を差し上げます。受取手形の送り状の下書きも差し上げます。急いで書状を御読みになり、書状と一緒に献上品三品を送って下さい。到着次第、京都御役所へ納めます。

一、七日に下し金三両（三十九万円）を送れと指示されましたが、御病気だから必要であるという理由なので、色々働いて工面しました。

一、金三両（三十九万円）、一両につき銀相場で六五匁四分を差し上げます、受け取って下さい。すでに田植えの最中です。

一、卯之助が印形紛失したので、この度改めます。

使者甚兵衛　庄屋　年寄り

御殿様

※

殿様もこれだけ庄屋さんたちに抵抗されると、病気にもなるか。生活パターンを変えるのだろうか。開府以来二百年の生活パターンを変えるということは容易なことではないだろう。

「御病気だから必要だとのことなので」という、庄屋さんたちの優しさで送金してもらったようである。「御殿様、まさか仮病じゃないですよね～」。ご先祖様すみません。少し疑ってしまいました。

幕府は旗本御家人に対して、朝鮮通信使、琉球使節、日光御法会の負担金など、大名の参勤交代ほどの出費は求めていなくても、ちまちま負担させて、力を蓄えないようにコントロールしていたようである。

六月二十九日　六月八日到着予定が十六日に届きました。御法会一件、御手形受け取りその他手紙合わせて三品受け取りました。

一、当十九日京都御役所へ滞りなく納めて、引き換えに御手形受け取り帰村しました。この手形を御殿様に差し上げるよう仰せつけられましたので、早速差し上げますが、お金は調達できませんので、先延ばしにします。ごめん下さい。

一、この度、三両（三十九万円）送ります。

一、御役所からの引き換え手形一通、国蔵様よりの返書一通差し上げます。

一、当所、植付け後より雨天が多く天気が悪くて心配です。

一、当年、たけのこ一向に出てきません。当地だけでなく、総じてこの地域のたけのこの出来が悪いです。

戸波惣兵衛様　　　　　　使平兵衛　庄屋　年寄り

※

殿様を甘やかさず、お盆、正月、節句時に取り決めた下し金以上のお金は送らないという。庄屋さんの強い気持ちが表れている。殿様としては新たな作戦が必要だろう。作物の出来も悪く、たけのこも出ない。だから送金は難しい。庄屋さんのご意見ごもっとも。殿様の作戦やいかに。

九月十八日　八月十六日江戸出、六日間で到着の書状、飛脚屋より一日遅れて届くと連絡があり、同月三十日に届きました。西教寺の国蔵様、元浮様の書状も届いたと申していました。

一、当年、藪の新竹の件ですが、当地、非常にたけのこが不出来です。

一、今年の秋の収穫の件ですが、夏中より天気が悪くて、作物が不出来の上、稲がいもち病にかかり、非常に出来が悪く、小作人より年貢の減免願いが来ています。少々は減免しなければならないかと存じます。御許容下して下さい。

一、朝鮮人通信使の負担金を十月三十日に納めて、京都御役所に受取手形証文納めます。その他の国役負担金の通知は、今日まで来ていませんが、毎年の執行です。

一、百姓庄七、姉とらの儀、去年縁付きになりましたが、不縁にて帰り故、宗旨帳面に加えました。

戸波惣兵衛様　　使忠右衛門　年寄り清七　庄屋津蔵

※

弱っていた忠右衛門さんがお使いで江戸に来た。朝鮮通信使の最後の接待は一八一一年に対馬で行われたが、この書状は一八一六年のものなので、幕府は随分引っ張って集金しているようだ。幕府もお金に困っていたようである。朝鮮通信使の接待情報を知ったところでどうにもならない。幕府の指示通り負担金を納めるほかないのだ。

とらさんが出戻ってきたらしい。時代劇の感覚だと、そう簡単に離婚はできそうもないと思っていたが、ここまで見ていると出入りは結構あるようだ。

九月二十八日　九月十七日江戸出、六日間で着の書状が洪水にて二十六日に届きました。

先月三日からの台風の雨で、大洪水で困っているとのこと。御殿様が留守中の出来事で、御家内様方もご心配だったと案じています。風雨にて家周り少々損じたので、金三両（三十九万円）送るよう申されましたが、出稼ぎと年貢を合わせて、金六両（七十八万円）を工面しました。内一両（十三万円）は、秋の収穫の初納金です。早稲の刈り入れの最中ですが、初納金は前金で差し上げます。まず、修繕に使って下さい。

一、秋の収穫の件ですが、前回申し上げた通りに、凶作でありまして、百姓は困窮していまして、日々年貢の減免願いがあります。まずは刈り取ってからの相談と申し付けています。何分凶作なので、御容赦のほどお願いします。

一、金三両（三十九万円）、一両につき銀相場で六五匁五分を差し上げます。

使庄七　庄屋　年寄り

戸波惣兵衛様

※

江戸屋敷が台風被害に遭ったようである。それにしても安穏とした一年はなく、毎年出費が続く。三両送れとの指示に対して、倍額の六両を送金している。資金繰りはともかく、幕府直参穴太頭という面目もあるので修繕費用はかさむはずだ。また領民からしても、金食い虫の殿様だが、穴太衆としての世間体もあるし、「おらが殿様、ちゃんとした江戸屋敷に住んでもらおう」という気持ちの倍額送金か。

穴太衆は百姓仕事以外に、石積みの稼ぎがあったので、比較的他の村より裕福だったようだが、出稼ぎの帳簿は残っていない。

殿様の家の修繕代を稼ぐのも容易ではない。「まずは刈り取ってからの相談と申し付けています」という、庄屋さんのこの言い方だと、やはり庄屋百姓というよりは、戸波家の代官ですな。村の中には、技術者である穴太衆百姓と農民百姓の違いがあったのだと思われる。


十一月八日、十月十一日江戸出、八日間で着の御用書入り。書状二十一日に届きました。御用の趣承知しました。
一、朝鮮通信使の負担金の納付が、滞りなく済みました。大変喜んでおります。京都御役所に納めた証文の受取手形を受け取って下さい。
一、日光御法会の負担金を、十一月二十九日の金相場で納めるよう通達があり、私共、取りかかるようにします。証文手形を来月の納付日までに着くように、島本様より受け取って、こちらで預かっておきます。
一、当暮の下し金一〇両（百三十万円）ですが、春分を前渡しで送るように申されましたので、前もって西教寺の国蔵様に頼み、私共も西教寺に働きかけています。必死に工面した一〇両（百三十万円）を差し上げます。

一、当秋の収穫ですが、前回、申し上げた通りに凶作です。出稼ぎ者、小作人よりお願いがありました。比叡山領では一石に二斗五升の御救米が出ました。この地域全部が凶作です。なので、比叡山と同様に一石に一斗下さるとの願いを取り上げて下さい。地域全部が凶作で、比叡山からの少々の救米で皆済まそうとしています。色々勘弁して下さい。秋の収穫の初納等はできません。御殿様も困ることと案じますが、何分地域全部が凶作なので、年貢の取り立てができません。皆出来が悪く凶作で取り立てが難しく、私共は非常に困っております。

使宇兵衛　年寄り清七　庄屋津蔵

戸波惣兵衛様

※

家康が亡くなって約二百年続く御法会の負担金だ。将軍直参の地頭は大変だった。徳川家から領地を安堵されているのだから、仕方ないか。

前回と比べて暮れの送金の金額が、五十万円程度少なくなっている。質素倹約の寛政の改革が継承されている時期、文句を言わず少ない予算で生活しなければならない。

作物の出来も悪く、庄屋さんたちの強硬な態度表明が多くなっているので、送金が少なくても文句は言えないだろう。殿様も生活態度を改めなければなりませぬ。寛政の改革を始めた松平定信の意思を受け継いだ、松平信明が寛政の改革を引き続き行っている時だから、幕府方針に従って生活せざるを得ない。

隣領の比叡山領で凶作のため、御救い米が出た。戸波領も出さないわけにはいかない。台風で江戸屋敷が破損し、領地では体調の悪い領民が増え、あげくの凶作で、年貢収入が減って領民からのお救い米の請求、この負の連鎖を断ち切らないとダメになっていく一方。がんばれー殿様！

十二月十六日　十一月十九日江戸出の御用書入りの書状一通二十七日に届きました。

一、御法会の負担金を京都御役所に滞りなく納めました。大変喜んでおります。納めた証文の受取手形を受け取って下さい。御殿様より手配をよろしくお願い申し上げます。

一、当下し金を一〇両（百三十万円）、金一両につき銀相場で六五匁七分を差し上げます。御受け取り下さい。下し金は十五日頃までに送ります。当年は不作で取り立てが難しく少々先延ばしになりました。

一、当年凶作について御容赦有り難く存じます。当村すべてが悪作なので、色々考えて一石につき七厘を減免して年貢を納めます。
一、山門領の田畑ですが、一石五斗減免しました。先年からの山門領の減免願いについてなんとかなっていますが、私共は苦労しています。
一、年貢米一石につき五〇匁二分（一〇万八千円）で売り払いました。
使　庄屋津右衛門　年寄り清七
戸波惣兵衛様

※

なんとか暮れのお金を送ってもらったようだ。

殿様が年貢の減免を許可した。「よおーっ、名君！」、当たり前か？

山門領は比叡山の山裾にある傾斜地で耕作には向かない土地。少しの天候不順で不作になってしまう。

前回より年貢一石につき三万五千円高く売れた。少し朗報だ。

年末に隣村の下坂本が大洪水になり、いもち病もはやって、不作による百姓一揆が起きて、表戸を閉ざして年末の支払いを拒否するなどした。

次は、隣村で一揆が発生した翌年の記録。領地高畑村では一揆は起きなかった。

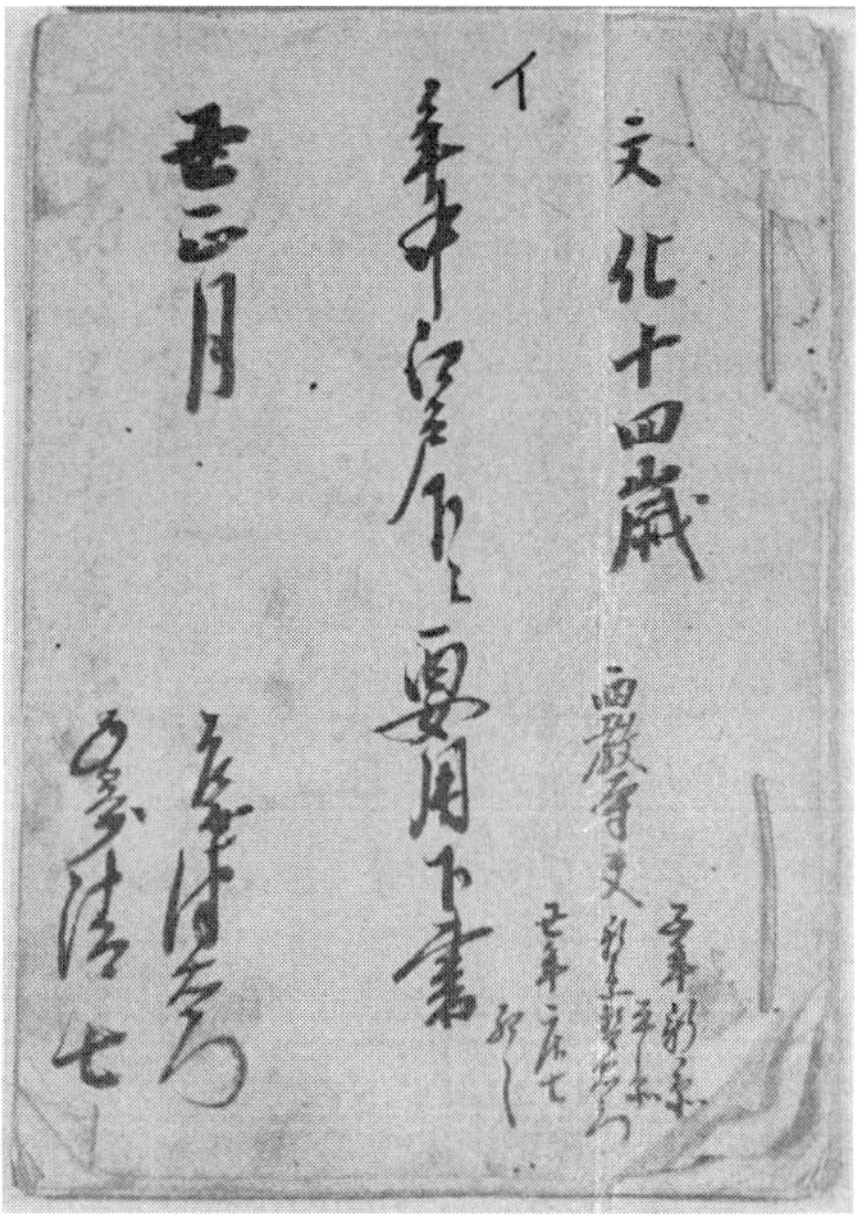

「文化十四歳　年中江戸状要用下書」（中嶋秀和氏蔵）

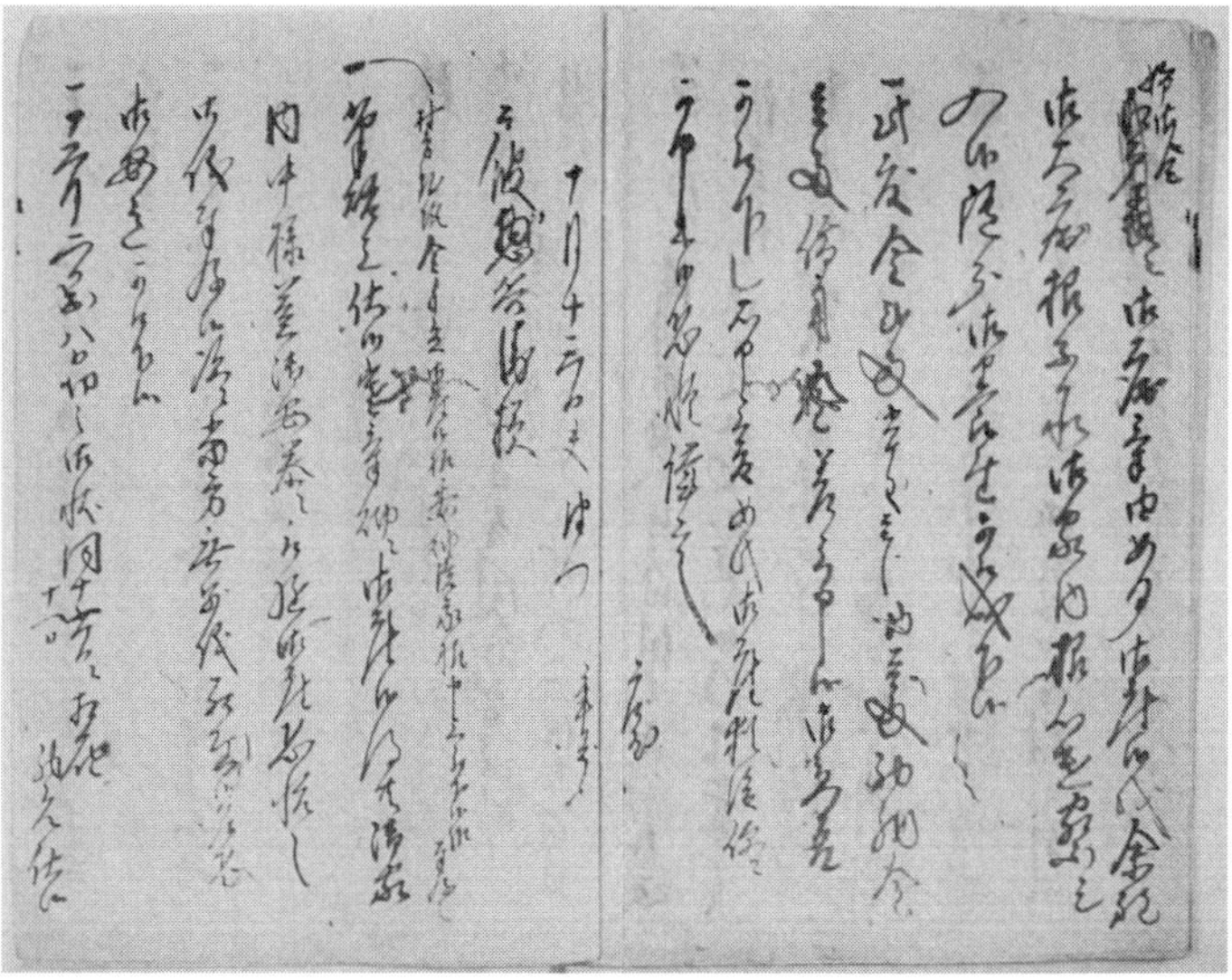

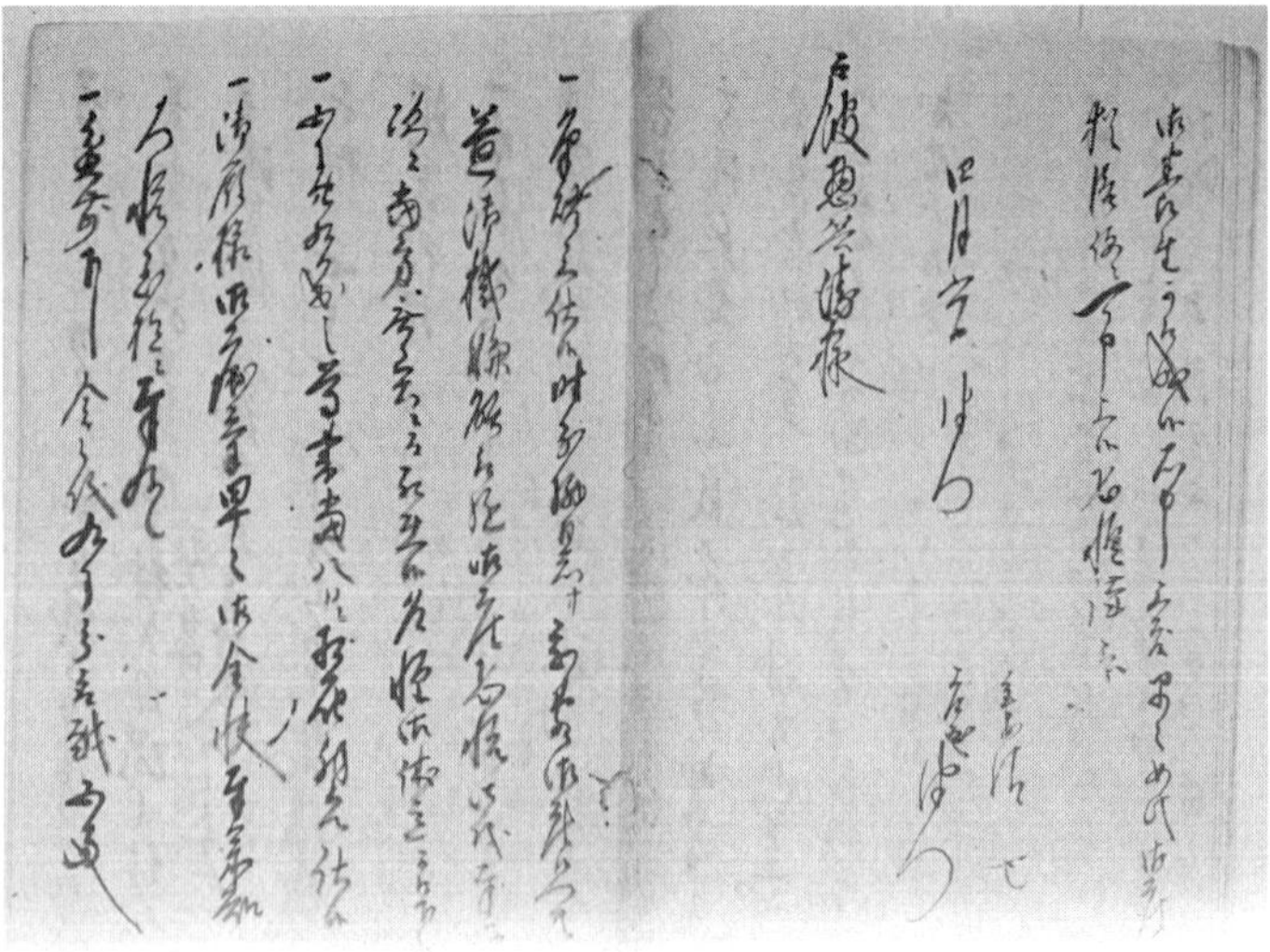

「文化十四歳　年中江戸状要用下書」（中嶋秀和氏蔵）

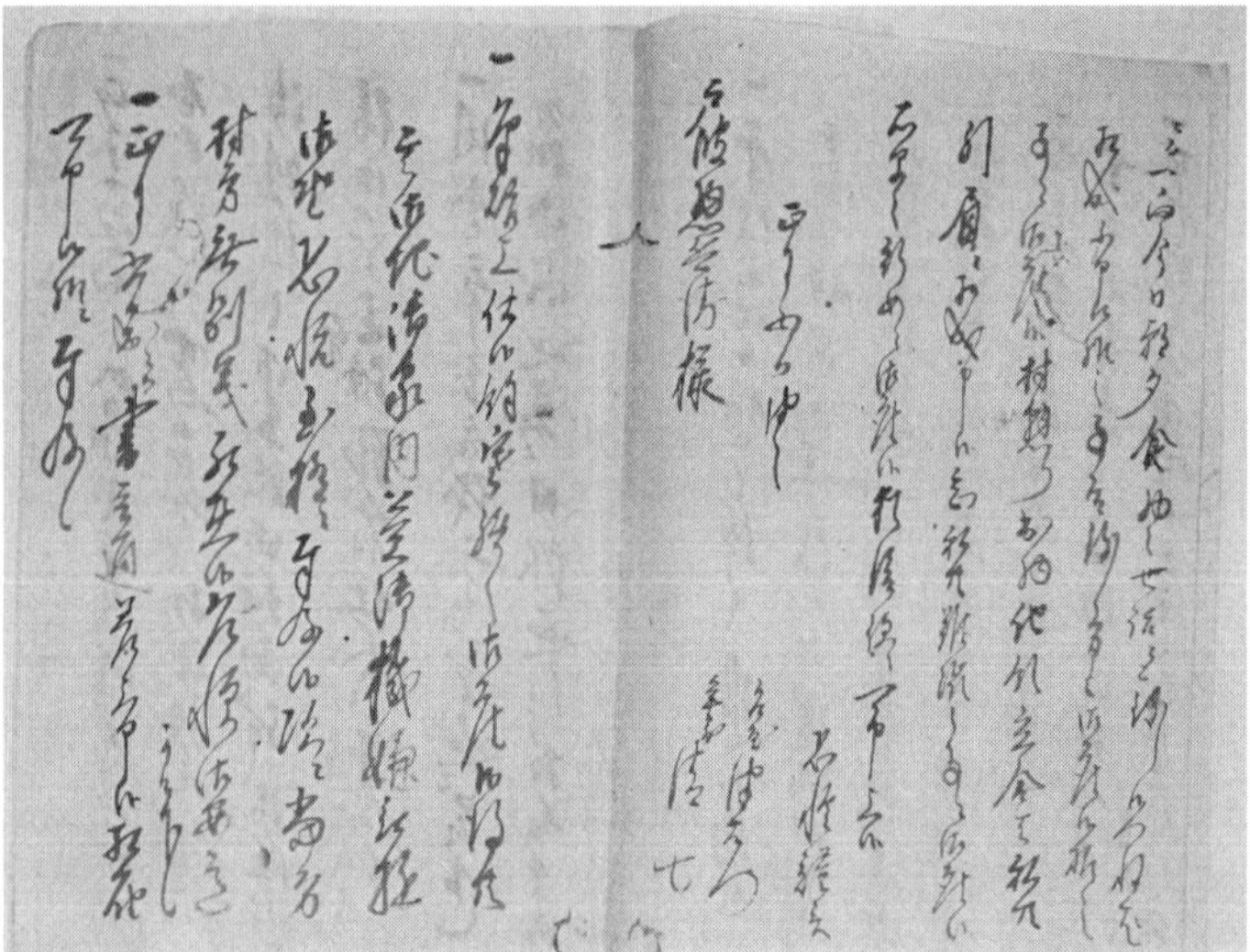

文化十四歳（年）　年中江戸状要用下書

正月五日　西教寺の禅明坊様、国蔵様共に二通差し上げました。

一、一筆啓上、寒さ続きますが御地ますますご安泰に遊ばされ、栄えと存じます。私共も無事にて御安易下さい。

一、昨冬十七日出、金一〇両（百三十万円）入り、御用書を七日間着で差し上げました。

一、年末は不作で、多くの百姓が年貢を納められず、大変困りました。よって、年末の勘定ですが、少ないですが借金を約三十万円返しました。委細は追って計算します。

西教寺　使新兵衛　忠右衛門　庄七　卯兵衛

戸波様

※

一揆の起きた下坂本村は、琵琶湖に面しているので洪水被害が多く、一揆が起きたようだが、当高畑村は凶作でも一揆は起きなかった。穴太頭と穴太衆という関係上、一揆の起きにくい統治体制が良かったのかも知れない。

奥さんを亡くして寝込んでいた新兵衛さん。動けなかった忠右衛門さん。腸の病気だった庄七さんが顔見せに、江戸にお使いでやってきた。この行動も穴太頭と穴太衆の絆を感じる。めでたしめでたし。

二月十五日　正月二十一日江戸出、八日間で着の書状届きました。

一、下し金の件ですが、西教寺の洗家様方へ伝えて、内容を承知しました。できるだけ働くように考えています。洗家様より申し聞かされたのは、当三月分、五月分の前渡し金、二両（二十六万円）を工面するように、殿様に言われたとのことですが、洗家様が当月三日に出発して諸国巡礼をするので、帰国してから相談するということです。

一、この度の下し金は二両（二十六万円）、金一両につき銀相場で六五匁五分です。

一、御勘定帳、助郷帳共二冊差し上げます。

一、御殿様はじめ、御隠居様より年始の挨拶状を頂き有り難く存じます。

一、百姓佐平次の弟佐助が、この度、家を建てるにあたり、宿を借りて仮住まいします。百姓一軒の相続のことお願い申し上げます。国蔵様と相談して、下屋敷の畑の内に留めておきました。御許容下さい。

一、庄屋の件ですが、これまで滞りなく務めてきましたが、近年、京都御役所の手続きや比叡山延暦寺との交渉など、多用になりました。庄屋役の退役をお願いします。何分、多くのことに気の利かない私なので、困っております。何卒、退役の件お願いします。

一、百姓五人組帳、前々よりの組ですが家数が減り、その後改めて二組にしました。御承知して下さい。

一、西教寺禅明坊様、国蔵様に米届け帳を早々に届けるよう申し上げています。

使平兵衛　年寄り清七　庄屋津右衛門

戸波惣兵衛様

※

西教寺の担当が、弾正様、国蔵様に続いて洗家様に代わった。凶作の翌年のためか、下し金の送金金額が少なくなったようである。

佐平次さんの弟佐助さんが独立するのはめでたいこと。当たり前ですな。年貢収入も安定する。殿様は江戸にいて領国の下屋敷など使っていないだろうから、「使っちゃいましょう」と国蔵様と庄屋さんで決めて、殿様に事後承諾を取っている。この時に惣兵衛殿様は七十近いはずだから、通例通りのことは庄屋さんに任せている。しかし領国に上屋敷、下屋敷を所有していたとは驚きだ。戸波家の上屋敷は古地図上に載っているが、下屋敷は載っていない。どこにあったのか興味が湧く記載である。

昨年末に庄屋の津蔵さんは名前を変えて「津右衛門」になったようである。津蔵さんは一八〇四年に、父津兵衛さんから庄屋を継いだので、かれこれ十三年務めている。朝鮮通信使の通達の見逃し、飛脚の公文書の紛失、国役負担金の工面の問題など苦労が多かったあげくの昨年の凶作問題で疲れてしまったようである。庄屋の退役願いは、殿様のピンチ。凶作などで家数が減り、五人組が成立しないところがあり、組み直して二組になってしまったようだ。一八〇四年では農作業五人組が三組で十五軒、百名前後の領民数と考えられるので、この凶作後、組数が減って五人組が二組で十軒、七十五名前後まで領民が減っているようである。これもピンチだ。

四月二十一日　三月二十八日江戸出、八日間で着の書状四月五日に届きました。
一、来る五月の節句前の下し金一両（十三万円）、七月予定の下し金の残り金一両（十三万円）合わせて、都合二両（二十六万円）送るようにとのこと。国蔵様と相談の上で工面しますが、臨時での送金はできません。取り決め通りに動きます。
一、金二両（二十六万円）、金一両につき銀相場で六五匁四分を差し上げます。
一、百姓佐平次の弟、佐助屋敷の件ですが、西教寺隠居の国蔵様と相談の上でなりました。御容赦して下さい。佐助を組み替えたので五人組の帳面を追って差し上げます。
一、庄屋津右衛門退役願いの件を承知して下さい。私の件ですが、西教寺洗家様や延暦寺との交渉事を行い、借財も返済しました。百姓たちの相続が増えるように、洗家様に相談しています。
一、当地、植付けにかかり、忙しくなりました。
戸波惣兵衛様
使右衛門　庄屋津右衛門　年寄り清七

※

取り決め以上の送金はできないとこれだけ言われても、今までの流れだと、殿様は粘る。殿様の本音を察するに、「あー言っても、津右衛門は送金してくるから大丈夫」と簡単に考えていたかも知れない。しかし、お金は取り決め通りに送られてきたようである。

殿様も西教寺の国蔵様には逆らえない。なんたって貸し主だから。西教寺隠居の国蔵様の名前を使うにあたり、庄屋さんもツボを掴んで殿様と交渉している。

前回の書状から五人組が成立していないようなので、百姓の相続放棄（逃散）や絶家が発生しているようだ。津右衛門さんは頑張っているが、庄屋退役の意思は固いようである。

六月十七日　六月六日江戸出八日間で着の書状十五日に届きました。
一、盆前の下し金の件ですが、四両二分（五十四万六千円）送るように言われましたので、国蔵様に相談したところ、よろしきように取り計らうよう申されましたが、洗家様がこの度、大病にて相談できませんでした。私共、西教寺と直接掛け合いましたが受け付けてもらえず、お金の工面ができかねます。少しずつでも工面するようにしますが、少し先になるでしょう。承知して下さい。

前回に申された一両二分（十五万六千円）の工面もできず、国蔵様らに相談して、少しでも調達できるようにと思いましたが、何分洗家様が大病にて、やりようがなくなりました。盆前の手当ては左様になりご報告申し上げます。

一、四月大雨にて、所々田畑が損壊して、皆、困っております。天神田の二か所が大損壊していいます。ほかにも稲がいもち病になっています。

戸波惣兵衛　　　　使庄七　庄屋　年寄り

※

西教寺の担当国蔵様が隠居して、洗家様に担当が変わった。その洗家様が大病で全く動けない状況だと説明している。殿様も現地にいない以上、洗家様の大病を信じるしかない。殿様に倹約させるための庄屋さんたちの駆け引きだとしたら、非常に上手な駆け引きだが。殿様は盆前のお金の手当てで追い込まれている。

このくだりで、盆前の手当ては期待できなくなった。江戸で工面するしかなさそうである。家康に宇多国宗の刀をもらった活躍をしていた先祖に比べると、確実に格が落ちてきたようである。

江戸時代二百六十年間の年貢は、開府当初の頃の検地で決められていたので、貨幣経済に変化していても、武士の収入は変化していなかった。つまり、武士は賃上げのない階級になっていたのだ。それでは貧乏になってしまうのも当然か。穴太衆は「穴太積み」が出稼ぎの副業収入になっていたので、他領よりは余裕があったようだが。

六月二十八日　六月十七日江戸出八日間で着の書状一通差し上げました。

一、この度金三両（三十九万円）、金一両につき銀相場で六五匁を差し上げます。御受け取り下さい。前回申し上げましたように、洗家様病中につき、仕方なくこのようになりました。

一、洗家様大病の件ですが、段々全快になりつつあります。

片岡左内の家族は、長々病気の療養中でしたが、この度、願いかなわず、一両日も持たないと思います。夫婦の病人なので当惑しています。

一、今年の作付の件ですが、先に知らせたように、天気が悪く不作で、田のいもち病が全所となっており、非常によくない状況です。

御殿様　　　使　　庄屋　　年寄り

※

この年、疫病が発生したという記録はないが、前年は隣村で一揆が起きるほどの凶作だった。当然、当高畑村も凶作。栄養状況が悪いことは予想できる。先々尾を引きそうである。

片岡左内と名字が付いている。主に石積みの仕事をしている領民は、名字を名乗っていたようである。このような家臣が、織豊時代から江戸時代前期に城郭の石垣を積みに、各大名家に穴太衆として仕官していたのだ。

「田のいもち病が全所となっており」とは、私も農家をやっているが、全所いもち病では米の収穫はできないだろう。昨年の凶作に続いてのことだから、放ってはおけないだろう。殿様の現地視察が必要だ。

八月二十四日　七月八日江戸出八日間で着の書状二十八日に届きました。右御書状承知しました。

一、金二両（二十六万円）、金一両につき銀相場で六五匁三分と領民名簿二冊、竹林管理帳を一通差し上げます。
一、片岡後家、当七月に亡くなりました。
一、右衛門女房、当四月亡くなりました。
一、佐平次の妹いく、当七月亡くなりました。右三人共、領民名簿から除きました。
一、当作付の件ですが、いもち病で稲がすべて枯れました。当年の年貢の取り立ては難しいでしょう。左様に含みおき下さい。
一、片岡の後家が亡くなって、印鑑を紛失してましたので、この度改めました。
一、六兵衛の屋敷の田畑の件ですが、地面が悪く作物の不作が続いているので、この地面を津右衛門が頂戴して畑にします。後日、土砂を入れ替えて土壌改良をして、作物を相続し本田地面と致します。

使佐平次　庄屋　年寄り

戸波惣兵衛様

追伸　五人組合議にて二組にしたいが決まりません。佐助屋敷願いの件は御許容お願いします。

※

悲しい出来事だ。二百年前のこととは言え、関係者なので当事者感覚がある。二百年後の子孫から、御愁傷様です。

凶作の翌年なので、栄養状況が悪くなることは分かっているので、対策もあったと思うが、なんとかならなかったのか。「書状だけで判断するな、お前に言われたくない」と怒られそうだが。

それにしても女性の死亡率が高い。男尊女卑の傾向が強い時代背景や、労働の中心が男性で、男性の労働力が生活を支える中心であったので、男性を優先して女性のほうが栄養状況は悪かったのかも知れない。

「いもち病で稲がすべて枯れました」と、二年連続の凶作決定連絡だ。年貢を納めてくれる領民は減り、さらに凶作では、今年をしのぐのが大変になった。

前記新兵衛さんも印鑑を失くしたと報告があった。現代と同じで、実印は大切なもののようである。

「地面が悪く作物の不作が続いている」とある。六兵衛さんには土壌改良をして作物を多く取る能力はないようで、庄屋の津右衛門さんが所有して、土壌改良をして作物の出来を良くするようである。六兵衛さんも作物が取れない中で、年貢負担だけをするよりは、悪地は手放したほうがよさそうだ。収穫量が上がれば、津右衛門さんは収入が増える。殿様の年貢は増える。六兵衛さんの負担は減る。土壌改良によって、収穫量が増えることが条件だが、三方よしとなる。近江商人発祥の地だね。

追伸は五人組の連座制などの縛りも多く、どうせなら健康で働き者の家族と組みたいものだ。なかなか五人組が決まらないらしい。

九月二十一日　八月二十九日江戸出六日間で着の書状、当月六日に届きました。

一、九月六日江戸出し六日間で着の書状、同十七日坂本の飛脚により届きました。

一、土の気が盛んになる土用なので、御用金三両（三十九万円）の内一両（十三万円）を初納金。二両（二十六万円）はこの冬まで借財にして下さい。国蔵様が先頃より病気になりまして、非常に悪く、また洗家様も病後にて、お金の工面ができませんので、先延ばしにして下さい。

一、五人組帳差し上げます。

一、秋の収穫の件ですが、所々を見て歩いたところ、少々の年貢の減免をしなければなりません。困ったことになりそうです。

一、六兵衛の屋敷の畑の件ですが、土壌改良も問題なく、年貢、升数、所持畑にて申し付ける予定です。

年寄り清七　　庄屋津右衛門

戸波惣兵衛様

※

資金繰りも西教寺の国蔵様、洗家様がいなければどうしようもない状況が続いている。五人組が決まり、五人組帳が届いたようだ。

この前の書状では稲作全滅の報告だったが、少々の年貢の減免でよさそうとの報告。六兵衛の屋敷の畑の件でどうやら六兵衛さんは、庄屋さんの小作をするようである。作物の取れない悪地を耕して年貢負担をするより、良地を耕して生活するほうが良策。最善の領地経営に庄屋さんも努力している。

十月三十日　十月十六日江戸出八日間で着の書状二十六日に届き拝見しました。

国蔵様御病気段々よくなってきました。

一、御法会の負担金の通達が、当二十六日の夜廻りで届きました。来月晦日の相場に応じて納めます。この度、送り証文の下書きを国蔵様より頂き差し上げます。

一、御屋敷の修繕が終わり、当十月中に引き移るとのこと、何かとご多用のことと存じます。

一、当秋の収穫の件ですが、領内すべて非常な凶作で、百姓は非常に困窮しています。年貢の取り立ては難しく存じます。
一、六兵衛屋敷の畑の件ですが、津右衛門の願いを聞いて頂き有り難うございます。
一、穴太衆の出稼ぎ屋敷の川原喜平は惣右衛門に、善右衛門は三兵衛と名前替えしましたので、承知しておいて下さい。

戸波様　　　　　　　　　　　　　　　　　　　　　　　　庄屋　年寄り

※

凶作が続こうが幕府は遠慮なく、毎年の御法会、家康の法事を行っている。ここまで見ると、徳川家の法事が末端の百姓にまで影響している。

江戸屋敷の台風被害の修繕に約一年もかかっている。相当な被害だったようである。やはり凶作で年貢の取り立ては難しいようだ。二年連続の凶作とは厳しい。殿様の領地経営の手腕が問われている。屋敷の修繕ができて喜んでいる場合ではないだろう。川原喜平さん、名字が付いていたが、「川原」という名字を名乗るのをやめてしまったらしい。石積みの仕事が減ってしまい、本来の穴太衆の仕事を辞めて、百姓仕事に軸足を置いて生活するためと考えられる。穴太衆の不思議な立場の表れか。

十二月七日　十一月十四日江戸出二十二日届きました。
一、日光御法会の負担金納めました。御安心下さい。御役所よりの受取手形差し上げます。
一、江戸御屋敷の修繕が終了して、引き移るとのこと、何かとご多用のことと存じます。
一、百姓佐平次の弟佐助が家を建てるにあたり、国蔵様と相談の上で、竹林の竹少々差し出しました。よろしくお願いいします。
一、庄七の姉とら、先年縁付きましたがこの度不縁にて帰りました。
一、当年凶作なので、色々働きましたが領内にて、年貢米三斗五升を減免しました。
一、当暮の下し金の件ですが、七両（九十一万円）を差し上げるよう働いています。米相場が非常に下値なので、多分工面が難しいと思われます。七両（九十一万円）より少々少なくなるかも分かりませんが、来る二十四日―二十五日頃、江戸に着くようにします。

使平兵衛　庄屋　年寄り

御殿様

※

享和四（一八〇四）年の殿様の暮れの下し金は、一五両（百九十五万円）だった。文化五（一八〇八）年も一五両（百九十五万円）。文化九（一八一二）年の下し金は一四両

(百八十二万円) に微減で、文化十三 (一八一六) 年の下し金が九両 (百十七万円) に激減、文化十四 (一八一七) 年は一〇両 (百三十万円) に微増。文化十五 (一八一八) 年、凶作続きのこの年は七両 (九十一万円) まで少なくなっている。この後、文政三 (一八二〇) 年はついに四両 (五十二万円)、文政四 (一八二一) 年は五両 (六十五万円) に激減している。約十五年で三分の一に減ってしまった。

戸波家の下し金の変遷が、江戸時代の景気不景気の波に一致していることに驚く。天明の飢饉後、寛政五 (一七九三) 年から寛政の改革が始まって、景気が上向き、文化七 (一八一〇) 年がピークとされている。下し金も一八〇八年の百九十五万円が一八一〇年の好景気のピークを境に減っている。幕府直参御家人の知行取りといえども、経済の好不況の波に翻弄されていた。特に石積み (穴太積み) の副業を抱えていた事情から、余計に好不況の波に影響されていたようである。

庄七の姉とらさんが出戻ってきた。結構出戻りがあるようだ。

十二月十六日　当月八日高畑村出の御用書八日間で着、差し上げます。

一、当年の年貢取り立ての件ですが、凶作にて心配していましたが、頑張って取り立てました。しかし、非常に困窮している者からは、取り立てできないところもあります。私共も毎年、苦労の極みの生活になっております。
一、この度金七両（九十一万円）、金一両につき銀相場で六五匁六分を差し上げます。
一、米相場で一石につき四一匁五分（九万円）で売り払いました。米の値段が下がり、借金の返済ができません。左様に思し召し下さい。

使庄七　庄屋津右衛門　年寄り清七

戸波惣兵衛様

※

米が全く取れないほどではないようだが、領民の生活環境が悪化の一途をたどっている。庄屋さんたちも凶作時の年貢の取り立ては嫌だったのだろう。暮れの下し金は予定通り九十一万円になった。領地が凶作の中で、決まり事とはいえ有り難いことである。

残念ながら米の値段が下がった。この時代、大津にも米会所（米相場）ができて、米の需給で値段が決まる。凶作だったのは高畑村のある地方だけと考えられ、他地域が豊作だったと考えられる。また、江戸時代を通して、武士の給料の基準はお米だったから、米の値段は、米の需給だけでなく経済にも左右されていた。このように領地の高畑村は、農業には適さない土地柄だったので、逆に石積みの穴太衆が生まれたと考えられる。

次は、一八一七年から三年経過の一八二〇年、文政三年になる。二年連続の凶作後の領地高畑村はどうなったのだろうか。

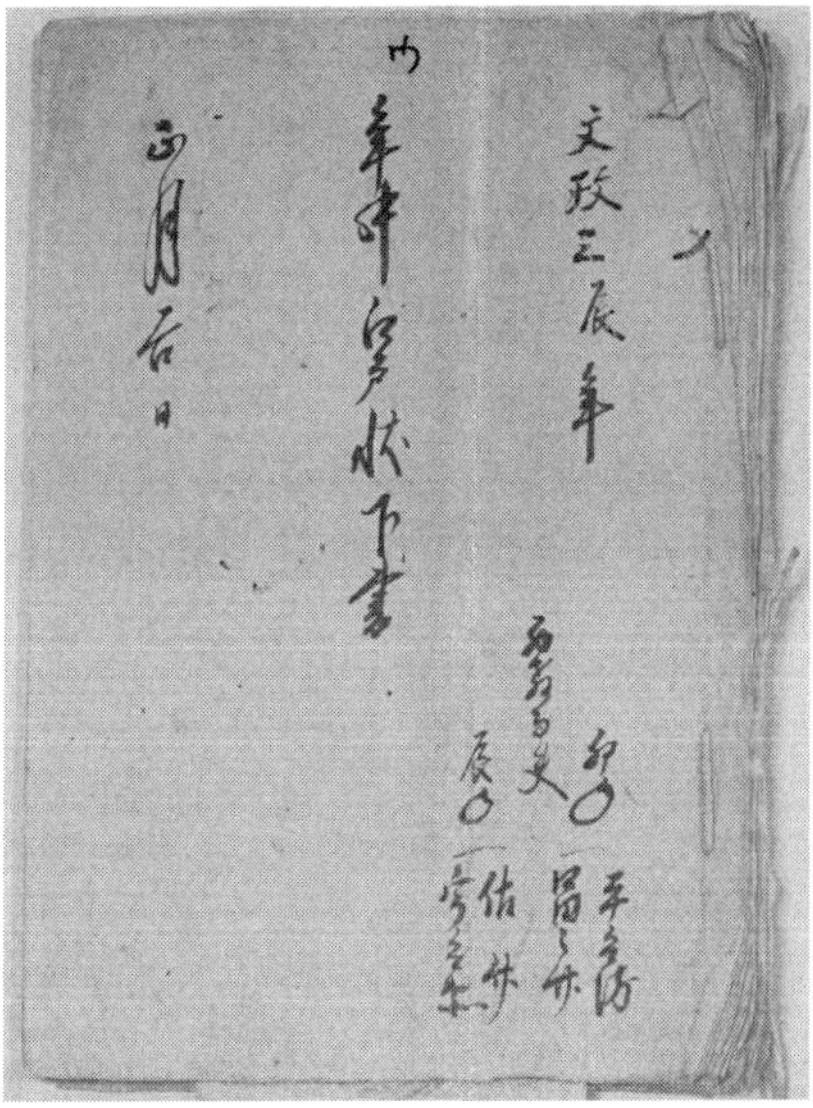

「文政三辰年　年中江戸状下書」（中嶋秀和氏蔵）

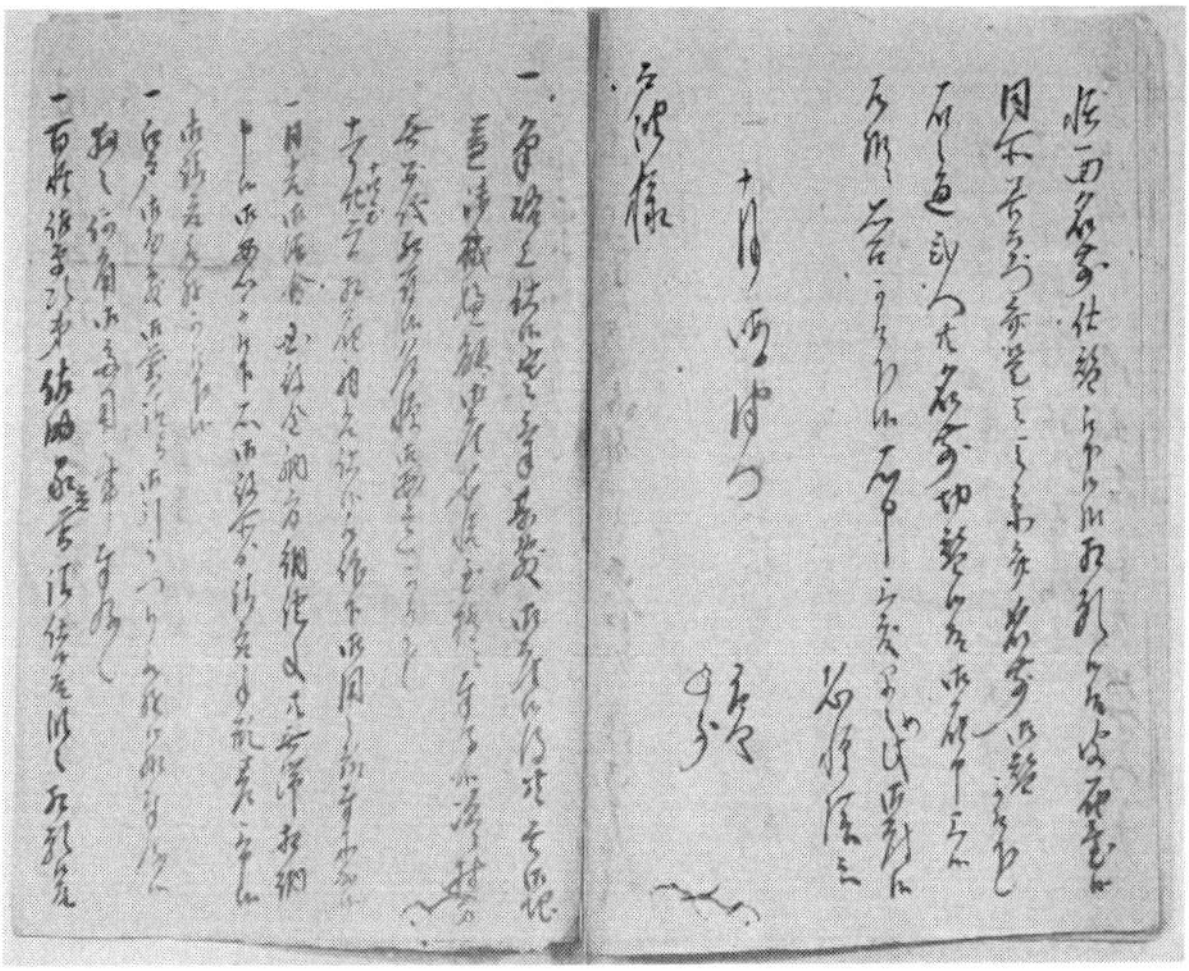

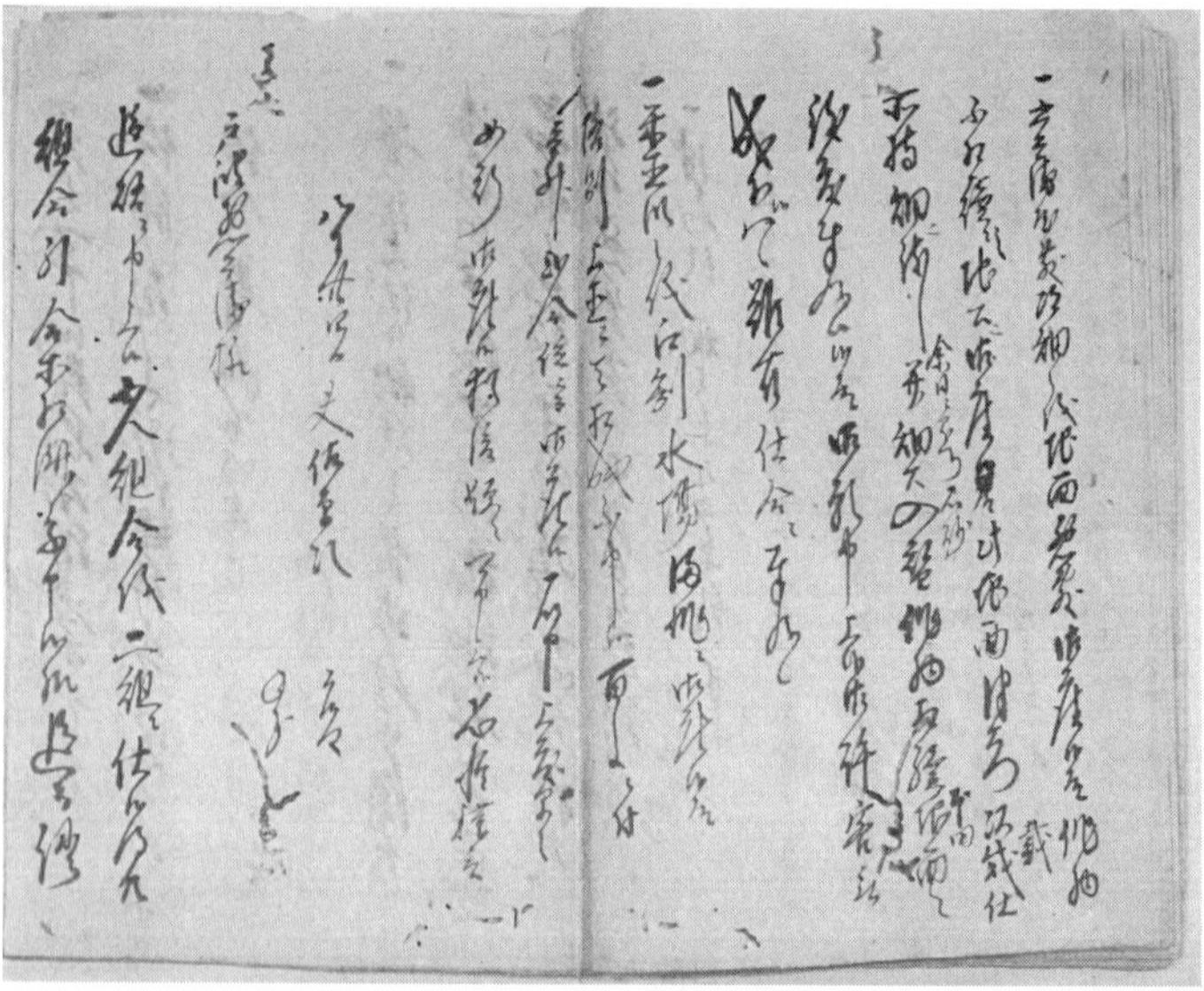

「文政三辰年　年中江戸状下書」（中嶋秀和氏蔵）

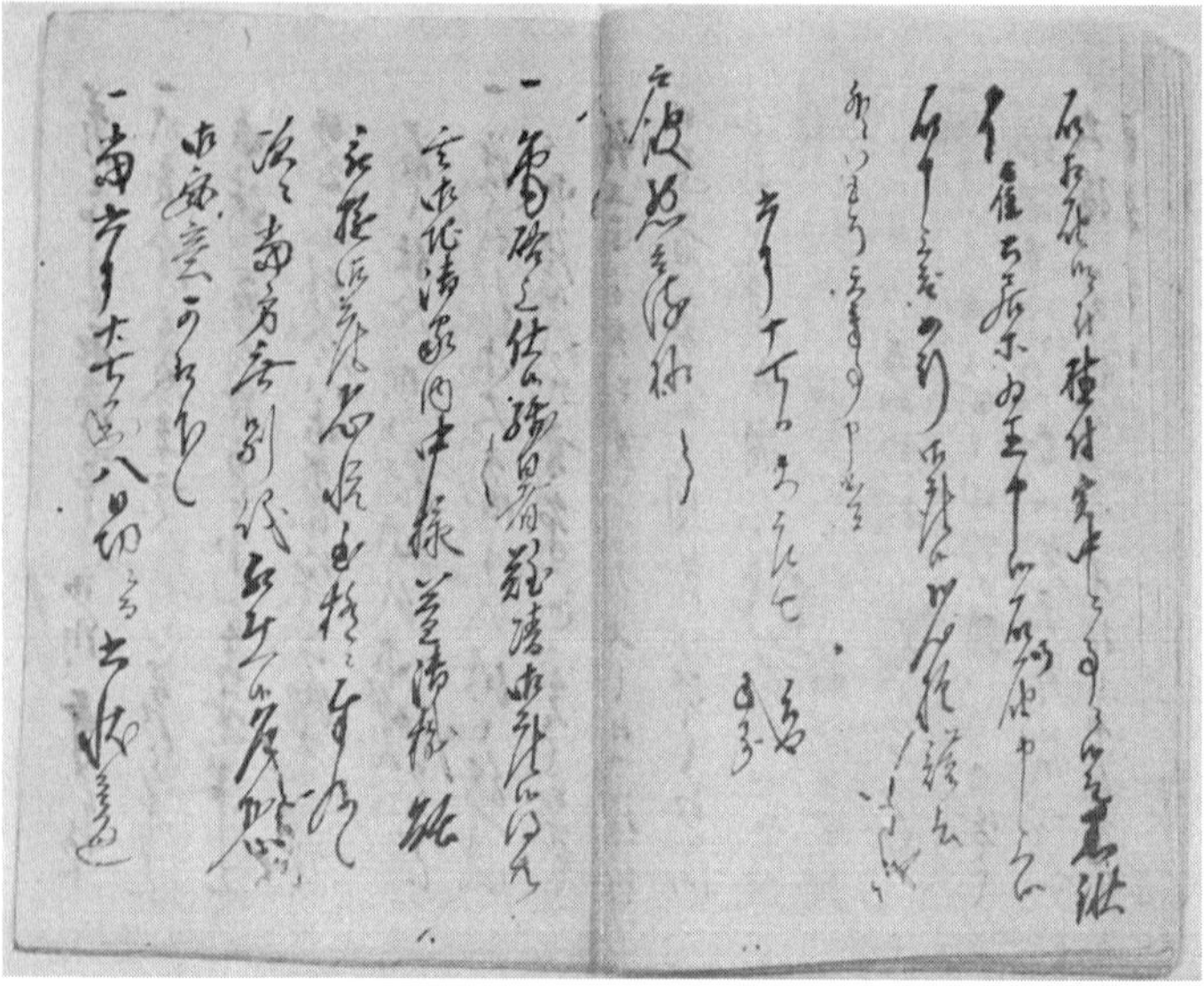

文政三辰年 年中江戸状下書

正月吉日 去る十二月十七日高畑村出、金四両（五十二万円）と御用入りの書状一通差し上げます。

一、百姓新兵衛家ですが、田畑共に年貢を納めていませんが、今日も朝夕、食べ物の世話をします。致し方ございません。年貢は村総がかりの納めです。非常に困っております。

庄屋津兵衛 年寄り清七

戸波惣兵衛様

※

新兵衛さんは再登場。奥様を亡くしてしまって、心が折れてしまったのだろうか。一時は江戸へのお使いもできるほど復活していたようだが、また動けなくなってしまったようだ。「今日も朝夕、食べ物の世話をします」とあるように、他村とは比べようはないが、この記載を見ると、穴太衆は五百年以上高畑村に土着しているので、他村に比べて仲間意識が強く、面倒見も良かったのではないだろうか。

一月二十七日　正月五日高畑村出の書状一通差し上げます。

一、正月十二日江戸出八日間で着の書状、大井川留めになったと飛脚屋より連絡があり、遅れて二十五日の夕方に届きました。御別紙の御年始の挨拶の御紙に、特に御隠居様御伝言有り難き幸せです。

一、御用金三月分の前渡しを二月三日迄に送るようにとのこと。書状が川留めになり到着が遅れたので、送金が遅れます。

一、この度金二両（二十六万円）、金一両につき銀相場で五六匁七分。

一、御勘定と助郷帳二冊。

一、山門領は荒れていますが、収穫できた者がおり、当年より初めて一斗五升の年貢を納めました。なので当年の山門領の年貢が一斗五升増えました。

一、竹林の残竹が四三本になりました。残竹は銀主（西教寺）への質に入れておきました。

一、以前からの庄屋役退役の件ですが、前回お願い申し上げた時、両三年は務めるよう仰せつけられてから三年経ちました。近年、色々なことをこなすのが、段々と難しくなっており、非常に困窮しています。何卒、この度で退役許可をお願いします。

使留之介　年寄り清七　庄屋津右衛門

戸波惣兵衛様

※

ここ十六年間、山門領は猪鹿の害で荒れていたが、対策に効果が出たようで、作物が少し取れ始めたようである。小さな朗報。

残竹の報告が多くなっている。建材としても有用な竹は重要な資金源。竹林がさびしくなっているのに、西教寺に残竹も質入れして、資金繰りをしている。現代なら土地を担保にお金を銀行から借りるが、江戸時代は竹林を担保にお金を借りている。まさに西教寺銀行だ。

なんとか津右衛門さんの庄屋退役を引き止めていたが、約束の三年が経ってしまった。退役を許可するしかないかな。

三月二十七日　奉願上げ口上書

一、庄屋退役の件ですが、去る文化十四（一八一七）年にお願い申し上げた時、両三年は務めるように仰せつけられてから、又々三年を務めました。近年物事が難しくなり、仕事が多すぎて困窮しています。何卒、この度の退役の件、お願い申し上げます。

庄屋津右衛門

戸波惣兵衛様

※

今までは、領地から江戸に送る江戸状の中に、庄屋退役願いを書いていたが、今回は用件が庄屋退役のみの「奉願上げ口上書」という形でお願いしている。殿様は認めるしかないだろう。追い込まれました。

この年中江戸状下書きのやり取りから推測すると、戸波領での庄屋とは親から相続して庄屋を継ぐということではなくて、穴太頭家の「家老＝庄屋」という立場だ。戸波領の統治体制は、一般的な江戸幕府の統治体制と違っている。

前記、京都御役所で庄屋さんたちが「地頭より納めるはずなので、庄屋が納めることはならない。当所の別の家来に持って来させなさいと仰せつけられました。私共は庄屋家来でございまして、何事も取り扱いしておりますのでお納め下さいと申し上げたところ、帯刀上下の侍のようだが、本当は百姓庄屋なので、納めることはできない」と申し開きをしていたように、地頭と百姓ではなく、穴太頭と穴太衆という統治体制が成立していた。「百姓侍穴太衆」、これもマイナーな歴史の発見である。

四月六日　三月十五日江戸出、八日間で着、二十八日に届きました。

一、御用達の二両（二十六万円）を、五月分と七月分を合わせて、四月七日頃に前渡しで工面致します。金二両（二十六万円）を差し上げますので受け取って下さい。

一、津右衛門退役の件ですが、御聞き届け頂き有り難く奉じます。併せて両三年は務めるようにとの申し付けによりしばらく務めます。

一、百姓新兵衛は長々病気なので、村方も国蔵様でも世話が続きません。少々病気も快方しているので、四国巡礼に出立したいと申し出ています。しかし病中だったので、借財も多分にあり、巡礼はよくないことと思いますが、面倒も見きれないので認めます。しかし領民名簿から外すことはできないので、村方より出立するのは問題があると考え、出生、親類方の所属により出立するようにしました。

一、御殿様長々と御目が悪かったようですが、しかし段々と良くなってきたと申されたので安心致しました。春の季節になり、より良くなるように存じます。

使誠右衛門　年寄り清七　庄屋津右衛門

戸波惣兵衛様

※

一八一六～一七年の連続凶作以来、財政の改善ができていないようだ。殿様の前借りが多くなっている。十五年前に比べて下し金が三分の一になっているので、前借りもやむを得ないと思う。なんとか殿様も三分の一のお金でやりくりしている。

「併せて両三年は務めるようにとの申し付けによりしばらく務めます」

おっと庄屋役継続になった。殿様の力は強い。津右衛門さんが辞めたいとお願いしてから三年。三年経って、やっと三年後に庄屋役を辞める権利を勝ち取った。辞めると言って都合六年務めた。気の長い時代だ。

新兵衛さんの話は面白い。新兵衛さんは、この「江戸状下書き」においては、登場回数から準主役級の存在。この件を推察すると、新兵衛さんは一八一六年に奥さんが亡くなってから、動けなくなったようだ。途中、江戸へのお使いができる程度に復活したが、また動けなくなり、村方や西教寺国蔵様などに食事の世話になっている。

一般的な人なら、世話になりすぎることに心苦しくなってくるだろう。新兵衛さんはこの状況から脱する方法として、神仏頼みで健康を取り戻すために、四国巡礼を希望したのだと思う。四国巡礼をするためには、この時代のルールを守る必要がある。

領地内であるなら地頭権限でなんとでもなるが、他領に出るなら幕府のルールに従わなければならない。関所などを通過するにも、逃散ではないことの証明を得て、地頭に許可されての四国巡礼でなくてはならない。しかし体調不良者に四国巡礼を認めることはできない。そこで、親兄弟のお願いという形にして、責任を持ってもらい巡礼に向かわせたのではないだろうか。
このままでは迷惑ばかりかけるので、四国巡礼効果で病気が治るか、野たれ死ぬかを選んだのかも知れない。

六月十六日　五月二十九日江戸出の尊書、八日に届きました。
一、御殿様の御病気早々に全快なり、大喜びです。
一、盆前の下し金の件ですが、九月分の五両（六十五万円）を送金するようにとのこと。決まり事なので差し上げようとは思っていますが、何分村方が困窮していて、銀主・西教寺と関わり合いできませんが、なんとか交渉して七月七日迄に差し上げるように、洗家様、国蔵様と相談します。
一、たけのこが、当年も一向に少ないです。
一、当寺、浄光寺住職が転住して五月二十二日より無住です。
一、五月八日より少しずつ雨が降り、十五日より大雨になり十八日に洪水になりました。川が決壊したところから田畑に土砂が入り、麦、稲等がなくなり大被害です。早々に連絡しますが、田畑の見分は、土砂崩れや水路などが壊れて先延ばしになりました。領地の内、谷田うろこ川の二か所が決壊しました。すでに五月八日より当月十二日迄少しも雨が止まず、長雨で麦は腐り、取り入れられずに困っています。
琵琶湖が満水で五尺程度水位が上がり、下坂本地域は家が浸水しています。
使佐助　庄屋津右衛門　年寄り清七
戸波惣兵衛様

※

殿様への臨時の送金ではなく、通常の送金も苦しくなってきた。貸し主である西教寺が出し渋っているようである。西教寺担当窓口の洗家様、国蔵様にすがるしかないようだ。一八一六～一七年の連続の凶作に続いて、この書状の一八二〇年の水害。ここ数年は安定して生活ができないようだ。隣の下坂本村は琵琶湖岸に面していて浸水してしまったようだ。一八一六年に一揆が起きた場所だから、ただでさえ領地高畑村より厳しい状況だったのに、一メートル五〇センチの浸水では壊滅的だ。高畑村は琵琶湖岸より直線で七〇〇～八〇〇メートルの近距離だが、比叡山の山裾に位置していて少し高台なので、水が上がってくることはない。しかし、山裾なので今回のような豪雨時は鉄砲水に悩まされる。琵琶湖の水害を受けたとしても、高畑村より下坂本村のほうが、農耕には適している。

「領地の内、谷田うろこ川の二か所が決壊しました」、このような状況では、殿様の資金繰りも悪化の一途をたどる状況である。

六月二十五日　六月十六日高畑村出八日間で着の書状一通差し上げます。
一、盆前の下し金の件ですが、前回申し上げた通り、少しずつ働き金四両（五十二万円）を工面できました。不足の分は江戸表にて工面して下さい。金四両（五十二万円）差し上げますので受け取って下さい。
一、植え付け後から、大雨が続いて麦は腐り、また村方一同は極めて困窮しています。このような状況なので、年貢の件などお願いを申し出ることが出てくると思います。追々お願いを申し上げます。大雨で道造り等が余計にかかり、非常に苦労していることを申し上げておきます。

年寄り清七　庄屋津右衛門

戸波惣兵衛様

※

少し長いが、堺屋太一氏『歴史の使い方』から抜粋する。

六十年をサイクルとする経済の長期大波動を、経済学では「コンドラチェフの波」という。一九二〇年代にソ連の経済学者コンドラチェフが、一八五〇年頃からの西欧経済を分析して主張したものだ。

こうした長期波動は必ずしも資本主義社会に限られたものではなかった。江戸時代の日本は戦争も海外要因もない「実験室」だったから、これが見事に描き出されている。江戸開幕から明治維新までの約二百六十年間に「コンドラチェフの波」は四回ある。

第一波は大坂の陣のあった一六一五年頃を底として立ち上がり、寛永末期（一六四〇年頃）がピークで、延宝年間（一六七〇年代）に底に落ちた大波動である。全体としては成長期だった。が、その中にも上潮退潮があった。

第二波は、享保の引き締め。延宝から立ち上がって、元禄中期（一七〇〇年頃）に頂点に達し、享保の大飢饉（一七三二年）で底を打つ波である。最も分かりやすく最も大きい長期循環だ。

第三波は享保の政策を改めた元文元（一七三六）年あたりからはじまり、田沼意次が側用人を務めた明和年間（一七六四〜七二年）をピークとして下り、天明の大飢饉（一七八三〜八七年）をどん底にして終わる。

そして第四回目の波は、天明・寛政の長い不況から出発して、文化年間末（一八一〇年頃）をピークとして下降、天保の大飢饉（一八三三〜三六年）に至る波動である。

これら四回の大波動を通じて共通しているのは、ピーク期から下降に入るところでお伊勢参りが爆発的に流行したのと、大天災が生じたことだ。

この書状は、ちょうど第四波のコンドラチェフの波のピーク局面（一八一〇年頃）から下降局面に入っている時代の記録である。日本経済が下降局面に入っている中で、小さな村、高畑村も同じ渦中にいたのだ。このような背景では、高畑村の稼ぎ頭である穴太積みの仕事も減って当然だろう。戸波家の財政を立て直すのは容易なことではない。

後世から見れば、景気後退の中での生活ということは分かるが、当事者たちはそんなことを知る由もない。

ここで少し気になった。そういえば「コンドラチェフの波」第一波の下降局面で堀金家が改易され、第二波の下降局面で高村家が断絶している。経済と断絶改易に関係がありそうだが、それを深追いする能力はない。新兵衛さんの四国巡礼も景気下降期におけるお伊勢参りと同様の現象であったかも知れない。

「年貢の件などお願いを申し出ることが出てくると思います」。こうなってくると、今年から来年にかけての資金繰りを十分注意して行わなければならない。殿様は、どのようにしのぐのか思案のしどころである。

八月二十五日　八月一日出の書状、九日届き拝見しました。

一、この度金一両（十三万円）、金一両につき銀相場で五九匁四分替え。
一、竹林管理帳一通。領民名簿二冊差し上げます。新竹一向に少ないです。領民名簿は佐助の女房が当年初めに亡くなったので届けます。
一、幕府御用金の件ですが、少しずつ工面できましたが、色々お願いして工面できました。前回申し上げた通り、百姓たちは困窮して、借金の願いもなかなかできません。国蔵様、洗家様にお願いしましたが、少しも工面できません。金策のしようがないように存じます。御殿様のほうで万事なされますようお願いします。

戸波惣兵衛様

使佐平次　年寄り清七　庄屋津右衛門

追伸　当月、洗家様より一通差し上げました。洗家様から村方は困窮していて、暮れの手当てはできないと御承知下さいとのこと。

※

不作続きの流れから、佐助さんの奥さんが亡くなっている。凶作による栄養不足かも知れない。頼みの竹も増えない。生活費なら節約もできようが、幕府からの御用金負担では工面しなければならない。負担しなければ、幕府に改易させられるから。

追伸でとどめ。暮れの下し金も送れないと、村方ではなく、西教寺資金繰り担当の洗家様から言われてしまえば、江戸で資金繰りをしなければならない。一八〇四年からの書状の中で、一番きつい状況になっているようだ。
もしかして、このような状況が続いて、資金繰りのために、初代戸波駿河が家康から頂いた「宇多国宗」の刀を質入れしてしまったかも知れない。そんなことはないか。いざとなれば、江戸幕府に対して、家を守るための道具になるかも知れないのだから。

十月十三日　九月二十二日江戸出八日間で着の書状同晦日に届き拝見しました。
一、御用金の件ですが、申しつけられたお金の工面、できかねましたが、少しずつ工面して一両(十三万円)を調達できました。しかし暮れの下し金は少しもできません。当年秋の収穫は水に浸かってしまい、当地は非常に不作です。取り立てできずに年貢不足です。また米相場が下がっており、非常に心配しています。国蔵様より伺いましたが、御殿様御病気の様子とのこと。ご家内様の心遣い察します。
一、この度金二両(二十六万円)送ります。金一両につき銀相場で五〇匁一分。内訳は一両が初納金、もう一両は借用金にて差し上げます。受け取って下さい。
使津右衛門　庄屋　年寄
戸波惣兵衛様
追伸　村方のお金、困っております。委細は洗家様より申し上げます。

殿様が寝込んでしまったようだ。暮れの下し金がないかも知れない状況だという。来春のたけのこ等の収穫に期待したいところだが、朝鮮通信使等の負担金で竹林を伐採して以来、竹林の調子が悪いとの報告が続いている。竹に期待はできない。ピンチの連続だ。朝鮮通信使等の負担金問題から家が傾き始めている。病気になっている場合ではないでしょう。追伸が怖くなってきた。

※

十二月十六日　十二月二日江戸出、八日間で着の書状十一日に届きました。
一、当暮の下し金五両（六十五万円）、金一両あたり銀相場で六〇匁二分です。差し上げますので、御受け取り下さい。
一、当暮の下し金に対してのご意見、ごもっともと承知していますが、恐れながら以前よりの借金が大きくなり、水害で支払利息も使ってしまいました。よって金策の手立てなしと申しておきます。また洗家様へ申し出ていましたが、村方に病人が出たので、国蔵様に相談し銀主の西教寺に私共所持の物を質入れ、私の借用でのお金の才覚できました。この金額では御不足とは思いますが、残りは江戸で御工面して下さい。

一、水害分は三石余りです。納米一石につき十四万円の相場。

戸波惣兵衛様　　　　　　　　　　使誠右衛門　庄屋津右衛門　年寄り清七

※

一八〇四年から十六年経って、暮れの送金が三分の一になってしまった。厳しい現実である。

おおっと、衝撃的な事件だ。暮れの下し金が足りないと殿様に言われて、庄屋さんたち領民の所有物を質入れして、お金を工面したようである。二百年後ではあるが、子孫として申し訳ない気持ちだ。読んでいて気が重くなった。それにしても、お寺が庶民から質草を取ってお金を貸していたとは。

米相場が一石あたり八万円の時もあったから、高値だ。広範囲の不作と考えられる。水害はこのあたりだけではなかったようである。

それから一年が経った。

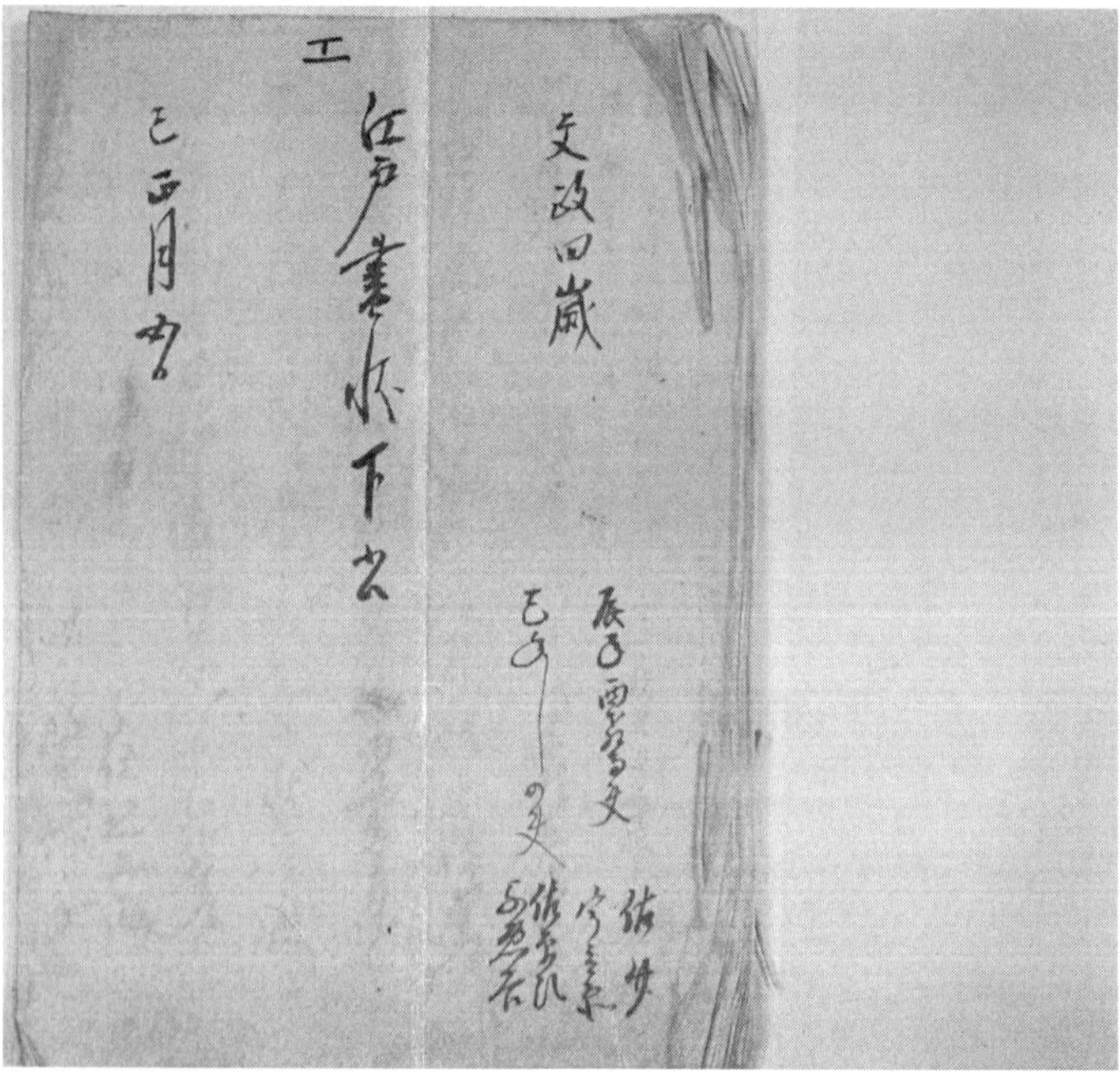

「文政四歳　江戸書状下書」（中嶋秀和氏蔵）

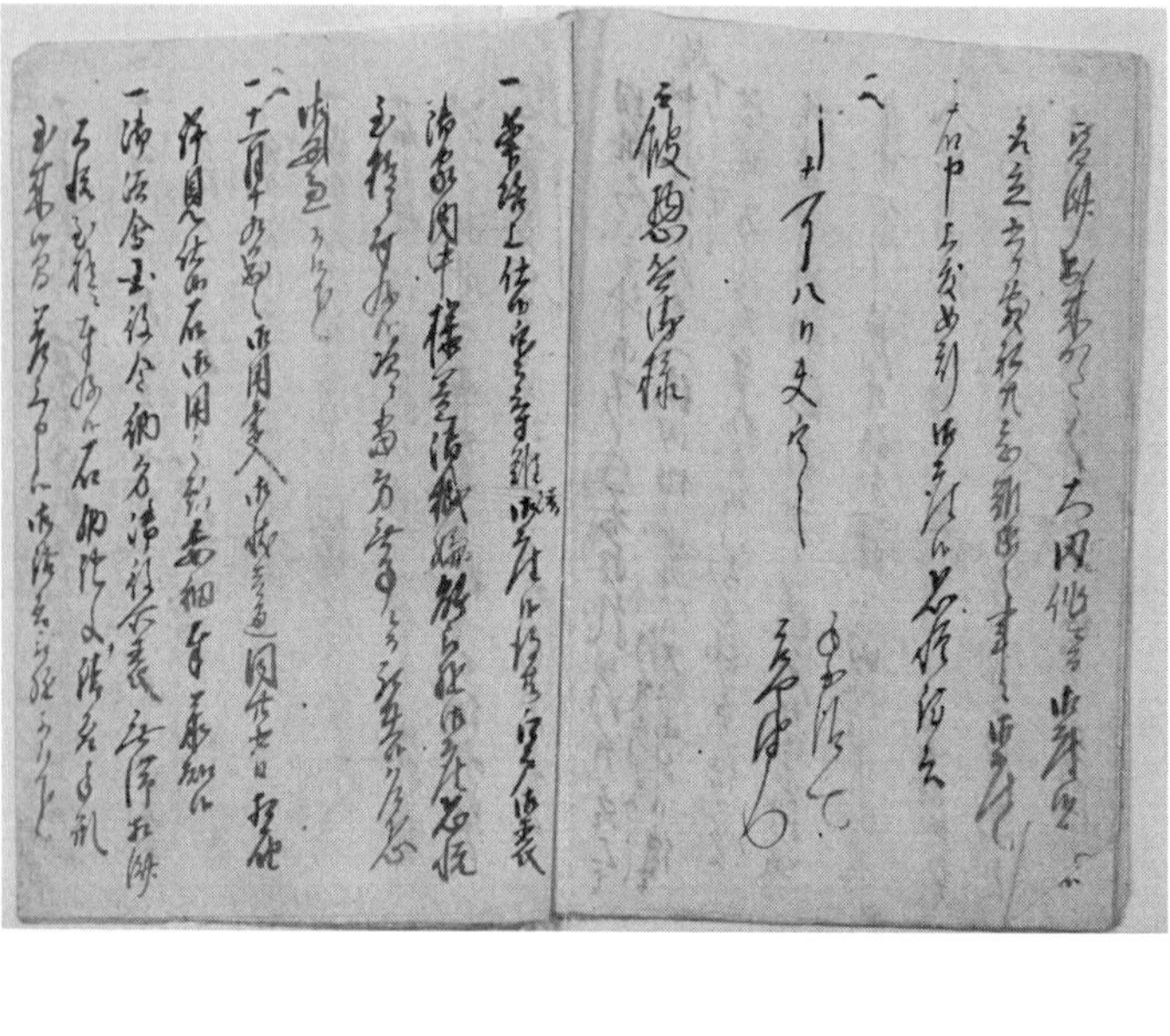

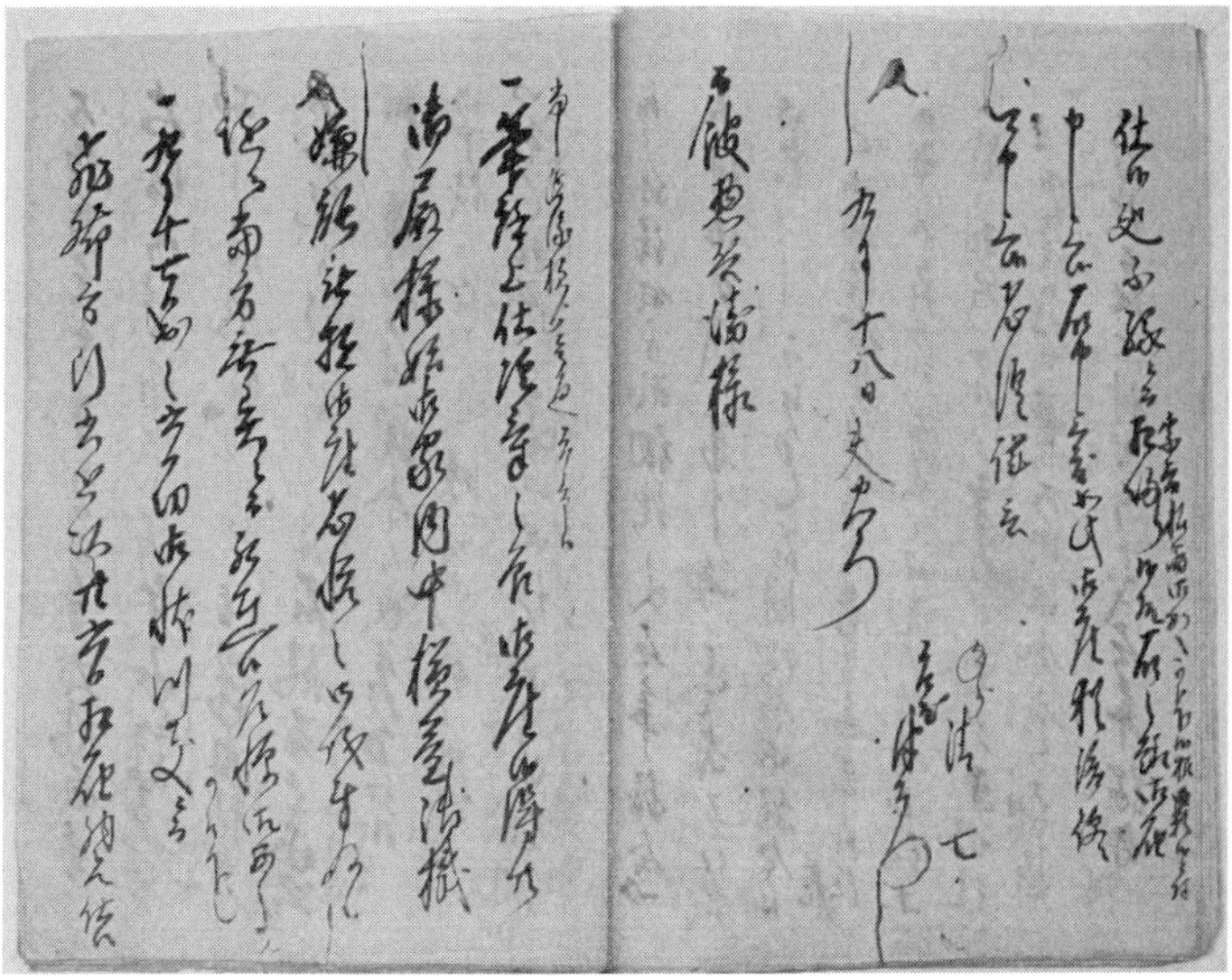

「文政四歳　江戸書状下書」（中嶋秀和氏蔵）

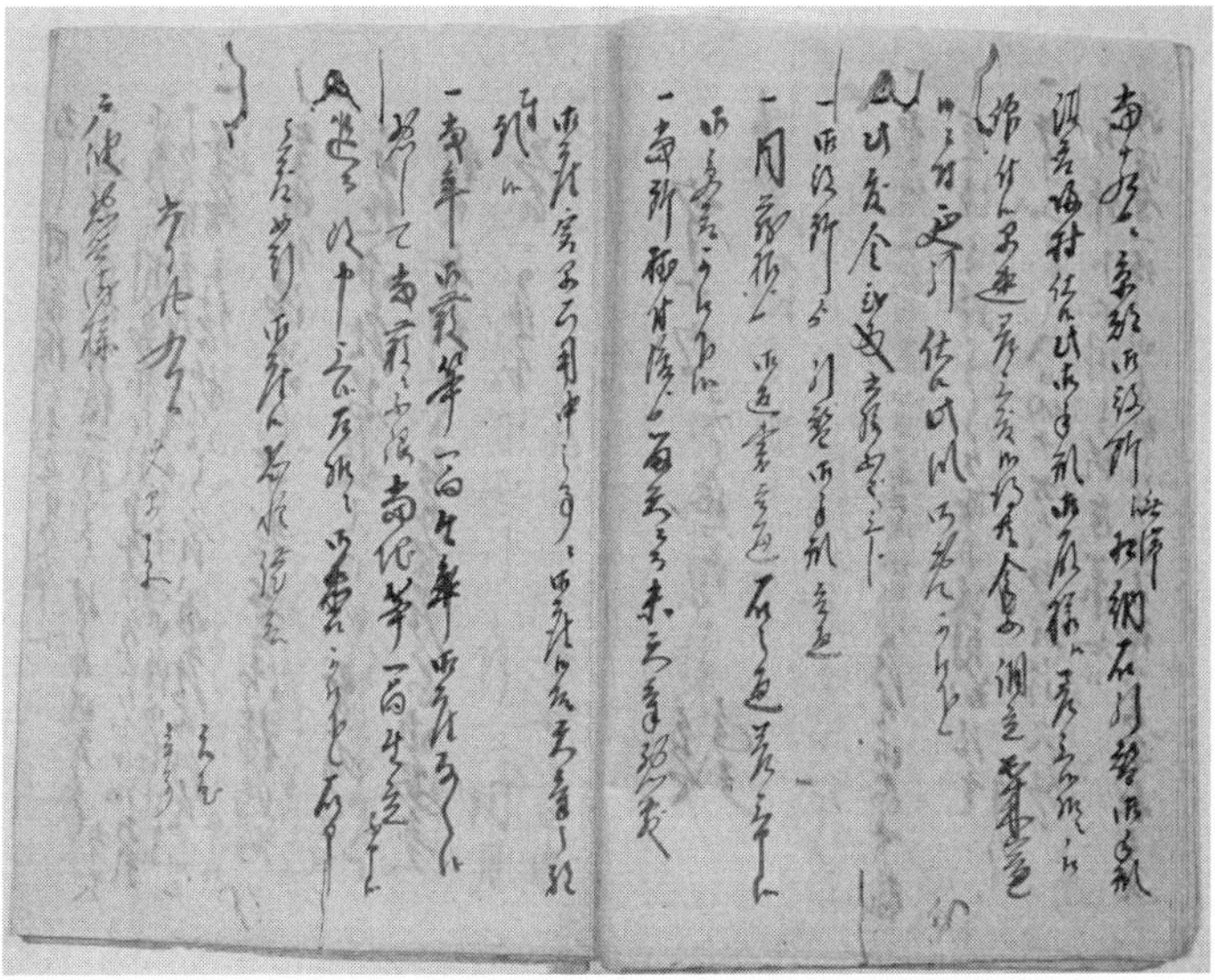

文政四歳（年）（年中）江戸書状下書

正月五日　当月、西教寺の孫明坊、国蔵様より三通、私共より五通差し上げます。
一、一筆啓上つかまつります。寒気続きますがますます御安泰にて恐悦至極に存じます。当方も別なく恐れながら御安意下さい。
一、去る十二月十七日高畑村出、金五両（六十五万円）入り書状一通差し上げ、日限の通り送りました。下し金の件ですが、御不足ですが、暮れの工面ができる状況ではありません。何分米の値段が下がり、借金が多くなり、利息負担が重く、懸命に工面の方法を考えていますが手詰まりです。御勘考下さい。

使惣吉　年寄り清七　庄屋津右衛門

戸波惣兵衛様

※

現在の日本の財政状況と同じで、借金を減らさなければ抜本解決にならない。経済成長すればなんとかなるか？　でも人口減少社会ではダメだね。大変でも財政再建をして、将来の不安を取り除いたほうが、経済成長するのではないだろうか。

殿様が「足りない、足りない」と騒いでも状況の改善はできない。領民の不安を取り除き、労働意欲の向上に努めなければならない。「御勘考下さい」と庄屋さんに言われているようじゃダメだね。

「子孫よ、お前が言うな」と、またまた怒っていると思うけどさ。

二月四日　正月十四日江戸出の書状が同二十四日に届き拝見しました。

一、三月の御用金の前渡し、二両（二十六万円）を送るようにとのこと。当五日までにはできかねますが、工面方法を考えますので、借金返済の手当てを考えて下さい。

一、この度金二両（二十六万円）、一両につき銀相場で五九匁九分です。御勘定帳、助郷帳差し上げます。

一、米売り上げ書付一通送ります。帳面等に万一相違あれば、早々に返送して下さい。

一、庄屋の役の件ですが、先年に退役のお願い申し上げたところ、しばらく務めよとのことでしたので、一か年務めました。この件いかがなされますか。何卒、退役の上、その他の村役を休役ということでお願いいたします。

使平兵衛　庄屋　年寄り

戸波惣兵衛様

津右衛門さんは、何がなんでも庄屋を辞める決意。状況の改善がなければ、津右衛門さんを引き止めることはできないだろう。困った、困った。

※

四月十九日　三月十六日江戸出の八日間で着の書状が二十四日に届きました。

一、御用金の件ですが、五月分、七月分の内から一両（十三万円）を前渡しにして、都合二両（二十六万円）を五月節句までに江戸に着くように働いております。このお金の工面の件ですが、国蔵様方にて色々相談の上、この度の工面ができることとなりました。新たな借金で工面したので、暮れの送金に支障が出るでしょう。金二両（二十六万円）、一両につき銀相場で六〇匁一分で差し上げます。

一、当寺、浄光寺住職に本山西教寺の末寺伝泉寺弟子真覚二十一歳の僧が本山より仰せつけられました。

一、洗家様病気なので、御返書国蔵様より差し上げます。

戸波惣兵衛様　使富之助　年寄り清七　庄屋津右衛門

※

殿様はなんとか前借りでしのいでいるが、この四月の段階で暮れの資金繰りに赤信号が灯る。手を打たなければ、心労がたまるばかり。

六月二十三日　御殿様風邪が長引いていると聞きましたが、当月より全快と承知しています。まずは大悦びです。

一、盆前の御用金を前渡しさせて頂く件ですが、前渡し金三両（三十九万円）を西教寺銀主方に掛け合いしましたが、二両（二十六万円）の減額送金になります。御承知して下さい。色々働きかけましたが工面の手立てがありません。他に一両（十三万円）の借金をして工面しました。合わせて四両（五十二万円）になりますので、よろしくお願い申し上げます。

一、江戸の米相場は高値と聞きましたが、しかし、当所は下値です。

一、当五月の植え付け、日照りにて問題があったのですが、雨が降り、植え付け残らずできました。しかし、その後、日照りになって水が行き届かず、百姓は昼夜兼行での水やりに苦労しています。

一、金四両（五十二万円）、一両につき銀相場で六〇匁一分を差し上げます。

戸波惣兵衛様

使佐介　　年寄り清七　　庄屋津右衛門

※

この資金繰りでは、病気にもなりますな。前借りの連続、まさに自転車操業。殿様も江戸の米相場を見て、喜んだのもつかの間、ぬか喜びだ。米を売る大津の相場は下がっている。

日照りになったが、雨が降ってなんとか植えた。また日照りになって大変だ。「ふざけるな！」と、八つ当たりしたくなる報告である。前年の長雨による洪水で雨に悩まされ、今度は日照りに悩まされ、踏んだり蹴ったりだ。

七月二十四日　当七月十一日江戸出の書状、同十八日届きました。

一、盆前の御用金の残り一両（十三万円）は八月二日までに、戸波家の法事代三両（三十九万円）は八月二十日までに送金します。盆前の御用金の残り一両（十三万円）は工面できました。竹の件は、西教寺銀主方へ売りました。林の件は、松や竹が若く、〇〇尺程度の小松なので、柴にて売り払おうとしましたが、買い手がつきませんでした。松林は三十年から五十年経たねば本当の松林になりません。急の要件だったので、材木屋に頼んで一両（十三万円）を先に借りました。戸波家の法事代を工面する手立てが一切なく、西教寺国蔵様、元孫様、洗家様共に病中ながら相談しました。この上は先祖の御墓所の立ち木を切り払うしか工面の手立てありません。御先祖の法事の代金に御先祖の墓所を切り払うこと、恐れ入ります。墓所の木を売り払うと、私共の素人判断でおよそ一両（十三万円）余りと考えます。この件いかがかとお伺い申し上げます。

一、江戸方面も、長々の日照りにて畑の物はできません。さらに困ったことになると承知していいます。

一、当所も長々日照りで田畑が干し上がり、水なしの状態です。当年の年貢は不足と予想されるので、御承知遊ばされ下さい。

一、国蔵様五月より病気になり気の毒に存じます。金一両（十三万円）、一両につき銀相場で六〇匁一分を送ります。

使宅部衛　　庄屋津右衛門　　年寄り清七

戸波惣兵衛様

※

笑ったらいけない場面で、笑ったら罰が当たりそうだが、笑っちゃいますな。法事とは先祖供養なので、まあ先祖の植えた松の木で、先祖の供養代を先祖に払わせることに理屈は通るが、先祖のお墓は丸裸になってしまう。「御先祖の法事の代金に御先祖の墓所の立ち木を切り払うこと、恐れ入ります」と、庄屋さんも恐れ入っている。究極の資金繰り方法に行きついてしまった。

経済情報が流れていない状況だろうから、景気循環が理解できていたとは思えない。現代から見ると、資金繰り悪化の折りの景気後退だから、厳しい状態である。

「当所も長々日照りで田畑が干し上がり、水なしの状態です」とは、資金繰りの問題があって、ただでさえ今年の暮れが乗り越えられるのかという状況で、大水害の翌年に日照りとは、循環が悪すぎだ。

九月一日　八月十日江戸出の書状八日間で着予定。大井川の川止めで遅れると飛脚方より連絡があり二十三日に届きました。

一、御墓所の松を切って一両（十三万円）になりました。ほかに才覚して一両（十三万円）の案が出てきました。御役所より邪宅と仰せつけられ、是非なく存じます。差し当たり御役宅なく、昼夜御心配のほど察します。右金、御用色々談合しました故、都合二両（二十六万円）差し上げます。

一、当月四日の大嵐で田畑が大荒れになり、小作人よりお願い事が出ています。
一、出稼ぎの用件が少なく、年貢負担は田地主にかかってきます。
一、津右衛門退役の件ですが、お聞き下さり、有り難う存じます。もっとも両三年庄屋役を仰せつけられ務めました。
一、庄屋退役後の村役を佐平次へ申しつけられるように仰せられましたが、佐平次は庄屋役か年寄役か決めて下さい。帳箱などの引き継ぎができません。庄屋は誰で年寄りは誰と決めて、書付を下して下さい。私共はいずれに引き継ぐのか分かりません。今津右衛門が預かっています。
一、領民名簿二冊。竹林管理帳一通。
一、金二両（二十六万円）、金一両につき銀相場で六〇匁一分通り差し上げます。受け取って下さい。
一、百姓の新兵衛が長々病気にて普通の暮らしができなく、病気快然のために四国巡礼に出て、村に帰ってきました。村方より日々食べ物を与え、世話をしていましたが、当月十七日相果てました。長々の病気だったので、村方に対しての借金が多くなりました。
一、年寄清七の庄屋役、佐平次の年寄役仰せつけられ有り難く思っています。両人申し合わせ、御領地大切に務めるでしょう。右一両（十三万円）金子の件ですが、西教寺に頼

んでいますが工面できません。出稼ぎ者に当暮の上納金を前納するように頼んでいます
が、この工面も難しく、西教寺に内々で、暮れには返済するとの条件で一両の前借りを
お願いしています。

一、領民名簿から百姓平兵衛弟勘太郎の儀、養子に遣わし帳面より除きました。

使佐介　年寄り　庄屋

戸波様

※

津右衛門さんが「恐れ入った」、墓所の松を切って資金繰りをしてしまった。先祖の供養を先祖の松で行うという落語の一節に出てきそうな話である。

私も部活をずる休みするのに法事を理由に使ったものだが、本当のところ、先祖も法事を理由に生活費を捻出したのだろう。戸波家が置かれている状況が分かる。それにしても松の木の代金一両（十三万円）とは、結構立派な松の木だったようである。二百年後の現在は立派な巨木が生えている。伐採後に庄屋さんたちが植えたものかも知れない。

なんとかお金を工面したのに、台風で建て替えた屋敷が、「御役所より邪宅と仰せつけられ」とあり、幕府に邪宅（不吉な屋敷？）のレッテルを張られて、居住できない状況になってしまったようである。

そんなこともあるんだ。幕府の言う邪宅を見てみたかった。最悪の循環である。幕府の言いがかりか、それとも相当奇抜な屋敷を建てたのか、先祖の墓地の松を切ってしまって罰が当たったのか、理由は定かではないが、財政難の時に最悪の出来事である。

この流れから引っ越し資金があるとは思えないので、もしかしたら、近所に屋敷を構えていた、私の直系先祖の戸波市次郎家に一時的に引っ越していたかも知れない。

「出稼ぎの用件が少なく」との出稼ぎの状況報告は、この時が不景気なことが推察される。重要な収入源の穴太積みの仕事も少なくなり、農業収入に頼るしかない状況だが、農業のほうも小作人がすでに、年貢減免の願いを出している状況にあり、この日照りでは農業収入も当てにならない。正月が迎えられる状況ではない。

とうとう津右衛門さんが辞めてしまった。この記録を見る限り十数年、苦労の連続であった。二百年後の未来から「お疲れさまでした」と労いたいと思う。この資金繰り状況では、村役はババ抜きのババになっているみたいだ。

四国巡礼の効果がなく、とうとう新兵衛さんが亡くなってしまった。働けなくなってから五年。印鑑をなくしたり、江戸にお使いに行ったり、奥さんが亡くなったり、病気で四国巡礼をしたり、書状を読んでいて身近に感じる人であった。水害や日照りなどの災害が続く中、新兵衛さんの病気の世話に村人たちも大変だったと思う。二百年後からお疲れさまでした。

　年寄り清七さんが新しい庄屋になった。ババを引いてしまったようだ。石積みの仕事も減ったようだし、清七さんは苦労しそうだ。殿様しっかりして下さい。

　津右衛門さんが庄屋を辞めて、江戸状下書きが終わっている。記録を残すという庄屋役津右衛門さんの能力は相当高かったと思う。津右衛門さんが記録を残してくれたおかげで私が引き継ぎ、後世に記録を残せるのだから。

惣兵衛の墓、３名連名戒名の一番右の戒名が惣兵衛の戒名
手前の切り株が江戸時代の法事資金繰りで売ってしまった松の木の可能性があるが証拠はない

「年中江戸状下書き」後

江戸状下書きの最後から十二年後。

天保四（一八三三）年、天保の飢饉に見舞われる。『大津市史』には、「冷夏と長雨による不作で百姓は大豆、小豆、野菜で命を繋ぎ、上、下坂本村では五年間の禁酒令が出る。見世村、新在家村、正興寺村では、一揆や打ち壊しが起こり五人が入牢」とある。

天保五（一八三四）年、「植え付け用の米不足。難渋人出る。上坂本十九軒。下坂本二十五軒。唐崎一軒。際川二軒」とある。

天保六（一八三五）年十一月、「恐れながら願上げ奉口上覚え」に「近年の凶作で、難渋の者数多く、家族も減っている。恐れながら御上様へ別紙帳面の趣よろしくお願いします。前年の飯米、拝借分一部返さない」とある。

天保七（一八三六）年、「大洪水が発生。難渋者下坂本百六十五件、一七石の損。見世村、正興寺村は米の借用を園城寺の米商に強訴」とある。

天保八（一八三七）年、数年飢饉が続き、「赤塚村、見世村旱魃。食料無く葛の根を食料とする。餓死者も出る。高畑村、戸波祟善改易される。高畑村は幕府領となる。大津代官に石原清左衛門がなる」とある。

天保の大飢饉とともに、とうとう戸波駿河家は改易されてしまう。明治維新まで残り約三十年であった。この悪循環の波をかわすのは容易なことではなかったと思う。改易された戸波崇善は、年齢的にこの書状の主役である戸波惣兵衛の次の殿様だと考えられる。

天保八年、大坂では大坂町奉行所与力の陽明学者大塩平八郎が中心になり、「大塩平八郎の乱」といわれる打ち壊しが起こった。幕府の役人である大塩平八郎が立ち上がるほどに大飢饉だったことが分かる。

天保の大飢饉が、コンドラチェフの波でいう景気の底で起こった。蓄えのない者、弱い者が淘汰された。多少強引であるが、天明の大飢饉が起こり、寛政の改革が始まった。寛政の改革では利下げを含む政策を行い、景気が上向きかけたところで失速し、天保の大飢饉が起こり、天保の改革が始まった。天保の改革での貨幣改鋳からインフレ利下げを含む政策を行ってのち、明治維新。

東日本大震災が起こり、アベノミクスが始まった。アベノミクスでの異次元の金融緩和・インフレ利下げを含む政策を行って、上向きかけたところで消費増税、失速してコロナ災害が発生。コロナ災害から令和の改革でのインフレ進行、新札発行を含む政策……強引すぎるか？

高畑村の隣、私の直系戸波市次郎の領地赤塚村でも餓死者が出たが、なぜか戸波丹後家は改易されなかった。私の高祖父戸波市次郎は世の中を泳ぐのがやはり上手だったようである。

改易後、戸波駿河家は江戸のお墓を管理できる人がいなくなったようで、戸波駿河系の人は、戸波市次郎の戸波丹後家の過去帳に入っている。私の親世代でも戸波惣兵衛さんの子孫の存在は知らない。元々一つの家で江戸時代も養子のやり取りがあったので、戸波駿河家が改易されて、戸波家が一つに戻ったと考えている。

不思議と戸波駿河家改易のタイミングも、堀金家、高村家と同じ「コンドラチェフの波」の下降局面で起きている。

三百十五年ぶりの法事——第五次調査

色々調べて旧高畑村と戸波家の深い繋がりが分かった。高畑村では明治維新後百五十年間、穴太頭の墓の御墓会が作られていた。先祖の墓の面倒を見て頂いていたことなど、御礼方々法事を行おうと思い立ち、御隠居に連絡。但し、今回は先祖の墓所の立ち木は切らない。

「こんにちは戸波です」

「ハイハイハイハイ中嶋です」

「早速でなんなんですが、知らなかったとはいえ、存在を知ってしまって、そのお墓の面倒を何も見ていないことが気になったので、先祖供養の法事でもやろうかなと思いまして」

「そりゃ良いことだ。戸波家が江戸に行って三百十五年、法事は江戸で行っていたから、三百十五年ぶりの法事だな」

「三百十五年ぶりとは、おおげさな法事ですね」

「おおげさも何もあるか、事実じゃろ」となり、先祖建立の淨光寺で法事を行うことにした。現在の殿様墓御墓会は時の流れで二軒になってしまったので、その二軒の中嶋さん（御隠居の家）と河村さんにお礼方々参加して頂くことになった。


遠い遠い先祖の法事を行うために、わざわざ滋賀県まで行くことを渋る妻と、面白そうだから喜んで行くと言う子供らを連れて、いざ高畑村へ。

滋賀県内を移動することと、車が四人乗りPHVなのでCO_2も最低限と自分を納得させて、真っ直ぐで運転しやすい新東名を使って、木更津から五時間五十分で到着。在来線から新幹線、レンタカーを使うより早くて安い。環境を考えると新幹線だが。

予定よりも早く着いたので、法事の前に御隠居に「江戸状下書き」の疑問点について質問してみた。

「江戸状下書きに御隠居の御先祖庄次郎さんが出ていましたね」

「あれは私の曾祖父中嶋庄次郎じゃ」

「じゃあ、庄屋の津蔵（津右衛門）さんはどうなったんですか？」

「俺の家の前に住んでいる、勝島さんの先祖じゃ」

「えっビックリ、そんなことってあります。じゃあ年寄り役の清七さんはどうなったんですか？」

「俺が今住んでいるところに住んでたんが上田さんじゃ。明治になって米の商いやって順調だったんじゃが、都合により上田さんの家を中嶋家が買うた。この部落に江戸時代からの家はまだ五家ある。江戸状下書きに出ている人との繋がりのある人もほかにいると思うんじゃが、調べりゃ分かるが、時間がかかってようできん」

「またまたビックリ、二百年余り変化していないですね」

「一番ビックリなのは、殿様墓の入口、墓の下に一軒だけ家があったろ、あの家は庄屋の津蔵さんの分かれの家や。つまり、勝島さん」

「分家なんですか」

「そうだ、俺のじいさんの口伝では、津蔵さんの勝島家があそこに分家を建てたんじゃ。谷川の水を使って水車業をする傍ら、殿様墓の墓守役を兼ねていたそうだ。勝島さんは戸波家の一番の忠臣だったんでの」

「なるほど、それなら江戸状下書きの中で、庄屋の津蔵さんが、戸波家のために活躍しているのも分かりますね」

「そうだな、戸波家は勝島さんに感謝せにゃあかん」

「江戸状下書きからの時間が止まっていますね。それと、皆さん江戸時代から名字があったんですか？」

「あった、帯刀の許された百姓侍じゃったと聞いている。江戸時代の墓の香炉に中嶋と名字を彫ってある」

「なるほど、江戸状下書きを読むと高畑村には百姓侍と百姓、下百姓の種類の領民がいたようなのですが」

「穴太衆が百姓侍と穴太積み専業者で、それ以外の百姓がおった。戸波家がA級の侍なら穴太衆はBかC級の侍だな」

「そりゃ面白い、知られていないマイナーな歴史ですね。それと、一八一二年に突然加増されて戸波家の財務が一息つくんですが、加増されるような石垣工事をした記録がないのですが、なんでですかね」

「加増された理由は分からないが、加増されている記録はある。それに、第二次世界大戦の時に、金属の拠出命令で出した半鐘が一八一三年に作られているから、その時期は多少金回りも良かったと思うぞ。前にも言った隠密働きの恩賞じゃないか」

「隠密働きの恩賞なら、その原因は表に出ないですよね。確かに」

「それからなあ、江戸状下書きの惣兵衛殿様、高畑村に帰ってきて亡くなったようだな」

「史料があったんですか」

「寺の過去帳調べていて、戸波惣兵衛の戒名があってな、殿さん墓の戒名を確認したら墓があった」

「そうなんですか、いやー、子孫として安心しました。なんだかますます身近に感じますね」

「文政八（一八二五）年に亡くなっているから、戸波駿河家改易前じゃな」

「となると、改易された戸波崇善は、やはり戸波惣兵衛の次の殿様ですね。戸波鉄五郎ですかね。年中江戸状下書きには、金を送れ送れと領民を苦しめていたように読めるので、帰ってきにくくて、江戸の墓に入っているのかなあ、と思っていたんですが。帰ってきていたんですね」

「俺らは領民と言うより戸波家の家人だから。なんだかんだ言っても、俺らの殿さんじゃからな」

「江戸状下書きを読んで、地頭と領民の関係ではなく、穴太頭と穴太衆という関係を理解しました」

「穴太衆は戸波の殿さんに娘取られたりしていたから、お前と俺は血が繋がっている可能性もあるぞ」

「そういえば、最初から他人ではない感じがしましたね（笑）。ＤＮＡ検査でもしてみますか？」

「それも面白いな」

「あとでお墓参りしてきます」

「それと、江戸状下書きを江戸に送るのに、飛脚を使ったり、直にお使いを送ったりしてますよね。飛脚代が出ていましたが、お使いを送るより飛脚のほうが安いと思うのですが」

「じゃから隠密と言うたやろ。昔から延暦寺は天皇さんと組んで武家と対抗しておった。江戸時代も隠然たる力を持っていたんで、穴太衆は西教寺と組んで延暦寺の動きを監視する役目があったんじゃ」

「だから、穴太頭たちの墓が延暦寺方向を向いているんですものね」

「延暦寺に関する報告が、ある時は人を送り、私用だけの時は飛脚で済ませたかも知れんの」

「なるほど、穴太頭は全国の城持ち大名に血縁者や穴太衆の幹部を送り込んでいたようで、穴太衆ネットワークができていたようですが」

「そうかもな。戸波家は穴太衆の家元で、全国の城の軍事機密の縄張り（城の図面）を知る立場にあった。大名の城の監視役も負っていたようじゃ」

「そういえば、関係あるかないかは分からないですが、広島の福島正則家の転封問題は石垣の修繕でしたね」

「もしかしたら関係していたかもな」

「文献を見ると、大名の下請けとして、石垣を造っているようですが、その証拠みたいなものありますか？」

「あるある。残念石いうて、石垣積みからはじかれた石がある」

「残念石って呼ぶのですか」

「御城になれなくて、『残念、残念』というところから残念石いうんや。石垣の石は材木より貴重だった。例えば石垣積むのに百個の石を見て、頭の中で組み上げていく。頭の中で組み合わんもんはそのまま置いておき、次回に使う石が残念石や」

「その残念石と大名の下請けになんの関係があるんですか？」

「昔の石置き場にある残念石に、薩摩島津家の家紋の入った石が残っとる。つまり、徳川などの天下普請で、穴太衆が島津家の下請けをしていたことの裏付けや」

「残念石を見たいですね」

「ほな行くか」

「御隠居、この後法事じゃないですか」

「そーだったな。後で行こう」

「御隠居、法事なんてどうでもいいんでしょ～」

「バカこけ、大切なことや」


法要開始の時間が来て本堂に入った。一般的な大名でもないのに、自分の先祖を供養する寺を建てるとは……、改めて凄い力のある時期があったんだなと感心する。

「ただ今から、戸波家三百十五年ぶりの法要を開始します」

住職の挨拶に、「三百十五年ぶりとはおおげさな……」と思わずニヤケてしまった。住職がお経を始める。「南無阿弥陀仏南無阿弥陀仏」。なんとお題目は南無阿弥陀仏だった。子供の頃から高円寺の真盛寺で、戸波家のお葬式やら法事の際にお経は聞いていたが、聞いているふりだけであった。天台真盛宗は「南無阿弥陀仏」と、この時初めて知った。遠い先祖に教えられた。

法事も無事終了し、残念石見学に向かうことになった。

「しかし、凄いタイミングですよね。ムキになって穴太衆の歴史を掘り起こそうと思っていなかったのに」

「じゃから言ったろ、先祖が呼んだんだわ」

「村の年寄り、庄次郎の子孫の御隠居と戸波家の子孫の私を先祖が引き合わせた。ロマンですね」

「お前、信じてないやろ」

「いやー、信じてますよ」

「嘘コケー、お前はそういう血統や」

「えー、どういう血統ですか」

「そーやって人に合わせながら様子を見る。世渡り上手の血統じゃ」

「そういうことで、ハハハ」


法事が終わって、早速車に乗り込み、昔の石取り場に向かう。

現在では地図上で琵琶湖が湖だと知っているが、地図を簡単に見られない時代では、完全に琵琶湖は海だ。その琵琶湖を左に見て北上した。

目的地の長命寺北山に近づくと日吉神社の分社が見えてきた。隣に天台宗系単立の長命寺がある。穴太頭の領地旧高畑村も日吉神社と天台宗系独立西教寺があり、宗教関係の配置が同じである。

長命寺を検索すると「信長に護られた寺であり、御神体が修多羅岩《すたらいわ》という巨岩」とある。昔は高畑村と同じで延暦寺地域なのだろう。このあたりの山は安土城の石垣を作った流紋岩の産地だ。長命寺付近は石垣に向く石が多く取れるので信長の庇護を受けたと思われる。

長命寺を通り過ぎると琵琶湖の水際まで岩が迫っており、琵琶湖の水際を見ると巨岩がゴロゴロしている。この様子から石取り場であったことが感じられる風景だ。長命寺から少し走って安土城跡からほど近い石取り場跡に着いた。

「このあたりが石取り場だ。そこの琵琶湖の水際見てみい、船着き場になっているだろ」

確かに、小型船が着けられそうな埠頭のようになっている。

「この山から石垣に使えそうな岩を、ゴロゴロ転がして、下に止めてある筏に乗せて石を運んどったんじゃ」

「そういえば、現代では埋め立ててしまいましたが、安土城も琵琶湖に面してましたよね」

「石垣の構築には水運がポイントだ。琵琶湖から淀川を経由して全国に石を運んだ時期もあった」

「この石取り場の立地に天台宗系長命寺と日吉神社の分社があって、高畑村と似た宗教的な要素がありますね」

「昔は石垣用の石を取ることを『石狩り』と言って、石を集めるのは大変で、合戦と同様のことだったんじゃ。この山でも石の下敷きになってぎょうさん人が死んどる」

「供養的な要素が必要だったんですね」

「それもあったと思う。それより石垣用の石は軍事戦略上重要なことじゃ。良い石が取れなければ良い石垣はできんでの。石取り場の統治は重要なことだったようじゃ」

ほど良い勾配のついた山を四〇～五〇メートルほど進む。

「これじゃ、これじゃ。赤で印をしてあるとこ見てみい」

「薩摩島津十字が掘ってありますね」

「幕府に薩摩島津家が命令された天下普請の残念石じゃ。島津家に穴太衆が頼まれて、頼まれた場所に合う石垣を組むのに、この石取り場で目ぼしい石に印をつける。今回使わなかったが、島津家が所有しといて次回に使う」

「安土城の石垣を見てきましたが、石垣の石が足りなくて、階段などに観音様を掘ってある石などが使われていましたよ」

「それほど石垣用の石は戦略上重要で貴重なものだったんじゃ。今はコンクリじゃがな」

「なるほど、デジカメの出現でフィルムがダメになったように、コンクリートの出現で穴太衆は滅ぼされたようですね」

「ようゆうわ。お前の先祖は戦国時代、織田・豊臣・徳川時代と上手に泳いできたが、明治維新は乗り越えられなかったなあ」

「確かに」

「琵琶湖水運での城造りに、こんな話もあるんじゃや。明智光秀の坂本城をこぼって（壊して）、その材木で筏を組み、石垣の石を筏で運んで大津城を造った。その要領で大津城をこぼって彦根城を造った。坂本城は五層の天守じゃったが、こぼって筏作るたんびに材木減って、大津城が四層の天守、最後の彦根城は三層の天守になったって話もある」

「確証があるのですか」

「確証はない。穴太衆の口伝程度じゃ。雨が降りそうだから戻ろか」

今までは、ただ石垣を眺めていたが、「人力であの石たちを動かしていたのか。あの採石作業はちょっとの間違いで人は死ぬな」などと考えながら帰途に就いた。

「それとな、あの石取り場で一番重要な石は根石じゃ」

「根石ってなんですか？」

「外に見えていない地中部分の石垣の基礎石じゃ。根石で石垣の高さや反りなどが決まる。秘伝中の秘伝じゃ。根石を置く時は幔幕《まんまく》＊張って穴太衆の幹部だけが中に入って作業しとった。穴太衆のおまんまの種ということじゃ」

「では、私が今ここにいるのは根石のおかげですね」

「話が飛躍するな、どうでもいいわい。根石の秘伝のこともあるが、使っていた道具も秘伝じゃった。道具も長持ちなどに入れて厳重に管理しておったそうじゃ」

＊幔幕とは軍陣などで周囲に張り巡らす横に長い幕。

確か、北垣聰一郎さんの『石垣普請』にも道具についての記述があった。『石垣普請』には、加藤清正が福島正則に宛てた手紙のあらましについて、

駿府城（徳川家康の隠居城）普請のことについて、家康近侍の宰相本多上野介正純より、穴太を派遣すべきとの要請をうけた。穴太ばかりではどうかと思うので、私（清正）の下僚、四、五百人ばかりをそえて駿府へ遣わそうと思う。

と書かれていた。北垣氏の言葉を借りれば、加藤清正が力量を有する穴太衆を数多く支配していたことの表れであろうとしている。前出の江戸城天守台普請にも参加していた、肥後細川家の穴太北川作兵衛が残した『石垣秘伝之書』（熊本県立図書館蔵）の奥書に、「北川家は加藤清正に知行を与えられ、穴太として熊本城普請にたずさわり、本貫《ほんがん》＊は近江で加藤家没落後も引き続き肥後細川家初代藩主細川忠利の穴太となった」とあった。

その『石垣秘伝之書』の一項目に「公儀穴太衆ヨリ杭受取之事」とある。公儀穴太衆*とは、幕府穴太頭を指す。幕府穴太頭より、根石を決める杭を受け取るとあるから、杭なども秘伝の道具だったようである。

＊本貫とは氏族発祥の地。

＊公儀穴太衆とは江戸幕府直属の戸波家穴太衆。

「確かに御隠居の口伝だけではなく、道具の重要性についての記録もありますね」

「道具もおまんまの種だったんじゃ」

「おまんまの種として、熊本城の石垣の反りを決めた秘伝の道具を所持していたんですね」

「お前が言うと軽く聞こえるな。しかし、そういうことじゃ。それから百五十年もお前の先祖の墓を面倒見てきたんじゃから、浄光寺へのお布施のつもりで穴太衆の記録をまとめや」

「ゲッ、お墓の面倒頼んでないんですけど（笑）」

「誰かがまとめないと消えてしまうで」

「関係者じゃないと、まとめられないマイナーな歴史ですものね」

「間違いない。俺らの先祖や、責任や、分かったか」

「ハイハイハイハイ。努力します」

「雨も強うなってきた、気いつけてなあ」

「また連絡します」

興味があって、元々先祖のことを調べていたが、何かの流れで大きな仕事を背負ってしまった。百五十年のお墓の面倒に比べれば、簡単なものかと自分に言い聞かせ帰路に就く。

まとめ

函館に住む年の離れた従兄に、ここまで調べた話をした。すると従兄が、私が五歳の時に亡くなった祖母の話を覚えていて、曾祖父は祖母に、薩長を中心とする倒幕軍に対して、最後まで抵抗した幕府旗本御家人で構成された彰義隊に入隊したとのこと。なぜ入隊したのか、「彰義隊がこもる上野の山に連れて行かれた。近所との関係で参加しないわけにはいかない雰囲気だった」と話をしたことがあったそうだ。そりゃそうだ。二百六十年間もお世話になった江戸幕府だから、上野の山に行かないわけにはいかない雰囲気になっただろう。その彰義隊は、上野の山の戦いでほぼ全滅してしまった。

のちに曾祖父が祖母にこの話をしているということは、曾祖父は生き残ったということだ。祖母に語った「連れて行かれた」「雰囲気だった」から想像すると、戸波丹後家の屋敷のある地域は、上級武家屋敷街だったので、面子やプライドの高い旗本御家人が多く、

「戦うぞ」と誰かが言い出したら弱腰は見せられず、「戦おう」となってしまい、ずるずる流されて彰義隊に入ってしまったが、勝てそうもないので上手に上野山から逃げ出した、ということだろうか。

やはり戸波丹後家は世の中を泳ぐのが上手だったようである。御隠居の話では、この明治維新で領地高畑村にある戸波家の資産は領民にあげるので、先祖代々の墓守をお願いすると戸波家から言われたと、御隠居の祖父が言っていたそうだ。彰義隊が結成される時期まで江戸にいれば、先祖代々の資産も全部なくなる。とうとう戸波丹後家も江戸幕府消滅とともに無職になった。このタイミングが穴太頭の消滅となる。

私の親世代の伝承の検証結果として、

①「戸波家は江戸時代石奉行で、三〇〇石二人扶持で穴太衆を仕切る丹後守だった」という伝承は、「戸波家は江戸時代御材木石奉行支配穴太頭一〇〇石で、穴太衆を仕切る立場で代々受領名丹後を名乗っていた」

②「騎馬で江戸城に登城していた」という伝承は、「騎馬で江戸城に登城した記録はないが登城する立場にあった」

③「日光東照宮の石垣を造った」という伝承は、「日光東照宮の石垣を造り、徳川家光

から時服と黄金をもらった」
④「秀吉から槍を拝領した」という伝承は、「一夜城（石垣山城）や伏見城・大坂城の石垣築造の恩賞で槍をもらった可能性がある」
⑤「家の家紋、丸の内に二つ引両は凄い」という伝承は、「室町幕府穴太御所築造などの功績で足利家からもらった御紋拝領である」
⑥「曾祖父昌道は殿と呼ばれていた」という伝承は、「殿だった」
⑦「祖父潤は若と呼ばれていた」という伝承は、「若だった」
⑧「彰義隊で戦った」という伝承は、「明治政府軍と戦っていないが、一度は入隊した」
⑨「幕府御用絵師狩野家の衝立を寺に預けている」という伝承は、「幕府の御家人同士で括りが一緒だった狩野家と顔見知りの可能性があり衝立をもらい、それを寺に預けた可能性がある」

親世代は話を盛りすぎていると思ったが、調査の結果、親世代の伝承は八割方正しい伝承であった（どうもすみませんでした）。

大林組のホームページによると、大坂城を現代で造るとしたら八百億円かかるそうだ。内訳は、天守、櫓などの建築工事が二百八十億円。石垣土木工事に五百二十億円ということである。記録にあるように、秀吉から大坂城の石垣工事を穴太頭が受注している。穴太頭は秀吉の直轄工事だけでも、小田原一夜城（石垣山城）、伏見城、淀城、肥前名護屋城など石垣普請を行っていた。

室町幕府の銀閣寺から始まって、信長時代の安土城、坂本城、秀吉時代を経て、江戸時代の江戸城、名古屋城、駿府城、二条城、日光東照宮などの天下普請を行っていた。また、各大名家に血縁者や穴太衆幹部を送り込み、熊本城、金沢城など外様大名の石垣普請もしていた。つまり、この期間の大型土木工事を一手に引き受けていたということである。穴太衆は日本で最初のゼネコンのようなものだと考えられる。

前記した貞享三（一六八六）年、幕府から福井松平家が二二万石の大減封をされ、二千人の家臣に暇を出した時の記録『片聾記』（福井県郷土叢書）に記されているように、「三百石　石垣師　堀金佐次右衛門　今回、暇を出す人、堀金佐次右衛門は三百石の穴太役にて、江州坂本の穴太村出身です。天下の石垣構築の免状を持ち、近江の出身です」とあった。

福井松平家は穴太頭を近江であると認識している。また、石垣構築の免状を持っているとあるので、穴太頭は石垣構築の免状を発行する家元も兼ねており、石高以上の副収入があったと考えられる。また、琵琶湖ではなく比叡山延暦寺に向いている穴太頭の墓や、比叡山延暦寺領と穴太頭領高畑村の境界の空濠、飛脚で済む書状のやり取りにわざわざ費用のかさむ使い人を送っていることなど、御隠居こと中嶋秀和氏の聞いた口伝も合わせて考察すると、比叡山延暦寺監視の隠密だった可能性もある。

穴太頭は各地城持ち大名の穴太役に血族や幹部穴太衆を送り込んでおり、全国の城の縄張り（図面）を知り得る立場にあった。また、家康から全国往来の手形を発行されているので、監視するための行き来も自由であったため、城持ち大名の城の監視役としても適任であったと思われる。

以上から、比叡山の散所法師から始まって、記録があるだけで五百年以上高畑村に土着して力をつけ、石垣築造の技術を活かして、足利、織田、豊臣、徳川と時の権力者の間を上手に泳ぎ、想像以上の力を蓄えていった。結果、大名のような墓の建立や自身の先祖供養の寺を建立するに至った。

そこで、江戸幕府は統治基盤の安定していた一七〇四年に、幕府の中央集権化推進の政策もあり、穴太頭を江戸へ転居させて財力を削いだ。新規の大型石垣工事も減り、隠密の仕事はあったようだが、幕末に至ってその役目も必要とされなくなった。

のちに天保の大飢饉の影響もあり、領地経営のまずさも手伝って戸波駿河家は改易になった。私の先祖戸波丹後家もなんとか幕末まで先祖の遺産で過ごせたが、明治維新はさすがに乗り越えられず、江戸幕府滅亡とともに穴太頭家は歴史から消えていった。

なぜ戸波丹後家は改易されず、最後まで残ったのだろうか。最後に仮説を立ててみる。

過去帳から、戸波丹後家の先祖は諦翁善正大徳一。浄光寺開基の戸波駿河の戒名が諦翁善正大徳常誉信士。同一人物と考えて間違いないと思う。没年は天正八（一五八〇）年。

森本墓地に眠る四人の穴太頭のお墓から没年などの確認をすると、『御材木石奉行支配穴太頭二人由緒書』の初代戸波駿河の墓の戒名は、寛永二（一六二五）年「浄室宗吸禅定門」。堀金出雲の墓の戒名は、寛永は読めるが年代が不明で戒名は「覚月道西禅定門」。高村三河の墓の戒名は慶長七（一六〇二）年「西国大徳」。高村三河（戸波三河とも名乗っていた）の奥方の没年が寛永十六（一六三九）年とあるので、高村三河は早死にと判断してよさそうだ。初代戸波丹後の墓は風化で文字は読めないが、戸波家の過去帳から慶長十六（一六一一）年に亡くなっている。

没年を並べると、戸波駿河一六二五年、堀金出雲推定一六二四～一六四三年、高村三河一六〇二年、戸波丹後一六一一年、四人の穴太頭が諦翁善正大徳常誉信士の子供と考えられる没年である。

前記、秀吉の「台所入目録」（領地の区分名簿）にあるように、穴太衆は秀吉に高畑村、赤塚村の領地を安堵されている。両村合わせて四〇〇石程度になる。

前記、肥後細川家江戸城普請、普請奉行「戸波儀太夫」の『先祖附』（熊本大学永青文庫蔵）には「先祖戸波駿河は信長公に仕えていました。その子戸波駿河は家康公に仕え、五〇〇石を頂きました」とある。それぞれの没年から考えて、信長に仕えていた先祖戸波駿河が、諦翁善正大徳常誉信士と考えられ、その子の家康に仕えた戸波駿河が『御材木石奉行支配穴太頭二人由緒書』の初代戸波駿河と考えられる。

この『先祖附』には家康から五〇〇石を頂いたとあるが、開府当初の四人の穴太頭の合計石高は四〇〇石。事実は、戸波駿河高畑村一〇〇石、堀金出雲赤塚村一〇〇石、戸波丹後赤塚村一〇〇石、高村三河不明一〇〇石となる。

「台所入目録」や『駒井日記』、『先祖附』の石高を前提に考えると、諦翁善正大徳常誉信士戸波駿河が四〇〇～五〇〇石の領地を子供たち四人に分知して、穴太頭一人体制から四人体制、各一〇〇石合計四〇〇石にしたのではないかと考えられる。

諦翁善正大徳常誉信士没後の文禄二（一五九三）年、前記『駒井日記』の伏見城築城時には、兄弟喧嘩と想定される記載もある。

戸波家の過去帳では、淨光寺開基の諦翁善正大徳常誉信士を諦翁善正大徳一と始祖表示のように、先頭に書いてある。この戒名の一は、穴太頭の始まりの一と考えてみると、戸波駿河、戸波丹後、堀金出雲、高村三河、四人の墓が同じ森本墓地にあり、且つ、穴太頭四人の墓などの没年から、初代とされる穴太頭四家は、諦翁善正大徳一の子供たちと考えられるのではないだろうか。

当初は、安土城から始まり、大坂城、姫路城、熊本城など全国の石垣造りに大忙しの穴太衆だから、諦翁善正大徳常誉信士、戸波駿河から四家に分知したと思われるが、結果としては良かったと思う。穴太頭は徳川家の直参だが、所詮は織田・豊臣由来の外様だから、幕府からの風当たりは強くなる。

江戸幕府の財政悪化から、一〇〇〇石（五百万円）、二〇〇〇石（一千万円）とコツコツ改易すれば、ちりも積もればなんとやらで、将軍の収入の改善には役立つ。

城郭石垣を必要としない時が来れば、穴太頭は丁度良い獲物。当然淘汰の対象になる。案の定、堀金家の改易理由に見られるように、言いがかりと思われる理由から、堀金出雲家、高村三河家、戸波駿河家の順で改易された。残ったのは私の先祖戸波丹後家だけだった。

もし諦翁善正大徳一が領地を分知していなければ、新規の城郭石垣が不要になり、補修メインの江戸後期には穴太頭家すべてが改易されて、何も残らなかったと思う。分知のおかげで戸波丹後家だけは生き残り、私が穴太衆を記録に残すことができたのだ。

記録をまとめるにあたって、御隠居に浄光寺の由緒を送ってくれるように依頼しておいた。その御隠居から連絡があり、改めて寺の古文書を調べていたら、「明治十九（一八八六）年、戸波林吾郎（江戸御地頭）、中嶋豊吉」と連名になって、古文書に載っていたとのこと。連名で記載されているだけで、それ以上の情報はないそうだ。中嶋豊吉さんは御隠居の四代前の人だそうである。中嶋豊吉から四代後の御隠居と、戸波林吾郎血縁者の私が現代で出会って、記録に残す作業を行っているのも不思議な縁を感じる。

戸波駿河家改易後、高畑村は江戸幕府の直轄領になった。古文書の年代が明治十九年になっており、戸波林吾郎（江戸御地頭）とあるので、改易後、殿様は旧領高畑村に帰っていたようである。

改易後、江戸から高畑村に帰ってきていたので、近所の松ノ馬場を、大正時代に撮影した写真に、戸波駿河家の屋敷が写っていた理由も分かった。改易されてから五十年が過ぎても、穴太衆と共に高畑村で生活していたことには驚かされる。

「年中江戸状下書き」の中では悪徳領主と見て取れる部分もあるが、改易後も小さな高畑村で生活ができているということは、悪徳領主ではなかったようである。そうなると、改易された理由が、戸波家の領地経営の問題というよりも、天保の改革を進めていた幕府の都合かも知れない。

さらに、私の仮説を裏付けるような記載も発見された。

前記『御材木石奉行支配穴太頭二人由緒書』には、戸波駿河家の初代から七代、戸波丹後家の初代から十一代が記載されているが、浄光寺の過去帳には、由緒書でいう三代戸波駿河が四代、五代戸波伊右衛門が六代と書いてある古文書が見つかった。

『御材木石奉行支配穴太頭二人由緒書』より一代ずれているので、由緒書より前に一人いたことになる。ということは、戸波家過去帳と没年月日から考えて、由緒書より前の一人は、戸波駿河、戸波丹後共通の先祖、諦翁善正大徳一だと考えられ、その人が穴太頭の始祖であり、浄光寺開基の初代戸波駿河だと考えて良いと思う。

また、前記『京都御役所向大概覚書』に、高村武兵衛、戸波弥次兵衛、戸波市助の三名連名の引っ越し届の記載があった。古文書に、この高村武兵衛は、四代戸波駿河の息子との記載もあった。ということは、連名の戸波弥次兵衛と兄弟ということになる。この高村武兵衛は宝永元（一七〇四）年、江戸にて死亡とあることから、江戸に引っ越しをしてすぐに亡くなっている。息子高村義左衛門も同じ年に亡くなっているので、この年に高村家は絶家となったようである。

次に、戸波弥次兵衛の娘、功感常應大姉、喜才治妻とあることから、戸波駿河家の娘を戸波丹後家がもらっているということになる。

仮説の通り、江戸開府当初に穴太頭家は、戸波駿河、戸波丹後、堀金出雲、高村三河の四家あったが、同族と考えられ、大元は浄光寺開基諦翁善正大徳一から出ていると考えて良いようである。堀金家が古文書の記載にないのは、古文書が元禄年間からの記載なので、その前に改易されていたためと考えられる。

一番早く改易された堀金家のことが、『叡山文庫』などを研究されている郷土史家、松野孝一さんが発見した史料にあった。

慶安四（一六五一）年、赤塚村二九八八石。三組に分かれていた。

・北組――上野館林藩松平右馬頭綱吉（のちの五代将軍）九八石
・中組――穴太頭、穴太戸波出雲（のちの堀金次郎衛門）一〇〇石
・南組――穴太頭、穴太戸波丹後一〇〇石

とある。やはり穴太頭家は、諦翁善正大徳一から出た戸波一族であった。

まさか自分の先祖を調査していて、マイナーな日本史の発掘になるとは思ってもいなかった。穴太衆が歴史の記録に登場してから、明治の時点で約五百年。令和の時代までで約六百五十年。穴太頭と穴太衆の絆は今に生きている。

戸波駿河家の子孫はいないが、戸波駿河家のラストエンペラー戸波林吾郎は江戸時代と変わらず、御隠居たちの先祖の穴太衆の皆様方に看取られて高畑村に眠っているようである。記録があるだけで六百五十年の縁に感謝！

付録

戸波丹後家系図

諦翁善正大徳一＝戸波駿河(1)—丹後(2)—丹後(3)—丹後(4)—丹後(5)—

—吉左衛門(6)—佐左衛門(7)—市助(8)—喜才次(9)—佐市郎(10)—市之丞(11)—

—市次郎昌貞(12)—昌道(13)—潤(14)—勝男(15)—亮(16)—┬昇(17)—朔(18)……
　　　　　　　　　　　　　　　　　　　　　　　　　　　　├隼
　　　　　　　　　　　　　　　　　　　　　　　　　　　　└佳

江戸幕府　御材木石奉行支配　穴太頭戸波家菩提寺
瑞正山浄光寺

寺籍　NO 1020205
開山　創立ハ延徳年間（一四八九～一四九一年）足利義満ノ時代ニ念仏道場トシテ始マル
本尊　阿弥陀如来立像（造立年代不詳）
由緒　当事者延徳年之頃、創立ト傳フト雖モ元祖不詳
「中興ノ祖、慶安二年玉泉法師住ス如斯本尊也」（一六四九年）
開基　穴太衆戸波家元祖諦翁善正大徳常誉信士
建立　浄光寺建立（一六六六年）瑞正山ト号ス寺域、東西五間半、南北壹十貳間半、面積六十六坪、坂本村東部ニアリ。天台真盛派、寛文八年戊申、僧玉泉中興
備考　一五七〇年元亀元年坂本高畑ノ乱勃発（全村焼討）、一五七一年元亀二年比叡山延暦寺、織田信長ニヨリ焼討（元亀二年ヨリ七十八年後）西教寺・浄光寺開山ハ同時期

おわりに

お読みいただき、ありがとうございました。

一般的に穴太衆の存在自体は曖昧でした。何を隠そう末裔の私も曖昧でした。

私が穴太衆の歴史を記録に残す一つ目のきっかけは、四十五年前に石垣研究の権威北垣聰一郎博士の当家への訪問でした。

二つ目のきっかけは、現代のネット環境のおかげで、千葉県在住の私が滋賀県に先祖建立の寺の存在を知れたことです。

三つ目のきっかけは、中嶋秀和様をはじめ元穴太衆の方々が四百年以上前の穴太頭の墓石を守ってくださったおかげです。

この三つが重なることによって「穴太衆」の存在が実証されました。おかげで私のDNAは栄枯盛衰の中で成り立っていることを知りました。今後は栄枯盛衰を感じながら生活したいと思います。

現在、私は、株式会社 十全社、株式会社スラタン、株式会社 花穂、The北海道ファーム株式会社、株式会社 米専門店やまぐち、Theファーム上総介株式会社を束ねる株式会

社 穴太ホールディングスの代表をしております。残念ながら石工や土木などからは遠く離れ、葬祭業から派生した多種多様な業種となりました。

葬祭業に関わりながら、私はどちらかというと墓石を疎んじていましたが、子孫が先祖の存在を知り、現代に生かす道標として、風化の少ない石に足跡を遺すということの大切さを、本書を書きながら感じました。石に遺すということは、体制に変化があっても後世に足跡が残る可能性があることを知り、考えを改めました。

最後に頭《かしら》らしく「皆、大儀じゃ」で締めたいところですが、現代ですので、ちゃんとしたお礼を述べたいと思います。

本を書くという素養のない私に適切なアドバイスをしてくれた文芸社の方々、多くの史料をご提供いただいた中島秀和様、歴史認識のアドバイスをくださった北垣聰一郎先生。そのほか関係各位に感謝申し上げ、おわりと致します。ありがとうございました。

令和三年三月　　　　　　　　　　戸波 亮

参考文献

『ものと人間の文化史58　石垣普請』北垣聰一郎　法政大学出版局
『歴史の使い方』堺屋太一　講談社
『御家人分限帳（日本史料選書23）』鈴木壽 校訂　近藤出版社
『京都御役所向大概覚書　上巻（清文堂史料叢書　第５刊）』清文堂出版
『日本随筆大成　別巻６　一話一言６』吉川弘文館
『日本歴史　第６９４号』「「穴太」論考」中村博司　吉川弘文館
『金沢城石垣構築技術史料１』石川県金沢城調査研究所
「〔解説〕後藤彦三郎の石垣技術書と初期秘伝書の読み方」木越隆三

著者プロフィール

戸波 亮（となみ りょう）

1969年8月13日生まれ
神奈川県出身
国士舘大学卒
株式会社 十全社
The北海道ファーム株式会社（第9回米―1グランプリ準グランプリ受賞、他）
株式会社 米専門店やまぐち
株式会社スラタン
株式会社 花穂
Theファーム株式会社上総介
を率いる株式会社 穴太ホールディングス代表
千葉県在住

穴太頭《あのうがしら》と穴太衆《あのうしゅう》

2021年5月15日　初版第1刷発行
2021年6月20日　初版第2刷発行

著　者　戸波 亮
発行者　瓜谷 綱延
発行所　株式会社文芸社
〒160-0022　東京都新宿区新宿1－10－1
電話　03-5369-3060（代表）
03-5369-2299（販売）

印刷所　株式会社フクイン

ISBN978-4-286-22579-1